FINANZAS
PERSONALES
PARA INMIGRANTES

La guía completa para manejar tu dinero, construir riqueza y prosperar en los Estados Unidos de América

Santiago Rueda, M.B.A.
Con la colaboración de:
Carlos Parra y Natalia Mojica

Primera impresión: 2017

ISBN-13 978-0692990131 (Santiago Rueda)

ISBN-10: 0692990135

Publicado por Santiago Rueda

300 Aragon Ave, Suite 265

Coral Gables, FL, USA

33134

Para mayor información por favor visitar
www.finanzasparainmigrantes.com

Descuentos especiales para empresas, instituciones educativas y entidades sin ánimo de lucro. Por favor contactar al autor.

US trade Sellers and wholesale, please contact:
finanzasparainmigrantes@gmail.com

A mi padre y esa tarde del pasado
en que me explicó las tasas de interés,
siendo yo aún un niño.
Espero que se multiplique tu enseñanza.

TABLA DE CONTENIDO

AGRADECIMIENTOS

Quiero agradecer a mi esposa, Elisa Juárez, por su apoyo no solo durante la escritura de este libro, sino también por acompañarme en este proceso de inmigración. De su mano y de la de sus padres (Alfonso y Lani a los que también agradezco), he podido aprender mucho y me siento feliz de compartir parte de este conocimiento con otros inmigrantes a los que les puede ser útil.

A Carlos Parra y Natalia Mojica, quienes me colaboraron con la investigación y escritura de este libro, sin su trabajo este no hubiera sido posible.

A Sandra Amézquita y Luis Felipe Botero, por el apoyo para escribir este libro y por confiar en mí y permitirme desarrollar profesionalmente.

A Camila Maz y Silvia Perez-Rathell por compartir sus historias y sus consejos para la elaboración de este libro.

INTRODUCCIÓN

Mi historia es como la de muchos inmigrantes que han llegado a los Estados Unidos. Soy solo uno más de los millones que día a día trabajamos y vivimos acá, en los Estados Unidos. Personas trabajadoras, siempre tratando de aprovechar las oportunidades, siempre tratando de adaptarse y de prosperar, sin olvidarnos nunca de nuestros valores y nuestra cultura.

Yo soy latino, específicamente colombiano, pero comparto esta experiencia de inmigración con personas de otros países, de otras culturas y de otros idiomas: todos ellos, en conjunto con los residentes nativos, han enriquecido mi vida enormemente. Hace unos años tuve la oportunidad de volverme ciudadano americano y desde entonces llevo con orgullo esta condición. Aunque algunos no quieran reconocerlo, somos parte indispensable de este país, somos parte primordial de su futuro y nuestra cultura ha permeado todas las capas de la nación americana.

Sin embargo, como a ustedes les debe haber pasado, al llegar acá no todo ha sido felicidad. Ha habido momentos difíciles, adversidades, discriminación y desconocimiento; pero, afortunadamente, también ha habido oportunidades, personas dispuestas a ayudar y un conjunto de ventajas únicas que tiene el vivir en este país. Aunque existen grandes problemas de desigualdad, los latinos no tenemos la representación que merecemos y el nuevo gobierno no nos sea el más favorable, Estados Unidos sigue siendo la tierra de las oportunidades.

Hace 8 años, cuando llegué, no sabía muchas cosas básicas y mucho menos que era un IRA o cómo presentar mis impuestos. Si bien cuando llegué era profesional en Finanzas y Relaciones Internacionales y tenía una maestría en negocios, cosas tan sencillas como dejar la propina o pagar el parqueadero me eran totalmente nuevas. ¡El primer año que presentamos los impuestos en conjunto con mi mujer, no tenía ni idea de cómo era el proceso! Pero de ahí, he ido aprendiendo con la práctica, con las necesidades que se nos van presentando y con la manera de irlas resolviendo. Mi esposa ha sido de gran ayuda en este proceso, así como los consejos de otras personas. A medida que nos íbamos arraigando, todos los temas de este libro comenzaron a presentarse: ¿en dónde invertir para el retiro?, ¿cómo funciona lo del seguro social?, ¿qué impuestos me toca pagar?, ¿cómo comprar una casa?, ¿me conviene sacar un seguro?, entre otros. Si bien la internet ha sido de gran ayuda, hay demasiada información en la red y a veces es difícil encontrar la más útil y apropiada. Si a esto se le suma el hecho de que casi toda la información está en inglés y que muchos agentes solo hablan inglés, la cosa se ponía a veces complicada…

De ahí nació la idea de este libro, es un libro que me hubiera gustado tener no solo recién llegado al país, sino de consulta permanente. Hay que anotar que no es un libro exhaustivo, los temas son extensos y a veces complejos, pero es una guía completa para hacerse una buena idea de cada tema y con esta información hablar con otras personas, buscar información en internet y poder tomar buenas decisiones. También es una guía que incluye la mayoría de temas importantes y encaja cada tema dentro del conjunto de la planeación financiera que todos debemos hacer. No encontrarán acá consejos para volverse ricos, ni trucos para lograr lo imposible, ni promesas vacías de felicidad al alcance de la mano, solo las herramientas para que manejen mejor su dinero y tengan una vida plena en la que el dinero no sea un problema. Si pudiera resumir este libro en un párrafo, sería así:

Usen un presupuesto para vivir dentro de sus medios, paguen sus tarjetas completamente mes a mes, tengan un fondo de reserva apropiado, aprovechen los beneficios tributarios de las cuentas de retiro, inviertan con prudencia, aseguren lo importante, paguen lo mínimo necesario en impuestos y piensen en qué les van a dejar a sus hijos y a la comunidad.

Esto tal vez no los haga ricos, pero les va a permitir disfrutar de una vida cómoda, protegida frente a hechos inesperados. Con esa base sólida, ya si quieren pueden comprar una casa acá o en su país, darse unas vacaciones, mejorar su estilo de vida, ayudar a sus familiares, comenzar una empresa o cualquier otro sueño que tengan. Pero esa es la base sólida, la fortaleza, que les garantizará la tranquilidad económica.

Otra característica importante que tenemos los inmigrantes es que muchos tenemos vínculos económicos con nuestros países de origen, en la forma de adquisición de vivienda, retiro, envío de remesas, inversiones, seguros e impuestos, entre otros. Es difícil encontrar información sobre estos temas, así que he incluido algunas notas sobre esto al final de cada capítulo. Mi idea es enriquecer esta información con el tiempo, para que, con cada edición, este libro sea más útil y completo. Si tienen alguna observación, no olviden hacerla a finanzasparainmigrantes@gmail.com, con tu ayuda, todos nos podremos beneficiar.

Decidí escribir este libro en español ya que, si bien muchos de los lectores hablan inglés apropiadamente, la verdad es que muchos se sienten más cómodos hablando de estos temas en la lengua que más dominan, en especial teniendo en cuenta la importancia y complejidad del tema. Pero recuerden que no por el hecho de estar en español, su información no es relevante e importante.

El libro se divide en 10 capítulos e incluye no solo una explicación de cada tema, sino consejos e información útil, links, recomendaciones de entidades o agencias que prestan determinados servicios y experiencias de otros inmigrantes. Al final cada capítulo, podrán encontrar un resumen con los puntos clave y al final del libro podrán encontrar una tabla de contenido completa con todos los temas y un índice de palabras claves.

Por último, debo agradecer a Viventa (www.viventa.co), una empresa dedicada a ayudar a los colombianos residentes en Estados Unidos y el exterior a comprar casa en Colombia. Gracias a su apoyo fue posible escribir este libro, por lo que encontrarán en varios apartados una mención a sus servicios. Aparte de esto, no tengo ningún interés en ninguna de las entidades o productos recomendados en este libro.

Como latinos e inmigrantes nuestro papel en los Estados Unidos es muy importante, pero solo en la medida en que mejoremos nuestro patrimonio, tengamos un mayor poder adquisitivo y seamos dueños de parte de sus activos, nuestro lugar no será plenamente reconocido. Este libro es un granito de arena en ese sentido, compártelo con otras personas que puedan necesitar esta información.

Minneapolis, septiembre de 2017

REVISA TUS FINANZAS PERSONALES

	Sí	No	Capítulo
¿Tienes un presupuesto (aunque sea simple) de tus gastos mensuales?			2
¿Tienes claras tus metas financieras?			2
¿Pagas tus tarjetas de crédito *completamente* mes a mes?			3
¿Cuentas con un fondo de emergencia suficiente para cubrir por lo menos 6 meses de tus gastos?			3
¿Sabes qué opciones de inversión financiera están a tu alcance?			4
¿Aportas lo máximo posible a un fondo de retiro con beneficio fiscal como un 401(k) o una IRA?			5
¿Estás preparado financieramente para adquirir una vivienda en caso de que aún no la tengas?			6
¿Tienes un plan para pagar la educación de tus hijos?			7
¿Están tú y tu familia asegurados adecuadamente en caso de enfermedad o del fallecimiento de quienes generan los ingresos para el hogar?			8
¿Estás al tanto de tus impuestos, tu tasa impositiva y tus deducciones?			9
¿Eres un miembro activo de tu comunidad, cuentas con personas que te aconsejen de manera adecuada y estás involucrado en programas sociales?			10

Si has contestado a todos los puntos de manera afirmativa, felicidades, eres una de las pocas personas que tiene todas sus necesidades cubiertas y cuentas con una excelente salud financiera.

Sí has contestado *no* en algunos puntos, estamos contigo. El dinero no siempre es suficiente y a veces no lo manejamos de la mejor manera. Pero no te desanimes, el objetivo de este libro es educarte sobre los temas financieros más importantes para el inmigrante latino en los Estados Unidos y que puedas utilizar este conocimiento para tomar acción y mejorar tu calidad de vida.

EL CONTEXTO:
LA SITUACIÓN DE LOS INMIGRANTES LATINOS

SER INMIGRANTE HOY EN DÍA

LA AVENTURA DE VIVIR POR FUERA DEL PAÍS DE ORIGEN

Si decidiste comenzar a leer este libro es porque haces parte de los millones de inmigrantes que existen hoy en el mundo y sabes por experiencia propia lo que implica vivir por fuera de tu país. Cualquiera que sea el motivo por el cual saliste de tu lugar de origen, entiendes que ser expatriado es una aventura que te lleva a dejar a tu familia, tus amigos, tu trabajo y tu casa para lanzarte a un viaje desconocido en busca de un mejor futuro para ti y los tuyos, sin saber realmente cuál será el resultado final de ese viaje.

La migración es un proceso que siempre ha existido en la historia de la humanidad y las motivaciones de estos desplazamientos por lo general obedecen a razones políticas, religiosas, étnicas o económicas, como es el caso de la necesidad de buscar una mejor calidad de vida en un lugar diferente al que se nació o se creció.

Los latinoamericanos somos una de las poblaciones que más se caracteriza por movilizarse hacia otros países en busca de un mejor futuro. Se calcula que actualmente alrededor de 28 millones de migrantes en el mundo son latinoamericanos y el 70% de ellos residen en Estados Unidos.

Para muchos latinos, esta aventura de buscar una mejor calidad de vida no tiene como meta solamente alcanzar el bienestar personal, sino también el familiar. Esto conlleva cumplir logros importantes como educar apropiadamente a los hijos, construir un patrimonio, ayudar a los familiares que lo necesiten y contar con los recursos suficientes para retirarse, ya sea en el nuevo país o en el de origen. Así las cosas, **el éxito de esta empresa se basará en unas adecuadas finanzas familiares que nos permitan cumplir objetivos claros,** como canalizar los ahorros hacia inversiones sólidas que sostengan un estilo de vida deseado para la familia, tanto en la actualidad como en el futuro.

LOS LATINOS EN ESTADOS UNIDOS

Uno de los países que por su historia ha recibido más inmigrantes en el mundo son los Estados Unidos de América. Desde su formación como nación, este país ha acogido distintas corrientes migratorias provenientes de varias regiones del planeta. El siglo XVI fue testigo de las primeras oleadas de inmigrantes del norte de Europa, en su mayoría de Holanda y el Reino Unido. A finales del siglo XIX e inicios del XX, otra oleada importante de inmigrantes – esta vez irlandeses, italianos, polacos y chinos, entre otros – decidió buscar un mejor futuro en el "nuevo mundo". Ya para el siglo XX se empezaron a dar las primeras migraciones latinoamericanas, principalmente de México, aunque también de otros países de la región como Colombia, El Salvador, la República Dominicana y Cuba.

Han sido tan intensas estas últimas migraciones que, según el último censo realizado, **los latinos son el grupo étnico con mayor crecimiento en los Estados Unidos.** Este hecho ha producido cambios demográficos muy importantes en el país y ha provocado la necesidad de crear mayores espacios de participación y representación para nuestra comunidad.

Se espera que entre 2010 y 2050 el crecimiento de los latinos sea de 167%, el cual es un índice altísimo comparado con el 42% que se espera que crezca la población total de los Estados Unidos.

Si bien cambios recientes en la política migratoria estadounidense pueden desacelerar este crecimiento, lo cierto es que los latinos son cada vez más una fuerza preponderante en Estados Unidos y gran parte del desarrollo del país va a estar dado por el incremento de la capacidad de consumo de la población hispana y su espíritu emprendedor.

LOS VÍNCULOS CON EL PAÍS DE ORIGEN

Aunque existen casos en que los expatriados van perdiendo los vínculos con su lugar de origen y jamás regresan a él, la mayoría de ellos logran mantener lazos fuertes con su país, bien sea

- A través de la **participación en las comunidades de inmigrantes** que se han formado en los Estados Unidos y que se convierten en lazos de apoyo y centro de oportunidades políticas y económicas para sus integrantes.
- Por medio de **visitas o viajes** al país de origen ya sea por turismo o negocios.
- Con el envío periódico o esporádico de dinero a su familia en el país de origen. Estos flujos de dinero se conocen como **remesas** y en algunos países como Honduras o El Salvador pueden representar más del 15% del **PIB.**[1]
- A través de la **utilización de productos y servicios financieros** en el país de origen, de los cuales iremos hablando a lo largo de este libro.
- Adquiriendo **bienes raíces,** ya sea como inversión o para uso propio en un futuro.
- Por último, con la **posibilidad de regresar** a la tierra que los vio nacer, ya sea para retirarse o para continuar con su vida productiva, aprovechando la experiencia y/o recursos acumulados durante su vida como emigrantes.

Todos estos vínculos crean una necesidad adicional para los inmigrantes que no experimentan los nativos de los Estados Unidos o aquellos que ya rompieron todo vínculo con su país de origen. Pese a lo anterior, muchas fuentes de asesoría, planeación y productos financieros para latinos desconocen totalmente esta realidad compleja que vivimos los inmigrantes en este país.

Es por estas dificultades que tanto la educación financiera como el apoyo de expertos (acá y allá) resultan indispensables para poder superar estos desafíos y lograr una estabilidad financiera que nos permita llevar una vida balanceada acorde con nuestras capacidades y deseos. No debemos desanimarnos por estas dificultades, ya que son parte de los cientos de retos que debemos enfrentar como inmigrantes y que gracias a nuestro espíritu combativo podremos encarar de manera exitosa.

1 ADB.org https://data.iadb.org/ViewIndicator/ViewIndicator?languageId=2&indicatorId=3263&-typeOfUrl=C

LOS 3 GRANDES DESAFÍOS PARA INTEGRARTE AL NUEVO PAÍS

Emigrar es una decisión valiente y al mismo tiempo arriesgada. Dejar lo conocido por lo desconocido genera muchas expectativas, pero al mismo tiempo produce una fuerte sensación de incertidumbre. La emigración no es un proceso que finalice al llegar al nuevo país, sino que es un camino que se transita durante muchos años y que culmina con una integración satisfactoria al país de destino, no solo a nivel lingüístico y cultural sino también a nivel laboral y financiero. Este proceso puede tener varias etapas de adaptación.

1. LA ADAPTACIÓN FÍSICA Y CULTURAL

Llegar a un lugar diferente del que naciste y creciste implica aprender e incorporar nuevos hábitos y costumbres en relación con los aspectos más básicos de tu vida, como el uso del tiempo, la alimentación, la formas de vestir, el idioma, las maneras de expresarte y dirigirte a otras personas, las reglas de cortesía, las preferencias en entretenimiento y el estilo de vida en general.

En nuestro caso, como hispanos tenemos una cultura muy diversa y con múltiples estilos de comportamiento que pueden chocar con la cultura local, a su vez también diversa e influenciada por distintos grupos raciales e inmigrantes de muchos lugares del mundo. No es lo mismo ser un paisa de Medellín viviendo en Dallas que un porteño de Buenos Aires viviendo en North Miami Beach o un mejicano viviendo en Minneapolis. Aunque estamos hablando de un solo país, en Estados Unidos cohabitan diferentes culturas locales cada una con sus propias costumbres, por no hablar de las regulaciones estatales y municipales que igualmente pueden variar muchísimo entre condados o estados.

Por lo general la adaptación cultural es un proceso que conlleva diferentes etapas. Si bien la inmigración genera temores e incertidumbres, también despierta sensaciones de entusiasmo, motivación y esperanza.

Como inmigrante en Estados Unidos, debes adaptarte no solo al país como tal, sino al estado y al condado (*county*) en el que vayas a residir. En algunas áreas podrás compartir con más personas que hablan español o han tenido experiencias similares a las tuyas, mientras que en otras apenas hallarás rastros de hispanidad. Esto es más relevante aún si te mudas de una ciudad a otra en el evento de que no hayas logrado cumplir tus objetivos apenas llegaste al país. Son muchos los inmigrantes que se "reacomodan" en otro lugar después de no satisfacer sus expectativas en el primer lugar de arribo.

Es natural que esta experiencia genere estrés y temor, al igual que muchas otras emociones que debes aprender a manejar. Entre las emociones más comunes que puede experimentar el inmigrante latino al llegar a Estados Unidos se encuentran:

- **Euforia:** las nuevas experiencias y la gran aventura que se emprende pueden generar una sensación de euforia inicial en los inmigrantes.
- **Duelo:** con el tiempo se toma consciencia del cambio de vida que se ha realizado y las consecuencias que trae el desarraigo, lo que produce una sensación de duelo.
- **Desengaño:** cuando el lugar al que se llega es diferente de lo esperado y las esperanzas y deseos iniciales se ven frustrados, puede surgir un sentimiento de desengaño.
- **Soledad:** la separación de los seres queridos y el sentimiento de "no encajar" en el nuevo país pueden provocar aislamiento, lo que demora el proceso de adaptación y aumenta el estrés.
- **Culpabilidad:** cuando la persona se siente mal por haber "abandonado" a sus seres queridos e incluso cree ser la causa de su propio fracaso, puede aparecer un sentimiento de culpa.

Lo más recomendable para evitar este tipo de emociones es seguir una serie de pautas que te pueden ayudar a superar el sentimiento de "saltar al vacío":

- Para comenzar una nueva etapa **es necesario cerrar la anterior y realizar el proceso de duelo.** Una buena forma de hacerlo es a través de las despedidas, donde se pueden expresar los sentimientos y afirmarse en las decisiones. Hablar con personas que han pasado por la misma situación o que ya están viviendo en el lugar de destino también ayuda a disminuir los miedos y a tener una visión más realista de lo que viene. Si quieres prepararte y buscar información sobre tu nuevo destino, los foros, blogs y redes sociales son una buena alternativa de investigación.
- Seguir en contacto con los seres queridos es una forma de sentirse apoyado cuando hayamos llegado, pero no es recomendable hacerlo todo el tiempo. **Trata de buscar un equilibrio** entre seguir conectado con amigos y familiares y crear nuevas redes de allegados en el nuevo país. Las redes sociales, iglesias, organizaciones de voluntarios e incluso grupos en internet como http://www.meetup.com son una buena forma de conocer personas y compartir experiencias.

- Es aconsejable **ver la nueva situación como una aventura y una oportunidad a la que no muchos tienen acceso.** Esto te permitirá sacarle un mayor provecho y dar lo mejor de ti en el proceso. También es bueno sumergirse en la cultura y evitar las comparaciones entre tu nueva realidad y la vida que has dejado atrás.
- Si te sientes estresado y algo deprimido por tu nueva situación –algo completamente normal– el ejercicio físico y los buenos hábitos alimenticios te pueden ayudar a liberar tensión, mantener la buena salud y evitar complicaciones. Si con el tiempo la situación no mejora, lo mejor es acudir a profesionales de la salud para descartar otras enfermedades asociadas y realizar una terapia que te apoye en tu proceso de adaptación.

Lo más importante es siempre tener presente el objetivo que quieres conseguir con el cambio de vida. Ya sea iniciar una nueva familia, reencontrarse con familiares que ya viven acá o mejorar las oportunidades laborales, tener claridad en los beneficios esperados a futuro te puede dar la fuerza y el valor necesarios para asumir estos cambios. Tu nueva realidad en los Estados Unidos es una aventura a la cual debes estar abierto y en la que es recomendable absorber todo lo que puedas sin perder tu identidad, sabiéndola mezclar con la nueva cultura a la que llegas.

Si con el tiempo estos sentimientos de estrés o angustia no disminuyen, es posible que estés sufriendo del Síndrome del Inmigrante o Síndrome de Ulises sin saberlo. En estos casos es importante buscar ayuda de un profesional de la salud.

2. LA ASIMILACIÓN LABORAL

Llegar a un país diferente al propio implica también, en muchos casos, **empezar desde cero tu vida laboral.** Si bien existe la posibilidad de solicitar un traslado de la empresa en la cual hayas estado trabajando, **esta no es la situación más común para la gran mayoría de inmigrantes latinos,** los cuales deben de cierta manera "reinventarse" laboralmente al llegar a este país. El estatus migratorio va a definir en gran medida esa reinvención, con más opciones para aquellos que logren la residencia o la ciudadanía de manera rápida.

Durante este proceso no solo es indispensable obtener los documentos necesarios para trabajar, sino que en muchos casos deberás:

- Convalidar el título universitario
- Tomar cursos de nivelación
- Realizar labores que están por debajo de tus capacidades
- Tener más de un trabajo en algunos casos
- Iniciar una nueva carrera o profesión
- Emprender tu propio negocio, en especial si tu situación migratoria te impide obtener un trabajo formal

Estos primeros pasos pueden ser desalentadores en un inicio, pero son necesarios como parte de tu asimilación laboral, **ya que te puede tomar años conseguir un empleo que esté al nivel de tus capacidades.** La educación, la flexibilidad para adaptarse a los cambios y la habilidad para desarrollar nuevas aptitudes son clave a la hora de lograr con éxito esta asimilación laboral.

> No es este un camino que se recorra fácilmente o que tome de un día para otro. Además, te obliga a encontrar un buen balance entre el desarrollo personal y la remuneración económica. Muchas veces, un trabajo puede ser más rentable que otro a corto plazo, pero puede que el menor remunerado sea el inicio de una carrera en la cual puedas alcanzar mejores posibilidades a largo plazo.

Los latinos y el emprendimiento

os latinos nos caracterizamos por nuestro enorme poder de emprendimiento. Un estudio de la Universidad de Stanford acerca del impacto de los negocios que son propiedad de latinos (*Latino Owned Business* o LOBs, por sus siglas en inglés) estableció que estos tienen cada vez mayor relevancia en la economía, la creación de empleo y el desarrollo económico en los Estados Unidos.

Según el informe, los latinos tienen un significativo impacto en el crecimiento de la pequeña empresa en el país. Durante 2007-2012, estos negocios crecieron en un 46.9%, en contraste con el 0.7% que registraron los negocios que no son propiedad de latinos (NLOBs). De hecho, el 86% del crecimiento de la pequeña empresa fue gracias a los LOBs.

No obstante, no deja de ser interesante (y por demás revelador) que la razón principal por la cual la mayoría de los LOBs no pasan al siguiente nivel y se mantienen como negocios pequeños es el acceso al capital. A diferencia de lo que dicta la creencia popular – que los LOBs no crecen porque solo venden sus productos a otros latinos y no aprovechan el total del mercado – el estudio revela que el capital de riesgo, los inversores ángeles y los financiamientos bancarios para negocios están casi totalmente ausentes en la creación de los LOBs, siendo reemplazados por ahorros personales, tarjetas de créditos y préstamos hechos por amigos o familiares.

Sin embargo, la revelación más importante del estudio es lo que se denomina como "la brecha de oportunidad", la cual es el promedio anual de ventas hechas por LOBs y NLOBs y que desvela un dato abrumador: si cada empresa latina hubiera vendido lo mismo que una no latina, 1.38 billones de dólares hubieran sido sumados al PBI de los Estados Unidos. Esto nos da una leve idea de la importancia de la fuerza laboral hispana en un país tan necesitado de robustecer su economía como EE. UU.[2]

En cualquier caso, con el tiempo te irás asentando en el nuevo país,encontrarás tu espacio de trabajo y comenzarás a gozar de una estabilidad laboral (no siempre en el mismo empleo, pero ya sabrás cómo cambiar de uno a otro) que te permita seguir con la siguiente fase de tu adaptación.(sobra?)

3. LA INTEGRACIÓN FINANCIERA

La mayoría de latinos e inmigrantes realizan con éxito la etapa de adaptación laboral, pero **muchos no logran integrarse financieramente de manera completa** a los Estados Unidos, sufriendo enormes problemas para construir un patrimonio familiar y adquirir las herramientas adecuadas para el logro de sus metas.

Una de las principales falencias que tienen los latinos en este aspecto se presenta **a la hora de aprovechar los planes de retiro ofrecidos por el empleador.** De acuerdo con una investigación realizada por *Prudential* en 2014, más de la mitad de los latinos muestran un entendimiento pobre o "muy pobre" de los planes de pensión ofrecidos en los lugares de trabajo, esto sin contar con su limitado acceso a estos planes y los mínimos aportes realizados a los mismos.

Esta situación de precariedad se explica en parte por la incertidumbre que tienen los hispanos sobre el destino de sus pensiones o fondos de retiro si decidieran regresar a su país de origen. El 23% de los latinos tiene la intención de dividir su tiempo entre los dos países y el 7% quiere regresar definitivamente. Aunque no tenemos cifras exactas, estamos más que seguros que ciertas comunidades tienen un mayor deseo de dividir su tiempo o regresarse definitivamente a su país, como es el caso de los colombianos, los dominicanos y los ecuatorianos.

Otro de los desafíos que enfrentan los latinos es la baja adquisición de productos de inversión, ya sea por el precio elevado, su baja capacidad de ahorro o las dificultades a la hora de entender y adquirir estos productos. **Si bien los hispanos se caracterizan por su deseo de ahorrar, esto no siempre se traduce en el deseo de invertir,** lo que impide que utilicen recursos financieros que les puedan ayudar a acrecentar su patrimonio con el tiempo.

Por lo anterior, una vez cuentes con estabilidad laboral y unas fuentes de ingresos relativamente constantes, es indispensable que comiences el proceso de integración financiera, el cual se lleva a cabo canalizando tu ingreso no solo al consumo o al apoyo de familiares a través de remesas, **sino adquiriendo**

---

2 http://www.cnbc.com/2016/04/18/latinos-the-force-behind-small-business-growth-in-america.html

productos y servicios que te permitan construir un patrimonio y cumplir tus metas financieras a largo plazo en este país, como la adquisición de vivienda, la inversión en fondos de retiros, los seguros para cubrir tu patrimonio, los fondos mutuales de inversión o las cuentas para la educación de tus hijos.

Aumentar el ahorro y canalizarlo a inversiones alineadas con nuestras metas financieras, cubriendo los riesgos catastróficos, es la manera más adecuada y segura de obtener una verdadera estabilidad financiera que garantice el bienestar económico de nuestra familia.

Una de las excusas más frecuentes para evitar cualquier tipo de planeación financiera es que el dinero no es suficiente. Pero este razonamiento es un simple pretexto, ya que si el dinero es de por sí escaso, con mayor razón es necesario utilizarlo sabiamente para poder salir de nuestra situación de precariedad.

LA SITUACIÓN DE TODOS LOS INMIGRANTES NO ES LA MISMA

DIFERENTES SUEÑOS, DIFERENTES PERFILES DE INMIGRANTES

Aunque todos los inmigrantes transitan por situaciones similares, la realidad es que las circunstancias de cada uno difieren según su motivación para radicarse en los Estados Unidos, sus objetivos y principalmente el tiempo que decidan permanecer por fuera de su país de origen.

CARACTERÍSTICAS

Tipo de Inmigrante

Inmigrantes Temporales

Hay un primer grupo de inmigrantes que por lo general salen de su lugar de origen principalmente por motivos laborales o educativos.

- Dentro de esta categoría están los jornaleros estacionales, los trabajadores que cuentan con visa temporal y los que viajan todos los días a su trabajo.
- Por otro lado, están los profesionales, ejecutivos de multinacionales, personas de negocios o inversionistas.
- También están los estudiantes tanto de pregrado como de postgrado.
- En todos estos casos el tiempo de permanencia está previamente definido y es una estadía a corto plazo.

Inmigrantes Cíclicos

En un segundo grupo encontramos los inmigrantes que tuvieron como motivación viajar en búsqueda de una mejor situación económica o laboral y su intención es establecerse en otro país a mediano plazo. El objetivo básicamente es:

- Alcanzar un mejor nivel de ingresos que les permita ahorrar lo suficiente y regresar a su lugar de origen para continuar con su vida económica o poder retirarse.
- Alcanzar un nivel de ingresos que les permita enviar dinero a sus familiares en su país de origen.
- Si bien estos inmigrantes pueden estar bien adaptados al país de destino, su preferencia es regresar en algún momento a su país de origen una vez alcanzadas ciertas metas.

Inmigrantes Definitivos

El último grupo corresponde a aquellas personas que deciden salir de su país de origen para radicarse definitivamente en otro lugar. En este grupo se incluyen:

- Inversionistas o empresarios que identificaron la oportunidad de establecer negocios en el país de destino.
- Refugiados o personas en búsqueda de algún tipo de asilo.
- Inmigrantes en busca de mejores oportunidades que se adaptaron satisfactoriamente al país de destino y buscan residir de manera permanente en él.

Esto no quiere decir que se corten definitivamente los lazos con el país de origen, pero sí que se ha preferido residir de manera permanente y definitiva en el nuevo país.

PENSAR EN EL FUTURO DE ACUERDO CON LAS EXPECTATIVAS

Teniendo en cuenta lo anteriormente expuesto y dependiendo del perfil de inmigrante, existen diferentes objetivos financieros a corto y largo plazo que determinan metas y estrategias distintas. Algunos de estos objetivos son los siguientes:

Tipo	Objetivos a Corto Plazo	Objetivos a Largo Plazo
Inmigrantes Temporales	• Enviar dinero a su familia • Ahorrar a corto plazo • Trabajar para pagar su manutención mientras estudian	
Inmigrantes Cíclicos	• Reducir deudas • Crear una cuenta de ahorros de emergencia	• Acumular un capital para iniciar una empresa en el país de origen • Adquirir vivienda en el país de origen • Realizar aportes / ahorrar para retirarse en el país de origen • Liquidar activos en el nuevo país antes de regresarse • Retornar al país de origen
Inmigrantes Definitivos	• Reducir deudas • Crear una cuenta de ahorros de emergencia • Comprar una casa • Proteger inversiones existentes	• Proteger inversiones y ahorros existentes • Retiro en el país de destino • Ayudar a sus familiares en el exterior • Educar a los hijos en el exterior

Si bien estos son casos típicos, no es extraño encontrar inmigrantes que, aunque desean permanecer de manera definitiva en el país de destino, también quieren seguir manteniendo vínculos económicos con el país de origen ya svea a través de inversiones, opciones de retiro complementario o un seguro de salud, entre otros.

LOS LATINOS EN LOS ESTADOS UNIDOS Y LA PLANEACIÓN FINANCIERA

CUÁL ES LA EXPERIENCIA DE LOS LATINOS EN TEMAS FINANCIEROS

Sabemos que Estados Unidos es la tierra de las oportunidades. El "sueño americano" es un imán que atrae a miles de personas a emigrar gracias a la posibilidad de acceder a una muy buena calidad de vida por medio de ingresos superiores al del país de origen y un mayor acceso al consumo.

Sin embargo, hay que reconocer que los latinos provenimos de una cultura financiera muy diferente a la de Estados Unidos. En la siguiente tabla podemos ver cuáles son las prioridades de los latinos en relación con sus finanzas personales y familiares. Se puede observar que **para los latinos la responsabilidad para con otros** (educación de los hijos, sostenimiento de adultos mayores) es muy importante. Así mismo, el tener una casa propia es esencial, aunque no tiene la misma relevancia que proteger sus inversiones o tener un capital acumulado para el retiro.

Muchas veces hemos escuchado la frase casi proverbial que **"los latinos tienden más a pensar en el corto plazo".** Si bien no es el tema principal de este libro, el sociólogo alemán Max Weber teorizó acerca de este punto, y según su hipótesis, la fe católica – a diferencia de la protestante – no le da el mismo valor al trabajo en la vida terrenal, lo que habría marcado profundamente la cultura financiera y económica de nuestros países. Se crea o no en la teoría de Weber, **lo cierto es que los países iberoamericanos generalmente han tenido una visión más cortoplacista en su planificación económica y financiera.**

CAMBIAR HÁBITOS Y PENSAR EN EL LARGO PLAZO

Es necesario que como latinos aprendamos a "cambiar el chip" para ser mucho más previsivos con nuestra vida financiera y **pasemos de una mentalidad donde se prefiera mejorar la situación inmediata a una en que se construyan sueños a largo plazo.** Es importante mantener una actitud paciente, en donde no haya atajos, sino que los resultados se vayan dando gradualmente y con seguridad con el paso de los años.

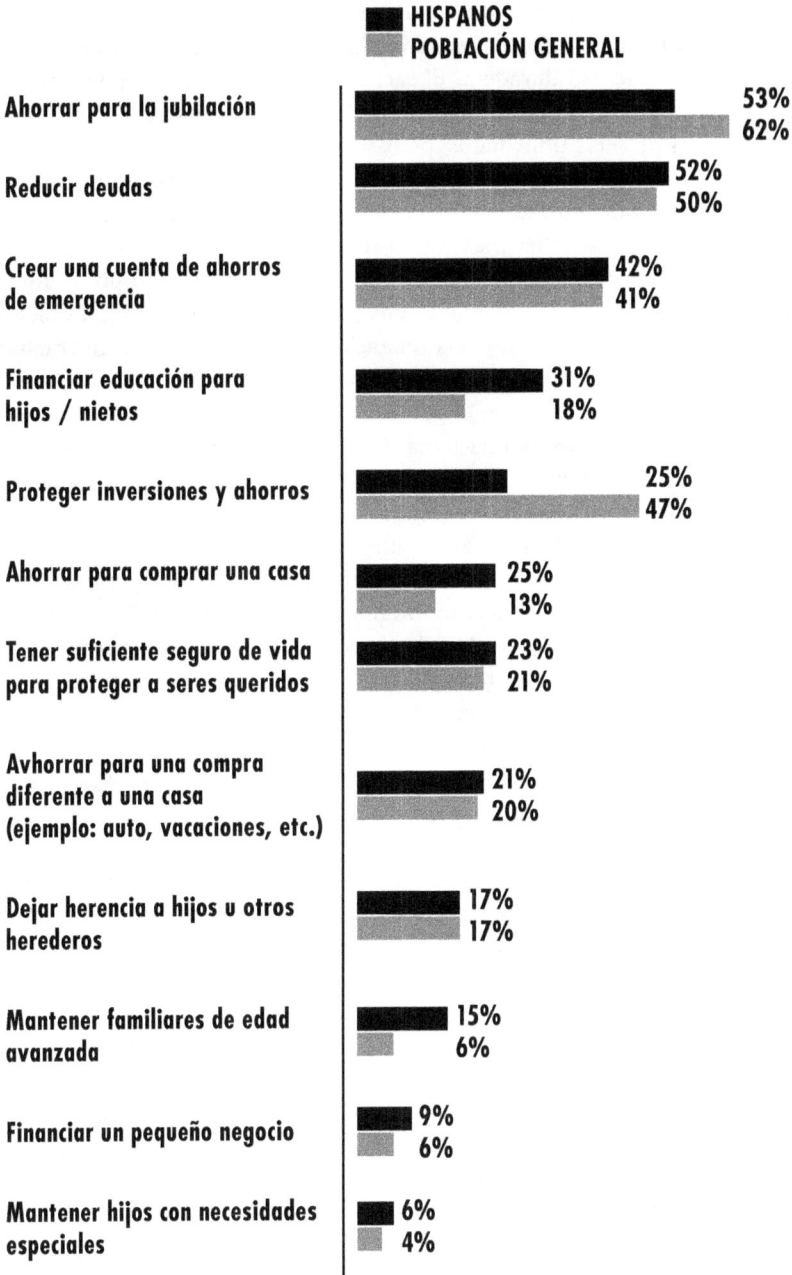

HISPANOS
POBLACIÓN GENERAL

Ahorrar para la jubilación	53% / 62%
Reducir deudas	52% / 50%
Crear una cuenta de ahorros de emergencia	42% / 41%
Financiar educación para hijos / nietos	31% / 18%
Proteger inversiones y ahorros	25% / 47%
Ahorrar para comprar una casa	25% / 13%
Tener suficiente seguro de vida para proteger a seres queridos	23% / 21%
Avhorrar para una compra diferente a una casa (ejemplo: auto, vacaciones, etc.)	21% / 20%
Dejar herencia a hijos u otros herederos	17% / 17%
Mantener familiares de edad avanzada	15% / 6%
Financiar un pequeño negocio	9% / 6%
Mantener hijos con necesidades especiales	6% / 4%

En el mundo contemporáneo estamos cada vez más acostumbrados a obtener retribuciones inmediatas a través del consumo desmedido, el comer excesivo o el incesante estímulo de nuestros celulares. Sin embargo, nada de esto nos lleva a construir una felicidad duradera. El sacrificar algunas cosas hoy nos puede ayudar a tener una mejor vida mañana. Esto no significa que no podamos darnos algunos placeres inmediatos, pero sí que debemos tener un equilibrio entre el corto y el largo plazo. Es común escuchar a las personas decir que hay que disfrutar el momento presente y que ahorrar o adquirir cosas no sirve de nada, ya que es imposible llevarlas con nosotros en el momento de la muerte. Si bien no debemos caer en un materialismo excesivo ni acumular por acumular, **el ahorro y la inversión adecuada nos permiten llevar una vida mucho más feliz y satisfactoria, en especial cuando nuestra capacidad de trabajo se vea disminuida.**

Cambiar nuestros hábitos es una tarea difícil, pero no imposible. Podemos empezar por cambiar algunas de nuestras viejas rutinas por otras más beneficiosas y mantenernos siempre enfocados en esa meta por la cual estamos trabajando. Por ejemplo, dejar de tomar unas vacaciones o comer afuera todos los días puede ser difícil, pero si sabemos que lo estamos haciendo para comprar una casa, el sacrificio se hace más soportable. **Tener una mentalidad a largo plazo y orientada a la construcción de riqueza y no al consumo inmediato es una de las grandes claves para adquirir un verdadero bienestar financiero.** Total, ¡Roma no se construyó en un solo día!

MÁS QUE NUNCA HAY QUE ESTAR PREPARADO PARA LOS IMPREVISTOS

El tipo de vida que tuvieron tus padres o abuelos es muy distinto al tuyo, y muy seguramente el momento actual también será muy diferente al que vivirán tus hijos o nietos. Estamos atravesando épocas de cambios muy vertiginosos; la estabilidad en el empleo que existía antes – en la cual una persona podía trabajar 40 años en una misma empresa y podía contar con fondos para el retiro y todas las obligaciones por ley – no existe más.

Adicionalmente, los ciclos económicos son muchos más cortos y volátiles y se presentan crisis de manera más frecuente, sin contar con que los cambios políticos están generando contextos con una mayor incertidumbre.

Por esto, **ahora más que nunca debes tener un margen de maniobra para poder enfrentar todas estas transformaciones,** siempre contando con la suficiente capacidad de adaptación. Aunque los latinos somos en general optimistas frente al futuro, es importante que estés preparado para los cambios. Algunas recomendaciones son:

- **Resiliencia en el trabajo:** desarrolla capacidades que te permitan cambiar de trabajo fácilmente o transformar tus habilidades para poder "reinventarte" a medida que cambia la economía. La educación permanente es indispensable para este fin y nunca es tarde para empezar.
- **Flexibilidad financiera:** cuenta con los recursos suficientes para enfrentar cambios abruptos y lleva presupuestos que te permitan ajustar rápidamente tu nivel de gastos ante cambios drásticos en tus ingresos.
- **Participa en la comunidad:** cuenta con una red social que te ayude en caso de necesidad o te permita asistir a los que te necesitan. También es importante vincularse a la discusión política y estar informados.

> **!** Con la presidencia de Donald J. Trump, se pueden presentar cambios que afecten las condiciones de los latinos y los inmigrantes en los Estados Unidos. Aunque somos parte importante de este país (el cual también consideramos nuestro) no sobra estar preparados para enfrentar la incertidumbre que puede traer este gobierno.

EL RETORNO A NUESTRO PAÍS DE ORIGEN

Tal y como lo expresamos anteriormente, independiente de la motivación que te haya impulsado a salir de tu país, para muchos inmigrantes siempre está latente la idea de regresar a la tierra que los vio nacer y en donde tienen sus recuerdos más preciados. Hay que saber que si tienes la intención – así sea a largo plazo – de regresar a tu lugar de origen, es importante que te prepares para ese retorno. **Esto implica analizar la necesidad de una vivienda propia, ingresos para el retiro, capital para iniciar un negocio y dinero para visitar a nuestros familiares o amigos en Estados Unidos, entre otros.**

Para comenzar a planear tus finanzas familiares es importante que establezcas con claridad (y en conjunto con tu familia) tu plan de vida en el nuevo país y el deseo de regresar o no a tu lugar de origen. Si bien las situaciones en la vida pueden cambiar, tener clara la expectativa de retorno es fundamental para una adecuada planeación financiera, aunque es claro que esto dependerá también de tus posibilidades de permanencia en el país, **no solo por trabajo o preferencia, sino por tu situación migratoria.**

VENTAJAS DE REGRESAR	VENTAJAS DE QUEDARSE
• Menor costo de vida • Reencuentro con familiares • Cultura propia • Clima • Calidad de vida	• Seguridad • Posibilidades de empleo • Familia nueva en Estados Unidos • Educación para los hijos • Atención médica

Sin importar la decisión que tomes, recuerda que como expatriado llevas en tu historia de vida parte de los dos países, y si sientes a veces que no eres ni de aquí ni de allá, no te preocupes, ¡eso nos pasa a todos!

LOS PUNTOS CLAVES

- La inmigración ha sido un proceso común en la historia de los Estados Unidos. Sin embargo, el emigrar no implica perder los vínculos con el país de origen.
- La integración al nuevo país es un proceso complejo que no solo implica adaptarse física y culturalmente, sino que además requiere integrarse laboral y financieramente para aprovechar al máximo la experiencia.
- No todos los inmigrantes tienen la misma situación. Algunos emigran por temporadas cortas (temporales), otros por años (cíclicos) y algunos deciden no regresar al país de origen (definitivos). Cada tipo de inmigrante tiene objetivos y características diferentes a la hora de pensar en su planeación financiera.
- tLos latinos somos una población en crecimiento en los Estados Unidos y tenemos comportamientos diferentes a los del resto de los habitantes del país. Es necesario establecer más metas a largo plazo y mejorar nuestra educación financiera.
- Ante las incertidumbres y volatilidades del mundo contemporáneo es necesario más que nunca estar preparados laboralmente y contar con ahorros e inversiones que nos ayuden a superar las crisis que se vayan presentando.
- Retornar o no al país de origen es una decisión familiar importante que debe tenerse en cuenta para comenzar un proceso de planeación financiera exitoso.

CONSEJOS Y EXPERIENCIAS DE INMIGRANTES

Sandra Amézquita

Sandra Amézquita es la fundadora de Viventa, empresa que lleva más de 12 años en Estados Unidos ayudando a inmigrantes hispanos a comprar vivienda en Colombia, su país de origen. A través de su compañía, Sandra ha asistido a miles de familias colombianas con deseos de construir o mejorar su patrimonio por medio de la inversión en bienes raíces, esto con el apoyo de algunos bancos en Colombia como Davivienda y Bancolombia. Sandra, al igual que sus clientes, es inmigrante.

¿Cuál es el principal desafío para un inmigrante latino al llegar a los Estados Unidos?

Mi primer duelo fue manejar por la Interestatal 76 en NJ, *highway* que me llevaría a Manhattan en una hora y veinte minutos, pasando por Plainfield, Union City, Elizabeth, Newark y varios puentes. El GPS aún no era de uso público, así que el navegante era un libro de mapas en el asiento del copiloto. Superado el tema de la conducción, seguiría el de la comida. Buscaba un lugar donde pudiera comprar ingredientes para cocinar con sazón colombiana mientras aprendía a mimetizarme entre los locales para después comer todo tipo de comida con pasión y así pertenecer a la comunidad de todos: los Estados Unidos.

¿Cuál crees que es el error más común que cometen los inmigrantes con sus finanzas?

Según mis vivencias, fue muy importante aprender la estructura de los impuestos y su cultura de pagos. Después, las tarjetas de crédito. La gente decía que si no tenía tarjeta de crédito no podía hacer historia crediticia y luego ya te ofrecen tanto crédito que la gente se endeuda muchas veces sin necesidad.

¿Nos podrías contar algo que te sorprendió enormemente al llegar a los Estados Unidos?

Me sorprendieron los atentados del 9/11. Habiendo vivido en Colombia toda la vida, teníamos la esperanza de un cambio en cuanto a la seguridad, y fue justo el 3 de septiembre del 2001 que se presentó la oportunidad de trasladarme a Estados Unidos ante la fusión de dos grandes compañías: Hewlett Packard & Compaq. Pero al llegar se dio lo inesperado con los ataques terroristas del 9/11. La solidaridad fue un gran aprendizaje del comportamiento humano en momentos trágicos; la fraternidad y unidad junto con devoción a la bandera americana mostrando creatividad y filosofía de vida, ¡sentido de humanidad!

¿Has pensado quedarte en los Estados Unidos o tu plan es regresar algún día a Colombia?

Vivo en Miami y me siento muy cerca de Colombia, es rápido y económico viajar a cualquier ciudad, por eso siempre es la primera opción para retirarme.

LAS BASES:
LO QUE DEBES SABER SOBRE FINANZAS PERSONALES

Las finanzas personales son un tema tabú para muchos, ya sea por un profundo desconocimiento en la materia o porque creen que solo aplica para personas con altos ingresos. Lo cierto es que es un tema que nos afecta a todos y su adecuada planeación nos puede ayudar a disfrutar de una buena *salud financiera*; es decir, la capacidad de manejar apropiadamente nuestro dinero, enfrentar emergencias y cumplir nuestras metas personales y familiares en este país.

Es por esta razón que está en nosotros tomar el control sobre nuestras finanzas y educar a nuestros hijos de manera adecuada en la materia. En este capítulo te explicaremos los 5 sencillos pasos que puedes seguir para empezar a organizar tus finanzas:

1. Toma responsabilidad sobre tus finanzas
2. Analiza tu situación económica y determina el capital con el que cuentas
3. Define tus metas financieras
4. Administra tu dinero con un presupuesto y cumple tus metas
5. Ejecuta, evalúa y ajusta el plan sin perder de vista tus objetivos

PRIMER PASO: TOMA RESPONSABILIDAD SOBRE TUS FINANZAS

Muchas personas consideran que las finanzas personales son uno de los aspectos sobre el cual no necesitan ningún tipo de aprendizaje. **Sin embargo, el dinero influye en los aspectos más importantes de nuestra vida.** No solo hay que

valorarlo en relación con nuestro trabajo y salario – que para muchos de nosotros es nuestra fuente principal de ingresos – sino que también está vinculado a
nuestra dinámica de pareja y nuestras relaciones familiares. Además, el dinero
es el medio por el cual alcanzaremos los objetivos financieros que nos hemos
trazado en Estados Unidos, como comprar una casa, tener un buen seguro
médico, adquirir una educación de calidad y disfrutar de unos años de retiro
apacibles, sin apremios ni necesidades.

Lo cierto es que nadie va a tomar responsabilidad por generar tus ingresos,
saldar tus deudas, pagar tus impuestos y mucho menos organizar tus gastos.
Tus finanzas personales están totalmente a tu cargo. En otras palabras, es
fundamental que aprendas a tener una relación madura con el dinero y tomar
responsabilidad sobre él para:

- Alcanzar tus objetivos económicos
- Hacer frente a emergencias e imprevistos
- Lograr la independencia financiera que buscas
- No quedar indefenso frente a las malas decisiones financieras o los vertigi-
nosos cambios económicos cada vez más comunes tanto en Estados Unidos
como en nuestros países de origen.

Sin duda, la mejor manera de llegar a esa madurez es mediante lo que algunos
autores denominan una *buena educación financiera*. Es a través de la educación que podemos adquirir una perspectiva prudente y aterrizada de nuestras
finanzas personales y aprender a vivir dentro de nuestros medios, mantener
inversiones sólidas al largo plazo y contar con los seguros adecuados para proteger nuestra salud y patrimonio.

La trampa del consumo excesivo

Es cierto que todos quisiéramos consumir sin ningún tipo de restricción o invertir en oportunidades de
negocios que nos traigan grandes sumas de dinero a corto plazo. Pero responsabilizarnos de nuestras
finanzas *nos puede enseñar a hacernos cargo de nuestras decisiones y entender que toda acción trae
consecuencias, las cuales somos nosotros los que debemos enfrentar y resolver.*

Todo comportamiento trae consecuencias. Es nuestra decisión satisfacer cada deseo o capricho que
creamos merecer, pero también es nuestra decisión entender que la consecuencia de gastar en exceso
es usualmente mantenernos esclavos de nuestro trabajo y de los pagos a nuestras tarjetas de crédito.
De la misma manera, podemos elegir entre no ahorrar para el retiro y sufrir toda clase de dificultades
en nuestra vejez o planificar para una jubilación tranquila, invertir con prudencia y gastar con modera-
ción, decisiones que nos van a traer tranquilidad y beneficios a largo plazo.

Por eso hay que entender con claridad nuestros hábitos y en relación con el dinero y trabajar en ellos
para reemplazarlos por unos más saludables para nuestra vida financiera.

Es bueno iniciar un nuevo ciclo financiero desde un momento cero. Trázate una fecha en el calendario a partir de la cuál vas a comenzar a tener mejores hábitos financieros. El año nuevo, tu cumpleaños, el primer día de cualquier mes, tu aniversario o cualquier fecha importante puede ser el hito a partir del cual vas a cambiar tus hábitos.

Todos los gurús de las finanzas personales hablan siempre de tomar el control de nuestras vidas y no se equivocan, éste debe ser el primer paso. **Si bien no podemos controlar las cosas que nos suceden, si podemos manejar nuestra respuesta frente a ellas.** Si no podemos controlar el dinero que recibimos (por lo menos en el corto plazo), sí podemos elegir la manera en que lo gastamos.

Una planeación financiera adecuada también nos puede ayudar a cumplir otro tipo de metas, como tomar unas vacaciones o realizar una inversión, ya que trazando un plan estamos asegurando el buen uso de nuestro dinero y su alineamiento con esas metas. **Recuerda que la planeación financiera no es sinónimo de ajustarse el cinturón, sino de** consciente e intencionalmente **canalizar nuestros ingresos hacia nuestros sueños.**

SEGUNDO PASO: ANALIZA TU SITUACIÓN ACTUAL

EVALUAR LA SITUACIÓN ECONÓMICA FAMILIAR

Una de las herramientas más útiles e importantes para desarrollar un buen plan financiero es el presupuesto familiar, y para elaborarlo de manera adecuada debes primero analizar tus ingresos y gastos y proyectarlos hacia el futuro. Es probable que no tengas una idea clara sobre la manera en la que gastas tu dinero, así que la primera tarea debe ser llevar una lista detallada de todos tus pagos en el o los meses anteriores.

Una vez hayas revisado tu información, es hora de empezar a tu presupuesto. Para comenzar, puedes utilizar un programa de hoja de cálculo como Excel (aunque con una hoja de papel basta). Empieza por realizar un cuadro con dos columnas: la de los ingresos y la de los gastos. En la columna de los ingresos incluye todas tus entradas de dinero (el salario que recibes por tu trabajo, algún alquiler o arriendo que percibas y otros ingresos de negocios adicionales o trabajos extra). En la columna de gastos tendrás que ser un poco más detallado y separarlos en tres criterios: los gastos fijos, los corrientes y los ocasionales.

Si estudiaste algo de contabilidad en el colegio o la universidad sabrás que las empresas realizan este ejercicio para administrar bien sus recursos y empezar a tener ganancias. **Una familia funciona en gran medida como una empresa.** Al preparar tu presupuesto familiar, puedes utilizar las nociones básicas de la administración en menor escala en tu hogar. La clave para tener en cuenta es que el gasto no es simétrico mes a mes, ya que por ejemplo en los meses de invierno se puede gastar más en calefacción que en el verano. Poco a poco irás perfilando el patrón de tus gastos y podrás determinar con claridad si los puedes cubrir, cuáles de ellos puedes recortar y lo más importante, cuánto puedes ahorrar.

GASTOS FIJOS	Son tus gastos obligatorios. Debes pagarlos porque estás obligado por un contrato o porque cubren cosas esenciales para vivir. En esta categoría entran la luz, el gas, el agua, el alquiler o la hipoteca. También podríamos sumar a esta lista aquellos gastos relacionados con el futuro de quienes más quieres, como la educación o el seguro médico.
GASTOS CORRIENTES	Son aquellos gastos que, si bien son necesarios, no implican una obligación contractual. En este apartado podemos incluir los gastos de ropa, alimentación y transporte.
GASTOS OCASIONALES	Son la parte más delgada del hilo y la que deberíamos cortar en caso de necesidad, como los viajes o el ocio. También se puede incluir en esta lista algún gasto médico circunstancial, que será precisamente ocasional y no implicará una carga constante.

MEDICIÓN DEL PATRIMONIO (WEALTH)

Una vez tengas una idea clara de tus ingresos y gastos, **es necesario determinar tu patrimonio.** A nivel financiero, el patrimonio se define como:

$$Activos - Pasivos = Patrimonio$$

Esta es una de las ecuaciones más importantes que debes aprender y de ella podemos sacar conclusiones poderosas:

- Reducir tus pasivos (deudas) aumenta tu patrimonio
- Tus activos no son lo mismo que tu patrimonio. Si tienes una casa, pero debes el 80% de la misma, solo el 20% de la casa cuenta como tu patrimonio.
- Adquirir activos sin deudas incrementan inmediatamente tu patrimonio

Para determinar el valor de tus activos, debes estimar el valor que tendrían si decidieras venderlos en este momento. **Así, tu auto no vale por lo que lo compraste, sino por lo que lo puedes vender en este momento.** Caso especial es el de la vivienda, para la cual es recomendable estimar un valor conservador teniendo en cuenta que el mercado puede variar.

Una parte compleja es estimar el valor de tus beneficios **por pensiones del Seguro Social o pensiones pagadas como mensualidad en tu país de origen.** Aunque existe la posibilidad de incluir este ingreso como un activo, muchas personas prefieren no hacerlo ya que no tendrán acceso a él sino hasta cuando se retiren.

Recuerda. Al calcular tus activos y tu patrimonio debes tener en cuenta que algunos activos son a largo plazo y algunos pasivos son a corto plazo, por lo que tener un patrimonio positivo no significa que tengas la liquidez necesaria para pagar tus deudas.

Éste es un ejemplo de una medición de patrimonio:

ACTIVOS		PASIVOS	
Cuentas Bancarias		Deudas Financieras	
Cuentas Corrientes	$ 2,500	Tarjetas de Crédito	$ 4,500
Cuentas de ahorros	$ 5,000	Crédito de vehículo	$ 8,900
Depósitos a Término		Mortgage (Hipotecas)	$ 135,000
Inversiones Financieras	$ 12,500		
Ahorros para el retiro 401K	$ 35,000	**TOTAL PASIVOS**	$ 148,400

PROPIEDADES			
Vivienda	$ 175,000		
Auto	$ 18,000		
TOTAL ACTIVOS	**$ 248,000**	**TOTAL PATRIMONIO**	**$ 99,600**

La liquidez personal

La liquidez se puede entender como la capacidad de un activo para convertirse en dinero gastable en el corto plazo sin tener que venderse a un menor precio. La liquidez también se puede considerar como la capacidad de afrontar a corto plazo obligaciones financieras recurrentes, como el pago de una deuda, alquileres o arriendos, las cuotas del auto, la casa o el seguro, matriculas escolares y gastos corrientes, como alimentación, transporte y servicios públicos.

Dentro de los activos de fácil liquidez se pueden incluir cuentas bancarias, ahorros en divisas, acciones de empresas y fondos de inversión. Por el contrario, activos como una casa, apartamento o cualquier tipo de inmueble, el automóvil, un Certificado de Deposito (CD) con vencimiento a largo plazo o cualquier bien de escasa demanda no son de fácil liquidez, ya que no se pueden vender tan rápidamente, y en caso de hacerlo de manera precipitada se podría generar una pérdida en su valor de venta.

Habiendo explicado los conceptos anteriores, tienes todos los elementos para calcular tu liquidez financiera personal, que es el resultado de la división de los activos convertibles en el corto plazo sobre los pasivos de corto plazo.

Liquidez = Activos convertibles en el corto plazo / Pasivos a corto plazo

En lo posible, el resultado de esta división *debería ser mayor a 2* para estar seguros de que puedas responder por tus obligaciones al corto plazo.

La liquidez financiera resulta una herramienta muy útil para determinar si podemos afrontar escenarios imprevistos como la pérdida de un trabajo, una crisis económica del país en el que vivimos, una enfermedad complicada, dificultades con el poder adquisitivo por motivo de inflación o un accidente. Puede suceder que una persona tenga un patrimonio positivo en sus finanzas, pero si se encuentra en un momento de iliquidez podría incurrir en moras con sus obligaciones financieras o, en casos más extremos, sufrir cobros judiciales.

Con tu registro de gastos y el estado de tu patrimonio, – ya tienes una imagen más clara de tus finanzas personales.

- El **registro de ingresos y gastos** va a ser la base para que realices tu presupuesto de gastos, es decir la proyección de tus gastos en el futuro, de preferencia de manera mensual.
- Tu **patrimonio** te va a ayudar a determinar si has creado riqueza con el tiempo, o si por el contrario vas por el camino equivocado y lo estás gastando. Procura medir tu patrimonio por lo menos una vez al año.

TERCER PASO: DEFINE TUS METAS FINANCIERAS

Con los ejercicios realizados anteriormente ya tienes un mejor entendimiento de tus finanzas y probablemente has detectado algunas metas que debas trazarte, como es el caso de reducir tu endeudamiento o concentrarte en adquirir más activos para tu retiro.

Si bien el patrimonio es universal al estar expresado en dinero, los activos que lo constituyen son personales y dependen de tu estilo de vida y las decisiones que vas tomando, así como de tus capacidades. Es claro que el tener metas te ayuda a saber qué sacrificios realizar y a canalizar tus esfuerzos a lo que deseas. **Sin metas no hay planeación financiera y estás sujeto a los vaivenes de tus caprichos y circunstancias.**

Para definir las metas financieras más adecuadas para tu situación, debes tener en cuenta varios factores:

- **Edad:** si tienes 20 años y un lapso para invertir de 40 años, tus posibilidades serán muy distintas que si tienes 40 años y 20 años para invertir.
- **Situación familiar:** no es lo mismo estar casado con hijos y los compromisos que esto conlleva a estar soltero y poder disponer más libremente de tus decisiones financieras.
- **Perfil de riesgo:** los rasgos psicológicos de tu personalidad y la tolerancia al riesgo también afectan tus metas.
- **Profesión e ingresos:** hay profesiones que tienen mayor demanda en el mercado y por ende mejor remuneración, lo que influirá en las metas financieras de cada profesional. Por ejemplo, ser ingeniero de sistemas o programador es muy diferente a ser sociólogo, no solo en lo académico sino en lo económico.

- **Capacidad de ahorro:** no todos tenemos los mismos compromisos y responsabilidades, y lo que realmente se puede invertir o canalizar a un fondo de ahorro o emergencia varía de persona a persona.
- **Necesidades a corto plazo:** puede que necesites dinero a corto plazo para un gasto extraordinario, como el matrimonio o la compra de tu vivienda.
- **Experiencia financiera:** el conocimiento del mercado financiero y de los productos de inversión puede afectar tremendamente tus metas. Como regla general, nunca inviertas en algo que no entiendas plenamente.
- **Confianza en el futuro:** tus perspectivas a futuro, como posibles ascensos, mejoras en tu ingreso, la situación económica o tu estado de salud también afectarán tus metas.
- **Impuestos:** la situación fiscal del país o países en los que tienes activos y su carga tributaria te pueden llevar a escoger ciertas metas sobre otras.

Estas metas se establecen a partir de un consenso entre tú y tu familia, por lo que es importante dialogar y negociar con ellos. Si el proceso te parece muy complicado o no sabes por dónde empezar, no te preocupes, aquí te contamos cuáles son las metas más comunes e importantes.

LAS METAS FINANCIERAS MÁS COMUNES

Según un estudio realizado por *Prudential*, las metas financieras más comunes de los latinos son usualmente metas a corto plazo enfocadas a mejorar nuestra situación financiera inmediata:

- Ahorrar para el retiro (En Estados Unidos o el país de origen)
- Reducir las deudas
- Tener un fondo de reserva
- Ahorrar para la educación de los hijos
- Proteger ahorros e inversiones existentes (seguros)
- Adquirir vivienda propia
- Ahorrar para una compra grande diferente a vivienda
- Dejar herencias
- Mantener familiares
- Donar a la caridad
- Financiar un negocio pequeño:

Una de las grandes diferencias de los latinos frente al resto de la población en los Estados Unidos es que los hispanos le damos más relevancia a la educación de nuestros hijos y le restamos importancia al papel de los seguros en nuestra vida financiera.

El fondo de reserva: la primera meta

Se debe tener reservado el equivalente a un determinado número de ingresos (o salarios) mensuales para contingencias que se puedan presentar, como la pérdida de trabajo, una calamidad doméstica o un gasto extraordinario no previsto. El monto de este fondo puede variar según la situación personal de cada persona:

Tres meses de gastos de subsistencia: este fondo es recomendable para aquellas personas que disponen de dinero en otras cuentas, un seguro de desempleo o tienen familiares o amigos en quienes contar en una situación de necesidad.

Seis meses de gastos de subsistencia: recomendable para personas que no tienen familiares o amigos a quienes recurrir en caso de que su fuente de ingresos no sea muy estable.

Doce meses de gastos de subsistencia: ideal para aquellos que no tienen ingresos fijos de ningún tipo o se enfrentan a la posibilidad de perder su empleo.

La mejor manera de conservar este fondo de reserva es *mantenerlo en un depósito con intereses fijos y a un plazo corto para disponer de él cuando se necesite, como en una cuenta de ahorro.* Recuerda que este fondo te ayuda a mantener la liquidez y evitar la necesidad de vender activos importantes como el auto o la vivienda a un precio inferior para afrontar la emergencia.

Si no tienes un fondo de reserva, lo primero que debes hacer es guardar por lo menos $1.000 para emergencias. Aunque no lo creas, el tener esa suma puede hacer una gran diferencia ante una eventualidad que te puede llevar a perder el trabajo, tu vivienda o pasar grandes apuros.

Ten en cuenta que algunas de estas metas son a corto plazo (comprar) y otras son a largo plazo (ahorrar). Como latinos, tendemos a priorizar el corto frente al largo plazo, lo cual frena enormemente nuestra integración financiera en los Estados Unidos. Recuerda que puedes tener dos o más metas a la vez, destinando de manera permanente una parte de tus ahorros para invertir en tu retiro (largo plazo) y otra parte para cumplir metas a corto plazo, como ahorrar para la cuota inicial de una casa, comprar un auto o tomar unas vacaciones.

Aunque depende de los ingresos, patrimonio y estilo de vida de cada familia, algunos expertos recomiendan lo siguiente para dar el primer paso:

- Separar alrededor de $1.000 para emergencias
- Pagar tus deudas de crédito de consumo (tarjetas incluidas).
- Completar tu fondo de emergencia (3-12 meses de salario)
- Invertir por lo menos entre 10% y 15% de tus ingresos en planes de retiro con beneficios tributarios (401(k), IRA, ROTH IRA)z

Ya estabilizados y aportando lo necesario para nuestro retiro, es posible pensar en una segunda etapa con estas opciones:

- Ahorrar para el *down payment* de una vivienda.
- Proteger a la familia y el patrimonio adquiriendo los seguros necesarios
- Ahorrar para la educación de los hijos
- Invertir productos financieros a través de cuentas individuales (fondos mutuos, acciones, etc.)
- Pagar la hipoteca de la casa lo más pronto posible
- Tomar vacaciones, comprar un auto o hacer otra compra importante
- Invertir en emprendimientos propios
- Donar dinero a la comunidad

En los capítulos siguientes te ampliaremos la información acerca de todos estos temas para que analices su viabilidad en tu plan financiero.

Vivir con lo que se tiene, pagar las deudas de consumo, tener un fondo de emergencia y ahorrar para el retiro son las bases para la prosperidad y una vida sin preocupaciones financieras.

LA SALUD FINANCIERA

Como ves, el hecho de tener un presupuesto, contar con un fondo de emergencia y tener unas metas claras es fundamental para experimentar *una buena salud financiera*. La salud financiera no es sinónimo de ser rico, sino de estar tranquilos sabiendo que estamos utilizando de la mejor manera nuestros recursos para enfrentar cualquier circunstancia que nos depare el futuro sin tener que renunciar al estilo de vida que deseamos.

**Comportamientos de las personas
con buena salud financiera**

Aunque puede ser difícil cumplir con todos estos puntos, la personas que cuentan con una buena salud financiera presentan las siguientes características:

- Gastan menos de lo que ganan
- Pagan sus cuentas y obligaciones a tiempo
- Tienen un buen fondo de emergencia
- Su presupuesto sigue la regla del 50/30/20
- Ahorran lo suficiente para el retiro
- Mantienen su deuda en niveles manejables
- No tienen deudas de tarjeta de crédito o con intereses altos
- Tienen un buen puntaje de crédito
- Están adecuadamente asegurados (salud, vida si tienen dependientes, seguro de vivienda, de vehículo, etc.)

Si hay algún punto que aún no has implementado, es el momento de cambiar tus hábitos e incluirlo dentro de tus metas financieras. *Recuerda que el con tiempo, todo es posible.*

QUE TU DINERO TRABAJE PARA TI

Uno de los consejos más populares en el tema de finanzas personales es el de *hacer que tu dinero trabaje para ti,* lo que en realidad quiere decir que no solo basta el trabajo, sino que es indispensable que tengas inversiones que te produzcan una renta. Así, el sueño de muchos es dejar de ser asalariados y convertirse en rentistas de capital; es decir, vivir de los ingresos que produzcan sus activos. Un ejemplo de esto es la persona que vive de lo que produce el arriendo de departamentos de su propiedad o el accionista que recibe los dividendos que genera la compañía en la que invirtió.

Lo cierto es que tener inversiones puede ser una forma de vida que trae muchas ventajas, pero que también requiere de mucho capital. Muchas personas pueden heredar activos importantes, mientras que otras deben ahorrar por años para acumularlos y algunas más ni siquiera logran generar el ahorro necesario. Salvo el caso de los emprendedores exitosos, acumular este capital toma tiempo y a veces requiere del esfuerzo de varias generaciones.

Independientemente de tu situación, existen varios factores que te pueden ayudar a empezar a acumular este capital, **como reducir el consumo, aumentar el dinero disponible para invertir y aprender a combinar el grado necesario de prudencia con una acertada toma de riesgo.**

Adicionalmente a estos factores, también debes tener en cuenta el papel que juega *el tiempo* en tus finanzas. Una pequeña suma invertida durante muchos años puede crecer de manera exponencial gracias a la acumulación de intereses, nuestro dinero de crecer y trabajar para nosotros.

CUARTO PASO: ADMINISTRA TU DINERO CON UN PRESUPUESTO

El problema con el dinero no es cuánto se tiene, sino cómo y cuándo se gasta. A veces es más fácil ahorrar una suma que ganarla, o reducir tus gastos en un 10% a que te suban el 10% de tu salario. Lo importante es que estas decisiones dependen de ti. Llevar un presupuesto y tener las cuentas claras son puntos clave para administrar bien nuestro dinero.

EL PRESUPUESTO DE GASTOS

Con tus metas claras y teniendo en cuenta el círculo virtuoso de las finanzas, es hora de realizar tu presupuesto de gastos. Este se planea a futuro y lo ideal es que lo realices de manera mensual. En él debes proyectar tus gastos fijos, tus gastos corrientes y ocasionales y el dinero que vas a apartar para tus metas financieras. Un ejemplo simple de un presupuesto de gastos es el siguiente:

	PRESUPUESTO	**% INGRESOS**
Salarios	$3,800	90.48%
Otros Ingresos	$400	9.52%
TOTAL INGRESOS	$4,200	100.00%
GASTOS FIJOS		
Renta	$1,050	25.00%
Utilities	$110	2.62%
Cellphone	$60	1.43%

Pago mínimo Tarjeta Crédito	$110	2.62%
Crédito Vehículo	$270	6.43%
Seguro auto (ahorro mensual)	$65	1.55%
Combustible (fuel)	$80	1.90%
Giros a Familiares	$300	7.14%
TOTAL GASTOS FIJOS	$2,045	48.69%
GASTOS VARIABLES		
Alimentación	$700	16.67%
Vestuario	$300	7.14%
Entretenimiento	$150	3.57%
Gastos varios	$250	5.95%
TOTAL GASTOS VARIABLES	$1,400	33.33%

Tus gastos fijos son los más fáciles de estimar, siendo los gastos variables (corrientes y ocasionales) los que van a presentar un mayor reto y en donde vas a tener que usar el mayor control. Si no los controlas, no tendrás el dinero suficiente para cumplir tus metas. En el ejemplo anterior de presupuesto, las metas financieras consisten en aumentar el dinero en el fondo de emergencia, reducir la deuda en tarjeta de crédito y ahorrar para el *down payment* de una vivienda. Otra opción sería el de usar todo el dinero posible para reducir primero la deuda en tarjeta de crédito y luego seguir con las otras metas financieras.

Ten en cuenta que hay costos que son semestrales o anuales, como el seguro del auto o las *tuition fees* estudiantiles. En consecuencia, es bueno ahorrar una suma mensual para que el golpe no sea tan fuerte cuando debas pagarlos. Otro de los grandes retos para el presupuesto es el de los gastos con tarjeta de crédito, ya que el pago de la tarjeta corresponde a gastos de meses anteriores. **Es por esto que requieres de mucha disciplina y control, de lo contrario se hace muy fácil gastar más de la cuenta.**

Si te sobra dinero del presupuesto y estás en camino de cumplir tus metas, un buen consejo es usar este dinero extra para darte un gusto, como la justa recompensa por tu trabajo.

VIVIR CON LO QUE SE TIENE

Una manera simple para distribuir tus gastos es *la regla del 50/30/20*. **El 50% de tus ingresos deben ir para los gastos fijos, el 30% puedes distribuirlos en los gastos variablespago de tus deudas.**

Algunas personas "debitan" directamente de su salario sus gastos fijos y el dinero que destinan para sus metas. Esta es una manera válida de hacerlo y garantiza que vas a mantenerte dentro de tu presupuesto, pero debes tener cuidado de cubrir tus gastos corrientes y ocasionales con el monto restante.

Si tienes problemas en ajustarte a tu presupuesto, puedes recurrir al uso de sobres y utilizar solo efectivo. **Esto significa tomar el dinero de tu pago, dividirlo en sobres para cada uno de los gastos/metas que tengas y renunciar al dinero plástico.** Es un método algo estricto, pero que le ha funcionado a más de una familia.

AUMENTA TUS INGRESOS Y REDUCE TUS GASTOS

En las finanzas personales hay solamente dos maneras para mejorar tu situación financiera: **aumentar tus ingresos o reducir tus gastos.** Seguramente vas a tener muchas más opciones de aumentar tus ingresos que de reducir tus gastos sin llegar a una frugalidad extrema, pero es necesario que trabajes en ambos aspectos para que puedas disfrutar de una verdadera salud financiera.

EMPIEZA POR REDUCIR TUS GASTOS

Es más fácil reducir tus gastos que aumentar tus ingresos y el secreto de un buen presupuesto no es esperar a ganar más dinero, sino hacer rendir el que ganas ahora. Estos son algunas maneras en las que puedes empezar:

- **Registra todos tus gastos:** registrar todos tus desembolsos de dinero te va a permitir saber el destino de tu dinero. Cabe aclarar que no se trata solo de registrar aquellos gastos para los que tienes recibos, como las facturas de servicios públicos, sino anotar cada gasto menor, como la compra de un café en *Starbucks* cada mañana antes de entrar a la oficina.
- **Detecta gastos prescindibles:** sabiendo el destino de tu dinero puedes detectar gastos que no son esenciales para vivir ni tampoco están aumentando tu calidad de vida como para justificar su existencia. Muchos de estos gastos son cotidianos y los puedes eliminar fácilmente, como las salidas diarias a comer, el agua embotellada, los cigarrillos, las suscripciones o planes telefónicos innecesarios o la TV por cable. Reducir otros gastos puede tomar un poco más de tiempo y análisis, como los gastos de tarjetas de crédito, los

utilities o el refinanciamiento de un préstamo o prima de seguros. La idea es que puedas ir eliminando gastos que te quitan más de lo que te aportan sin quedar desprotegido o disminuir tu calidad de vida.

- **Diferencia entre lujos, necesidades y deseos:** una de las características de vivir en Estados Unidos es que es un país que invita permanentemente al consumo. Como latinos nos vemos fácilmente seducidos por comprar todo aquello que creemos que va a mejorar nuestra calidad de vida. Si bien esto no es algo negativo, es importante empezar a diferenciar entre el lujo y la necesidad si lo que queremos es ordenar nuestras finanzas.

- **Prioriza:** si logras trazar y seguir un plan financiero que te permita establecer prioridades, llegará el momento en que puedas darte algunos de estos lujos sin arruinar tus finanzas personales.

- No caigas en la trampa de **"ahorrar gastando",** que sucede cuando compramos cosas que no necesitamos solo porque están en oferta. Recuerda que, si no lo necesitas, ¡hasta regalado puede ser caro!

DESPUÉS BUSCA MANERAS DE AUMENTAR TUS INGRESOS

Sin importar cuantos gastos logres reducir, llega un momento en el que no puedes seguir limitando tu consumo. En este momento **debes empezar a incrementar tus ingresos.** Estas son algunas ideas para empezar:

- **Al corto plazo** puedes buscar un segundo empleo o monetizar un *hobby* que tengas. Existen plataformas en internet que te permiten trabajar como *freelancer* y ganar dinero en tus ratos libres sin salir de tu casa.

- **Invierte en tu desarrollo personal:** ser competitivo en el mundo laboral es indispensable para generar mejores oportunidades, y por ende mayores ingresos. Como latinos trabajando en Estados Unidos nuestra condición de extranjeros nos ofrece grandes ventajas, como la capacidad de adaptarnos a otra cultura, aprender otro idioma, estar abiertos a los cambios, aprender a trabajar bajo presión y ser recursivos, entre otras. Sin embargo, **es importante seguir capacitándonos durante nuestra vida laboral, no solo en aspectos técnicos de nuestra profesión sino también en el desarrollo de otras *skills* o habilidades** que nos permitan tener mayor nivel de empleabilidad, o en caso de que nos interese, poder tener nuestro propio negocio.

- **Invierte en instrumentos financieros:** aunque más adelante vamos a desarrollar con mayor profundidad el tema de las inversiones, tener activos que te produzcan renta es una de las mejores maneras de aumentar tus ingresos. Comprar una vivienda para rentarla (aquí o en tu país de origen), tener inversiones en fondos mutuales, invertir en un emprendimiento o comprar acciones pueden ser posibilidades interesantes si se hacen con prudencia y conocimiento.

- **Emprende:** como mencionamos en el capítulo anterior, los latinos en Estados Unidos se han caracterizado por ser un grupo que ha impulsado el desarrollo de diferentes negocios, generando ingresos de manera independiente y además creando nuevos puestos de trabajo. Actualmente ser emprendedor se ha convertido en algo común y existen muchos recursos para aquellos interesados en crear su negocio propio. Sin embargo, ser emprendedor conlleva riesgos y no todas las personas nacieron para serlo o son felices siguiendo este camino.

El mejor consejo que podemos darte si estás pensando en emprender es *que analices con cuidado la oportunidad de mercado que vas a perseguir, trata de contar con un excelente equipo de trabajo y prepárate a consciencia antes de iniciar la aventura.* Si es posible, no pongas en riesgo todo tu patrimonio en el proyecto. Ten en cuenta que 8 de cada 10 emprendimientos fracasan antes de 18 meses y solo 2/3 llegan al segundo año, de acuerdo con la *Small Business Administration* de los Estados Unidos.

QUINTO PASO: EJECUTA, EVALÚA Y AJUSTA TU PLAN

TU PLAN FINANCIERO EN ACCIÓN

Una vez hayas diseñado tu plan financiero, el siguiente paso es ponerlo en práctica. Ten en cuenta los siguientes aspectos para ejecutarlo de la mejor manera:

- Por un lado, es importante que hagas revisiones periódicas para confirmar si tu plan realmente está funcionando. Estas revisiones las puedes hacer:
  - Cada 3, 6 o 12 meses. Esto va a depender del tipo de metas que te hayas trazado y los avances que hayas logrado.
  - Otra opción es hacerlas al cierre de cada año, como un balance.
- También con fechas importantes como un cumpleaños o aniversario de bodas.

Así como es importante evaluar la evolución de tu plan financiero, también es indispensable que vayas realizando ajustes a medida que atravieses distintos hitos en tu vida. Con esto nos referimos a momentos como el matrimonio, la llegada de los hijos, un divorcio, la pérdida de un empleo o la jubilación. Cada una de estas instancias implica que te fijes nuevas metas y que traces el camino para llegar a ellas.

ETAPAS DE LA VIDA / GRANDES EVENTOS

El dinero no es ajeno a los grandes eventos de nuestra vida. Más allá del vital aspecto emocional, la vida en pareja y la llegada de hijos también incluyen un costado más racional relacionado con el aspecto económico. Estas son algunas maneras en que las finanzas pueden influir en los grandes eventos de la vida de toda persona:

MATRIMONIO

Estar en pareja, bien sea casados o conviviendo puede ser una de las experiencias más gratificantes de la vida... hasta que aparece el tema del dinero. En nuestra cultura latina hablar de dinero se considera muy poco romántico. Sin embargo, **es realmente importante considerar la pareja como una sociedad o una empresa con un proyecto en común, lo que implica ponerse de acuerdo en temas económicos.** Está más que comprobado que cuando el aspecto financiero no funciona adecuadamente, otros aspectos de la vida en pareja también se ven seriamente afectados.

Si bien es cierto que cada pareja es un mundo aparte – lo cual implica que deberás encontrar su propia manera de organizarse económicamente – existen algunos errores que toda pareja debería evitar con el fin de tener una próspera vida financiera en conjunto:

- **No hablar de dinero**: ¡es el primer error que evitar! Las conversaciones acerca de hábitos de consumo, formas de ahorro y presupuestos son indispensables para que cada miembro de la pareja pueda exponer sus ideas, temores y expectativas en relación con el dinero. El objetivo de este tipo de charlas es encontrar un acuerdo en los aspectos financieros más relevantes y que tengan impacto favorable al largo plazo.
- **Considerar el dinero como un símbolo de poder**: el dinero tiene la capacidad de ir creando dinámicas inconscientes relacionadas con el poder en la pareja, independiente de si ambas personas trabajan o no. Es importante darle al dinero la relevancia que merece, pero sin que se convierta en una herramienta de dominio, abuso o sometimiento, para que así no afecte un vínculo tan importante en nuestra vida.
- **Mentir acerca de los ingresos reales**: un error muy común es que uno de los miembros de la pareja le mienta al otro sobre su verdadero nivel de ingresos, bien sea porque no quiere asumir un mayor porcentaje de los gastos o por simple desconfianza. En cualquiera de los casos, la base para un buen manejo de las finanzas domésticas siempre debe ser la transparencia y honestidad con la pareja.

- **Mentir acerca de las deudas contraídas**: así como se miente sobre los ingresos, también es muy común que la gente le mienta a su pareja sobre sus obligaciones financieras. La motivación para este comportamiento puede surgir de la vergüenza por admitir frente al otro que se debe mucho dinero, pero es necesario que los miembros de una pareja sean sinceros en cuanto a sus deudas para tener un panorama claro de su situación financiera.

- **Usar el 50-50**: muchas personas creen en el mito que los gastos deberían ser repartidos por partes iguales entre los miembros de la pareja. Esto sería posible en caso de que ambos generen exactamente la misma cantidad de ingresos, lo cual rara vez sucede. Aquí, los 2 puntos anteriores cobran nuevamente relevancia, ya que si no sabemos exactamente cuánto tenemos y cuánto debemos como pareja no será posible repartir equitativamente los gastos. Hay muchas opciones posibles, desde hacer una sola bolsa de gastos hasta contribuir proporcionalmente a lo que se gana, pero lo importante es estar de acuerdo y ser equitativos.

- **Que las decisiones sean tomadas solo por una persona:** las decisiones de ahorro, inversión y endeudamiento son muy importantes y deben tomarse en conjunto y no de manera unilateral. De esta manera, la responsabilidad es compartida y no hay sorpresas a futuro.

- **Cometer infidelidades financieras**: ocultar a la pareja deudas contraídas con la tarjeta de crédito, comprar cosas caras a escondidas o no compartir información sobre el dinero devengado o ahorrado se consideran deslealtades económicas. Si bien este tipo de comportamientos tienen que ver con el miedo al conflicto, al final terminan afectando de la peor manera a la pareja. En estos casos se impone la necesidad de mejorar los canales de comunicación.

NACIMIENTO DE LOS HIJOS

Después del matrimonio, la llegada de los hijos es un evento que cambiará radicalmente nuestra vida. El tener una nueva persona a nuestro cargo nos obliga a pensar a largo plazo y proyectar el futuro del nuevo integrante de la familia. Esto puede generar una serie de inquietudes y angustias que son normales en esta etapa, **pero lo importante es saber organizar nuestras finanzas para que esa proyección se concrete.**

Algo muy importante a tener en cuenta es que la educación superior, es decir, los estudios universitarios en Estados Unidos son bastante costosos. Una buena opción es comprar un seguro de estudios desde el nacimiento de tus hijos para que cuando llegue el momento de que estudien una carrera universitaria puedan contar con los recursos económicos necesarios. Otra buena opción es abrir un fondo para estudios.

DIVORCIOS

Ojalá que nunca llegue, pero si decidimos poner fin a una relación conyugal, además del costo afectivo también debemos afrontar un gran revés económico.

El divorcio siempre será menos costoso si se hace de mutuo acuerdo entre los miembros de la pareja y no se llega a un juicio, ya que los altos honorarios de los abogados pueden llevarnos a una ruina mayor de la que ya implica la repartición de bienes. En el caso de que aceptemos un mutuo acuerdo, la presencia de un abogado será meramente administrativa y no se extenderá indefinidamente en el tiempo.

En cuanto al reparto de bienes, éste dependerá de varios factores, entre ellos la existencia previa de un acuerdo prenupcial, si los bienes hacen parte de la sociedad conyugal, el estado donde se lleve a cabo el divorcio y la custodia de los hijos, si existen.

Esta situación también influye en gran medida en uno de los temas más complejos: **la adjudicación de la vivienda habitual.** En esta cuestión es importante saber si el inmueble se encuentra pagado en su totalidad o si está bajo una hipoteca. Por lo general uno de los miembros de la pareja termina abandonando la casa que antes compartía con su familia. Hay ocasiones donde ambos mantienen el costo de la hipoteca (con su correspondiente derecho a deducción) aunque solo uno tenga derecho a seguir viviendo en la casa.

No obstante, hay casos (si se trata de un bien que entra dentro de la sociedad conyugal) en que uno de los cónyuges compra el 50% de la propiedad al otro, cambiando la titularidad del inmueble. Si ninguna de las dos partes tiene dinero para comprarle la mitad al otro, se deberá vender la propiedad (hipotecada o no) y repartir el dinero de la venta.

La variable de los hijos es vital en estos casos, si se tiene en cuenta que el juez puede adjudicar la estadía en la vivienda al padre que haya obtenido la custodia de los hijos, más allá de que el inmueble siga siendo propiedad del otro. Por lo general, **la ley obliga al cónyuge que pierde la custodia de los hijos a pagar una cuota alimenticia que corresponde a un porcentaje de sus ingresos.** Dicha cuota se paga hasta que el o los hijos se independicen. Por último, existe la pensión compensatoria. Esto es una cantidad de dinero, también fijada por un juez, que le es pagada al cónyuge más desfavorecido en caso de que se produzca un desequilibrio económico importante. En todo caso, es crucial asesorarse de manera adecuada ya que estas reglas cambian de acuerdo con el estado en que se resida.

TRANSFERENCIAS DE DINERO A OTROS FAMILIARES

El manejo adecuado de las finanzas personales por parte de los inmigrantes debe incluir un aspecto muy importante: el envío de remesas a familiares o amigos en su país de origen.

Si bien no podemos indicarte cuál es el porcentaje de tus ingresos que debes transferir a tus seres queridos, si podemos informarte acerca de las opciones que existen actualmente en Estados Unidos para el envío del dinero.

GIROS BANCARIOS INTERNACIONALES

Una de las formas más comunes para enviar dinero hacia tu país de origen es a través de giros bancarios. Obviamente para este caso tanto tú como tu familiar deben contar con una cuenta bancaria.

En el caso de los giros bancarios, además del formulario de envío regular (si es que quieres mandar un monto de dinero alto) muy seguramente también deberás completar formularios adicionales solicitados por el banco y que tienen como objetivo saber el motivo de tu transferencia, la cantidad a enviar y el destinatario del dinero, entre otra información. Es importante que completes todos los datos solicitados porque los bancos son muy estrictos. Además, es posible que al destinatario también le exijan llenar estos documentos, así como diligenciar una declaración para legalizar el cambio de divisas.

Ten en cuenta que por lo regular los bancos cobran comisiones que pueden ser muy altas para el envío de fondos menores y que las transferencias suelen tardar varios días. De igual manera, en la mayoría de bancos debes acercarte a una oficina para realizar la transacción.

Por lo mismo, los giros bancarios son recomendables solo cuando vas a enviar una suma de dinero importante, como es el caso de envíos para compra de vivienda, inversiones o repatriación de recursos. Es importante que averigües por los *fees* y las condiciones específicas de tu banco y que el destinatario de los fondos realice la misma averiguación.

AGENCIAS DE TRANSFERENCIA DE DINERO

Otra opción muy utilizada para enviar dinero son las agencias remesadoras. Si bien las comisiones pueden ser altas, la ventaja es que en estos casos no debes tener una cuenta bancaria y la transferencia a veces puede hacerse en minutos. Solo debes acercarte hasta una de estas agencias, llevar el dinero en efectivo, indicar el nombre completo y algún documento de identidad del destinatario y el lugar donde va a retirar el dinero. Este destinatario debe retirarlo personalmente.

Las agencias remesadoras más conocidas son:

- Western Union
- MoneyGram
- Xoom
- Ria
- Transferwise

Algunas de estas empresas tienen portales en la web a través de los cuales puedes hacer el envío con seguridad, previa inscripción y debitando el dinero de una cuenta bancaria.

El uso de remesadoras es conveniente para el envío de pequeños montoso para envíos esporádicos de dinero a familiares y amigos. No olvides comparar las diferentes tarifas y encontrar la que te sea más conveniente. Si es una suma de dinero alta, de seguro te van a pedir a ti y al destinatario más información.

TARJETAS PREPAGO Y ENVÍOS ELECTRÓNICOS

Esta opción es menos común y permite utilizar una tarjeta de débito, que no pertenece a una entidad bancaria para hacer envíos de dinero. Esta tarjeta puede ser utilizada en tu país de origen para hacer pagos o también para extraer dinero de cajeros automáticos. Las opciones más conocidas son PayPal, Transferwise y Payoneer (para el pago de servicios profesionales).

ASPECTOS PARA TENER EN CUENTA AL ENVIAR DINERO

Además de identificar las distintas alternativas para enviar dinero, te sugerimos tener en cuenta los siguientes consejos para elegir la mejor opción de acuerdo con tus necesidades y posibilidades:

- **Costo / Comisión:** Lo primero que debes averiguar es el monto de la comisión por enviar el dinero. Por lo general se cobra un porcentaje sobre la cantidad a ser transferida, aunque algunas empresas cobran una suma fija independiente del valor a ser enviado.
- Por otro lado, siempre es importante que te asegures si hay algún cobro extra por transferir dinero y a quién se le cobrará dicho monto, ya que en ocasiones se cobra una comisión tanto a quién envía el dinero como a quién lo recibe. Es clave que sepas exactamente la cantidad que reci-

birán tus familiares en tu país de origen.

- **Tiempo:** Por lo general, los bancos tienen un tiempo definido para realizar la transferencia de dinero. En el caso de las agencias de dinero, algunas dan la opción de hacer envíos urgentes, que obviamente son más costosos. Planifica muy bien los envíos antes de realizarlos no pagar tasas muy altas.
- **Conveniencia:** asegúrate que el medio que utilices para enviar el dinero sea práctico tanto para ti como para la persona que va a recibirlo. Esto implica que, si la transferencia se realiza a través de un banco, ambas personas deben tener una cuenta en la entidad financiera. En el caso de las agencias es importante que existan sucursales tanto en tu lugar de residencia en Estados Unidos como en el lugar donde vive tu familiar, ya que incurrir en costos de traslados puede resultar más caro que la remesa como tal.
- **Reputación:** Finalmente te aconsejamos que tengas cuidado con entidades "informales" que ofrecen enviar dinero a tu familia a costos muy bajos, pero que no tienen mucho reconocimiento en el sector. Actualmente existe la Oficina para la Protección Financiera del Consumidor (*Consumer Financial Protectional Bureau* o CFPB, por sus siglas en inglés) que regula las empresas que se dedican al envío de dinero desde Estados Unidos hacia el exterior.[3]

EL USO DE LA TECNOLOGÍA PARA LAS FINANZAS PERSONALES

Hoy en día existen muchas herramientas online que nos ayudan a tener en orden nuestras finanzas personales.

- **Excel / Hojas de Cálculo**: la primera herramienta que te indicamos son las hojas de cálculo, siendo la más conocida de ellas Excel de Microsoft. La sugerimos porque es una opción muy fácil de usar para armar tus presupuestos, proyectar gastos e ingresos, etc. Adicionalmente, es un programa que casi todos tenemos en nuestro computador.
- *Home Banking*: Para muchos de nosotros, la práctica de utilizar las plataformas tecnológicas de los bancos es aún lejana. Sin embargo, usar los servicios online de nuestra entidad financiera puede ser muy práctico:
  - Podemos realizar transferencias bancarias sin tener que salir de nuestra casa u oficina.
  - Podemos acceder a nuestro estado de cuenta sin tener que esperar a que llegue el extracto cada mes.
  - Tenemos la opción de configurar alertas que nos recuerdan y avisan sobre pagos, gastos con nuestra tarjeta o retiros de nuestra cuenta.

---

3 https://www.consumerfinance.gov/

Aplicaciones para celular

Si bien es cierto que la tecnología avanza muy rápidamente, el mundo de las aplicaciones para celular te ofrece una serie de opciones para facilitar el manejo de tus finanzas personales:

Mint: Gratuita y fácil de manejar, mint.com es una de las pioneras y más reconocidas aplicaciones para gestionar las finanzas personales, aunque por el momento solo está disponible en Estados Unidos. Con ella puedes controlar tus gastos, dinero en efectivo, tarjetas de crédito y cuentas de diferentes bancos. Además, puedes crear objetivos de gastos, establecer presupuestos y recibir notificaciones cuando estés a punto de sobrepasarlos o tengas un pago pendiente.

Money Lover: Esta aplicación te permite administrar tus ahorros, llevar un control riguroso sobre tus deudas y los pagos y programar alarmas sobre tareas financieras pendientes. El plus definitivo es que también permite gestionar eventos como matrimonios y viajes. *https://moneylover.me/*

Control de Gastos ¿Eres de los que anota sus gastos y después no sabes de dónde vinieron? Esta aplicación será tu salvavidas, pues permite adjuntar las fotos y recibos necesarios para que documentes el uso que le das a tu dinero. Además, podrás generar reportes en Excel para enviarlos a través de correo electrónico y tenerlos disponibles en cualquier dispositivo. Súper bonus para aquellos que viven en el exterior: los gastos e ingresos pueden incluirse en diferentes divisas. Se puede bajar del *Play Store.*

Settle App: En el mundo de la economía, las *aplicaciones* para finanzas personales deben ser grupales. Bien sea con tus compañeros de piso, amigos, familiares o colegas de trabajo, esta aplicación ofrece la posibilidad de crear grupos en los que se define cuánto debe pagar cada miembro por una transacción, y a quién. Ideal para quienes viven en el exterior, ya que es posible usar diferentes monedas y está disponible en 20 idiomas.

BUDGT: Esta aplicación les permite a los usuarios de iPhone monitorear sus finanzas personales de manera sencilla y saber cuánto tienen, cuánto han gastado y cuánto pueden gastar según su presupuesto. La lógica es simple: anota cada gasto e ingreso y clasifícalo en la categoría adecuada: arrendamiento, comida, entretenimiento, etc. BUDGT también permite el intercambio entre varias monedas. Es ideal para estudiantes o personas con presupuestos pequeños.

LOS PUNTOS CLAVE

- Las finanzas personales son un tema que compete no solo a individuos con grandes recursos económicos, sino a cualquier persona que independiente de su nivel de ingresos quiera aprender a manejar su dinero y tomar el control de su vida.
- Una adecuada educación financiera es la mejor manera de establecer prioridades que nos permitan dejar de ser esclavos del dinero y el consumo, hacernos cargo de nuestras decisiones y disfrutar de una buena salud financiera.
- Aprender a definir nuestras metas financieras es un ejercicio crucial para conocer nuestra situación financiera actual y poder canalizar nuestros esfuerzos hacia donde queremos llegar.
- Llevar el registro de todos nuestros ingresos y egresos y aprender a medir nuestro patrimonio son tareas fundamentales para administrar exitosamente nuestro dinero, y una de las herramientas que más nos pueden ayudar para este fin es un presupuesto familiar.
- La liquidez financiera es una herramienta muy útil para determinar si podemos afrontar escenarios imprevistos como la pérdida de un trabajo o una enfermedad.
- Además de aprender a administrar el dinero que ya tenemos, es necesario desarrollar habilidades que nos permitan aumentar nuestros ingresos. Esto significa educarnos continuamente, adquirir nuevas *skills* y ofrecer servicios que tengan demanda en el mercado.
- En esta era dominada por la tecnología, existen muchas herramientas digitales que nos pueden facilitar el proceso para hacernos cargo de nuestras finanzas.
- También existen maneras de enviar dinero a nuestra familia en el país de origen de una manera rápida y segura, como los giros bancarios y las agencias de transferencia de dinero.
- El dinero es un factor muy importante en nuestras relaciones personales y en los grandes hitos de nuestra vida. Tener el control de nuestras finanzas personales puede hacer que estas relaciones e hitos significativos sean un motivo de celebración y no una causa de sufrimiento y dolor.

CONSEJOS Y EXPERIENCIAS DE INMIGRANTES

Silvia Rathell

Silvia es una de las mujeres latinas que más ha dinero ha recaudado para causas sociales en los Estados Unidos. Actualmente, es presidente de la junta directiva de NAWRP (National Association of Women in Real Estate Businesses).

Cuéntanos un poco de ti, tu historia y las cosas que te apasionan.

Llegué a este país cuando tenía 14 años. Mi familia viene de Guanajuato, México, y yo quería venir aquí con el sueño de educarme y salir adelante. Mi familia, siendo muy típica querían que me casara a los 17 años y yo quería seguir estudiando, pero ellos me encontraron un "esposo". Cuando yo no me quise casar, ellos me hicieron la vida imposible y yo me fugué de la casa. Viví en la calle sin hogar por casi 2 o 3 meses y, cuando mis maestros de la escuela se dieron cuenta, ellos me ingresaron en un programa de adolescentes sin hogar. De ahí llegue a estar con una familia adoptada que me ayudó y me quiso mucho. Afortunadamente, he tenido muchas personas que me han guiado, me han brindado consejos y me abrieron puertas para llegar a donde estoy hoy. En total, en mi carrera de más de 18 años recaudando fondos para asociaciones nacionales sin fin de lucro, ¡he tenido el placer de recaudar más de $150 millones de dólares para ayudar a millones de familias con programas y servicios para que salgan adelante con dignidad y honor! Yo viví en carne propia y sé que es no tener nada y vivir en la calle sin casa ni familia y por eso ayudo a pedir fondos para personas que, como yo, quieran salir adelante.

¿Cuál crees que es el secreto para administrar el dinero con éxito?

Desafortunadamente en nuestra cultura querer tener mucho dinero es algo que se acepta muy fácilmente. No se nos ensena a ahorrar dinero ni se nos ensena como planear para el futuro. El dinero por sí mismo no es malo, lo malo es el amor por el dinero o la codicia. Nuestras familias tienen que educarse y saber cómo manejar sus finanzas para poder dejar nuestra próxima generación en situaciones financieras mejores que en generaciones pasadas.

¿Cuál crees que es el error más común que cometen los latinos con sus finanzas?

Como mencione antes, no se ensena a temprana edad como planear para el futuro. ¡Gastamos mucho! Nuestra cultura es de vivir para hoy sin preocuparse de mañana y eso es un error muy grande. Si se planea todo con cuidado el futuro financiero de nuestra familia será muchísimo mejor. ¡No solo de nuestra familia, pero también nuestra comunidad!

¿Nos podrías contar algo que te sorprendió al llegar a los Estados Unidos?

Me sorprendió que la gente aquí vive en abundancia y se quejan mucho. Me sorprendió que a pesar de la abundancia la gente se siente muy pobre y por tratar de mantener una imagen de tener dinero gastan hasta lo que no tiene.

¿Qué consejo le darías a una persona que recién llegue al país?

Que trabajen duro y también disfruten la vida, pero que vivan más allá de sus límites. Que hagan bonitos recuerdos con sus familias que no involucren dinero siempre. Y que les ensenen a sus hijos como planear para un mejor futuro para las próximas generaciones.

TU DEUDA:
APRENDE CUÁL TE CONVIENE Y PAGA LA QUE NO

E l crédito es uno de los pilares fundamentales sobre los que se basa la economía de los Estados Unidos. Si bien en los países latinos el crédito es importante, **no es comparable con la influencia que tiene para poder construir una vida en este país y llevar a cabo las labores más básicas, como pedir un préstamo o comprar una casa o un auto.** Todas tus actividades financieras dependen de la confianza que generes, y aquellas personas que no tengan crédito (o tengan uno negativo) son de poco fiar y simplemente no existen para el sistema financiero.

Muy ligada al crédito está la deuda. En este país tan dado al crédito la deuda es la forma en que muchas personas pagan por casi todo lo que compran, desde grandes adquisiciones como una casa hasta compras diarias como la gasolina o una comida. Esto permite que endeudarse sea muy fácil, lo que lleva a muchos latinos (que no tenían tanta facilidad de crédito en sus países) a adquirir deudas que al final no pueden manejar.

En este capítulo te explicaremos por qué la deuda es necesaria y te enseñaremos a diferenciar entre la deuda mala y la buena. Además, te mostraremos cómo empezar a construir tu historia crediticia en los Estados Unidos y las maneras en que puedes manejar tus deudas para que se conviertan en una forma de financiar tus sueños y no en un obstáculo que te impida triunfar en este país.

LOS LATINOS Y LAS DEUDAS

A raíz de las diferencias culturales, el concepto de endeudamiento es muy distinto en los Estados Unidos que en nuestros países de origen. La mentalidad cortoplacista que tenemos los latinos en cuanto a nuestras finanzas nos lleva a satisfacer nuestros deseos inmediatos mediante el consumo y endeudarnos excesivamente en el proceso.

De hecho, según una investigación llevada a cabo por la aseguradora *Prudential* en 2014, reducir las deudas es nuestra segunda prioridad financiera (52%), solo superada por el deseo de ahorrar para la jubilación (53%). Aunque estas prioridades son iguales para toda la población, los latinos tendemos a preocuparnos más por las deudas que la población general, probablemente por la desmedida carga que suponen para nuestras finanzas.

Lo cierto es que los latinos – como casi todos los inmigrantes al llegar a los Estados Unidos – **nos endeudamos seducidos por el crédito relativamente barato y la mayor estabilidad económica que esperamos tener.** Aun sabiendo que la deuda trae múltiples consecuencias negativas y un costo muy alto, no dudamos en hacer uso de ella para aumentar nuestro poder de consumo, lo que nos obliga a incrementan los gastos por encima de nuestras capacidades y **ahorrar para pagar las deudas, nunca para canalizar los recursos hacia inversiones que mejoren nuestro patrimonio a largo plazo.**

Este enfoque tan marcado hacia las metas a corto plazo y la gratificación instantánea limita enormemente tus posibilidades de tener un buen crédito y crear tu patrimonio en este país. No es casual entonces que la comunidad hispana esté rezagada en la utilización de distintos activos financieros, como los planes de jubilación de empleador o el capital hipotecario, incluso si se lo compara con otras minorías como los afroamericanos. **Romper esta mentalidad y distinguir entre deuda mala y deuda buena es clave para mejorar tu situación financiera.**

ENDEUDARSE INTELIGENTEMENTE: "DEUDA BUENA" VS "DEUDA MALA"

Como regla general, *la deuda es buena siempre y cuando sirva para invertir en algo que reporte ingresos futuros,* como maquinaria o bienes raíces para un negocio, acciones de empresas que generen dividendos, bonos en compañías que creas tengan futuro o capital para iniciar un negocio nuevo, entre otras opciones. Más allá de que el 62% de los latinos crean que no existe tal cosa como una " deuda buena", todos estos casos son buenos ejemplos de **cómo la deuda puede ayudarte a aumentar tu capacidad de generar riqueza.**

Otro típico caso de deuda buena es el de la educación, aunque hay que sopesar el costo a pagar por una matrícula universitaria – que puede ser bastante costosa – frente a los ingresos que realmente se puedan obtener de la carrera o estudio que vayas a seguir.

No hay mejor ejemplo del viejo adagio "se necesita dinero para ganar dinero" que la deuda buena. Esta deuda te ayuda a generar mayores ingresos y aumentar tu patrimonio.

Por lo tanto, no hay que tenerle miedo a la deuda, sino saberla utilizar de manera inteligente. Para poder determinar cuándo la deuda es buena, primero debes entender el concepto de *apalancamiento*, **es decir la relación entre la deuda que tienes y tus propios recursos.** La deuda te sirve para "apalancar" tu capital, es decir, aumentar la cantidad de dinero que puedes destinar a una inversión. Entre mayor deuda, mayor "apalancamiento" y, por ende, un mayor capital. Sin embargo, la deuda también tiene un costo, y a mayor cantidad de deuda mayor será el riesgo de que no puedas asumir tus obligaciones.

Imagina que tienes tan solo $10.000 dólares para invertir. Con este capital escasamente podrías iniciar un negocio propio, aunque no tendrías que pagar intereses a ningún banco. Si consigues un crédito por otros $10.000, entonces ya habrás "apalancado" tu capital y tendrás $20.000 dólares para invertir, lo cual te pone en mejores condiciones para iniciar el negocio. Sin embargo, tendrás que pagar intereses sobre la suma prestada, y en caso de que el negocio no funcione no solo podrías perder tu inversión, sino que deberías $10.000 al banco. Si por el contrario el negocio produce las ganancias esperadas, podrás obtener una mejor rentabilidad que sí hubieras iniciado el negocio con los $10.000 dólares iniciales. **Así, el no tener deuda te puede dar seguridad, pero también limita tu capacidad de inversión y margen de ganancia, de la misma manera que tener deuda en exceso te pone en una situación muy riesgosa.** El justo "apalancamiento" dependerá del nivel de riesgo que tenga el negocio y el que estés dispuesto a asumir.

La "buena deuda" inmobiliaria en la crisis financiera de 2008

Todos conocemos casos de personas que usaron deuda hipotecaria antes de la crisis de 2008 para comprar varias propiedades e "invertir" en el mercado inmobiliario, dadas las excelentes oportunidades de negocio que ofrecía y la enorme facilidad para obtener un crédito. Así, compraron dos o tres casas esperando venderlas y ganar una buena rentabilidad, sin poner recursos propios. Este excesivo apalancamiento resultó catastrófico y terminó destruyendo sus finanzas personales – incluso llevándolos a perder su vivienda propia – cuando sobrevino la crisis. Si en vez de comprar varias casas hubieran destinado el dinero a pagar la hipoteca de una sola, seguramente habrían podido sobrevivir a la catástrofe inmobiliaria de esos años. *En este caso, si bien la deuda era "buena" porque estaba canalizada a la inversión, hubo un excesivo apalancamiento, es decir que se usó demasiada deuda frente a los recursos propios.*

Por el contrario, la deuda "mala" es aquella que utilizamos para aumentar nuestro consumo, pagando un costo por el derecho a utilizar el dinero (tasa de interés) y la conveniencia de utilizarlo inmediatamente. Al no generar ningún ingreso este consumo, lo único que estamos haciendo es comprar las cosas con un sobreprecio. Un claro ejemplo es el uso de tarjetas de crédito para comprar ropa, entretenimiento y lujos. Este tipo de deuda es la que más aqueja a los latinos y salir de ella debería ser casi que la máxima prioridad para todos aquellos que tienen un alto nivel de endeudamiento.

HISTORIA CREDITICIA EN ESTADOS UNIDOS

IMPORTANCIA DE LA HISTORIA CREDITICIA

Hablamos de la facilidad de endeudarse en los Estados Unidos; sin embargo, no todos somos aptos para que se nos adjudique un préstamo a los ojos del sistema bancario. Para ello, se requiere tener un *historial de credito* saludable para que nuestro perfil se considere apropiado al momento de solicitar uno de estos productos financieros.

El tener un historial de credito no solo es importante para adquirir un préstamo. **Cosas tan simples como arrendar una vivienda, obtener un empleo o incluso contratar un plan de televisión por cable se pueden ver afectadas si se tienen problemas crediticios.** Es más, no solo es necesario que el historial sea saludable, sino que es también importante tener antecedentes dentro del sistema crediticio. En el caso de las personas que nunca han tenido una tarjeta de crédito u otro tipo de producto financiero, puede resultar casi imposible acceder a algunos servicios básicos en este país, ya que es muy difícil para las entidades prestamistas identificar y hacer seguimiento a su comportamiento económico, y por ende a su capacidad de responder por la deuda.

Es importante que empieces a construir tu historial de credito apenas llegues a vivir a Estados Unidos. Algunos bancos ofrecen tarjetas de crédito para personas sin historial usualmente mediante el depósito de una suma de dinero en garantía igual al cupo de la tarjeta.

Cabe recordar que no tener deuda no es lo mismo a no tener historial, ya que puedes tener una o varias tarjetas y manejarlas adecuadamente sin incurrir en endeudamiento y pagar completo al final del ciclo, mostrando así tu responsabilidad como deudor.

INFORMES CREDITICIOS

Cuando no logras atender tus obligaciones crediticias, estas deudas van quedando registradas en informes que realizan diferentes compañías. Estos informes son los famosos **reportes de crédito o** *credit reports*, los cuales son consultados por cualquier entidad que necesite conocer tus hábitos financieros (con tu autorización), como bancos o compañías aseguradoras.

Lo primero que debes hacer para conocer tu situación crediticia frente a las empresas del sector financiero es **solicitar uno de estos informes.** Asegúrate de que no haya errores, porque con cierta frecuencia las entidades no actualizan correctamente los datos, registrando moras inexistentes o mezclando la información de diferentes personas, lo que puede perjudicarte enormemente (sin contar con la posibilidad de que se presente fraude por suplantación de identidad). Si llegas a descubrir cualquier tipo de inconsistencia, debes informar inmediatamente a la entidad y solicitar una corrección lo más pronto posible.

Los reportes crediticios contienen la siguiente información:

IDENTIFICACIÓN PERSONAL:
Nombre, dirección, número del Social Security, etc.

REGISTRO DE CRÉDITOS:
Tarjetas, préstamos y demás productos crediticios que hayas solicitado, incluyendo fecha de apertura, balances e historial de pagos, entre otra información.

SOLICITUD DE BANCARROTA:
En caso de que haya existido.

CONSULTAS
Datos de personas o entidades que hayan solicitado tu reporte crediticio

> **Hay 3 empresas en los Estados Unidos que entregan este tipo de reportes: Equifax, Experian y TransUnion. Ten en cuenta que puedes pedir los reportes de las 3 empresas y te alentamos a que lo hagas, ya que cada uno contiene información diferente.**

Credit Score

El puntaje crediticio es una cifra de 3 dígitos que está basada en tu informe crediticio y que le permite saber a las entidades qué tan riesgoso es prestarte dinero.

Una de las principales empresas que elaboran puntajes crediticios es FICO. Ellos tienen un rango entre 300 y 850 puntos con un promedio en Estados Unidos de 687. *Entre más alto sea el puntaje, existen mayores posibilidades de que cumplas con tus obligaciones.* En muchos tipos de deuda un puntaje alto conlleva una menor tasa de interés en el crédito solicitado.

Para saber cuál es tu puntaje crediticio, puedes ingresar al siguiente link: www.annualcreditreport.com. Ahí tienes la opción de pagar por recibir el puntaje de una de las empresas ya mencionadas (Equifax, Experian y TransUnion). Consulta también con tu banco, ya que muchos ofrecen reportes de crédito gratuitos incluyendo el *credit score*.

REQUISITOS Y CONSEJOS PARA PEDIR UN CRÉDITO

- Evita tener varias deudas con saldos elevados en simultáneo; es decir, si tienes un préstamo personal con un monto elevado es preferible mantener el saldo de tus tarjetas de crédito lo más reducido posible. En este orden de ideas, no deberías solicitar más préstamos o tarjetas de crédito si no estás al día con tus obligaciones financieras del momento.
- Debes recordar que no hay deuda pequeña. Cualquier obligación financiera que contraigas queda registrada, y si no cumples con los pagos, estos saldos creados te pueden generar grandes daños. Te sugerimos no minimizar ningún compromiso de financiamiento que hayas asumido por menor que te parezca. ¡Ten especial cuidado con las deudas por servicios médicos!
- Cuando hayas saldado por completo un préstamo o hayas cancelado una tarjeta de crédito, siempre debes pedir un paz y salvo y guardarlo. De esta

manera podrás demostrar, en caso de ser necesario, que estás al día con las deudas adquiridas previamente y que tu historial de credito es positivo.

- Uno de los aspectos más importantes es que **establezcas comportamientos disciplinados acerca del cumplimiento de pagos.** Para esto puedes configurar alertas de pagos que el mismo banco puede gestionar. Estos recordatorios te pueden llegar por *e-mail* o por mensaje de celular. Otra opción es inscribir los pagos de tarjetas de crédito o préstamos personales en el débito automático de la cuenta bancaria, de esta manera no corres el riesgo de incumplir con las fechas de pago.

- En caso de que no tengas historial de credito, puedes iniciar uno a través de la solicitud de una tarjeta de crédito como explicamos anteriormente. Adicionalmente, las entidades que otorgan dinero plástico no son solamente los bancos, ya que algunas cadenas de *retail* otorgan estos productos financieros.

¿CÓMO PUEDE UN INMIGRANTE INDOCUMENTADO ACCEDER AL CRÉDITO EN LOS ESTADOS UNIDOS?

Además de la opción para crear tu historia crediticia con una tarjeta de crédito de una tienda por departamento o abriendo una cuenta de ahorros o de cheques, existen bancos nacionales e internacionales, instituciones financieras o uniones de crédito que ofrecen tarjetas de crédito y pequeños préstamos hipotecarios a inmigrantes indocumentados. **Para ser claros, ofrecer este tipo de productos puede ser visto como controversial, pero no es ilegal.** El razonamiento es que a pesar de que puede estimular una mayor inmigración ilegal, estos indocumentados están comprando productos o servicios que apoyan la economía local. Estas instituciones no verifican un número de seguridad social o estatus migratorio, solo prueba de empleo o el **ITIN** (*Individual Taxpayer Identification Number*). Con este número, puedes empezar a pagar impuestos y crear un buen historial de pago.

TARJETAS DE CRÉDITO

Independiente de tu nivel de ingresos, siempre vas a formar parte de alguna de estas tres categorías:

- Personas que gastan más de lo que ganan y acumulan deudas
- Personas que gastan todo lo que ganan y no pueden ahorra nada
- Personas que ahorran cierta parte de sus ingresos

Se dice que formarás parte de alguna de estas categorías sea cual fuere tu nivel de ingresos porque hay personas que tiene sueldos modestos y logran ahorrar un 20 o 30% de su salario, mientras que otros ganan mucho dinero y sin embargo no ahorran nada o acumulan deudas.

> El sistema económico actual está diseñado para que gastes mucho dinero a todas horas y termines beneficiando a las entidades financieras mediante la generación de deuda y el pago de intereses. Como ya lo hemos recalcado en más de una ocasión en este libro: **LA DEUDA NUNCA ES GRATIS.**

MANEJO INTELIGENTE DE LA TARJETA DE CRÉDITO

Nadie puede negar lo útil que son las tarjetas de crédito y lo fácil que es realizar todo tipo de pagos con ellas. También lo convenientes que resultan a la hora de comprar un nuevo televisor o una nevera. Sin embargo, salvo que sea una emergencia, siempre debemos encontrar maneras de evitar el pago de los intereses, ya sea ahorrando para comprar estas cosas o pagando la tarjeta de crédito a *full* cada mes. Obviamente las personas que evitan estos pagos no son muy queridos por los bancos, **ya que estos prefieren clientes que consuman desmedidamente y que les dejen importantes ganancias en forma de intereses.**

Los bancos ofrecen programas de puntos y de *cash back* (además de seguros y asistencia en viajes) para incentivar a la gente a que utilice la tarjeta con mayor frecuencia, con la esperanza de que el usuario no pueda pagarla *a full* dentro del ciclo. Pero si eres disciplinado, puedes usar la tarjeta como medio de pago – e igual obtener los beneficios – **siempre y cuando pagues el saldo completo cada mes.** Si no cuentas con esta disciplina, lo más prudente es usar una tarjeta débito con la que obtienes la facilidad y comodidad de pagar con una tarjeta, pero usando tu propio dinero y sin incurrir en intereses.

> El uso de la tarjeta es también inteligente para situaciones de emergencia o para una compra muy necesaria. En todo caso, recuerda que la tarjeta siempre cobrará un tipo de interés muy superior al de un préstamo personal. Si piensas que no puedes controlar tus pagos con tarjeta y la tentación de gastar es muy alta, **lo mejor que puedes hacer es cortar la tarjeta y tirarla a la basura. Sin lugar a duda ésta será la mejor decisión financiera que vas a tomar en tu vida.**

ESTRATEGIAS PARA REDUCIR LA DEUDA

Si no quieres cortar tu tarjeta de crédito a causa de todos los beneficios que puedes obtener de ella, por fortuna existen algunas estrategias para reducir tu deuda:

- **Reduce tu límite de crédito**: algo que suele suceder si eres un buen pagador es que el banco te "premia" aumentando el límite de crédito de tu tarjeta. En realidad, la entidad bancaria utiliza esta astuta artimaña para inducirte a que gastes más y más, lo que los consumidores por lo general terminan haciendo si tienen mayores ingresos No te dejes engañar: **esto te aleja de tus objetivos de inversión**. En estos casos, puedes pedirle a tu banco que te imponga un tope de consumo para que cuando te sientas tentado a gastar puedas reevaluar tu decisión.

- **Paga toda la deuda del mes:** como ya lo sugerimos, pagando la deuda total de tu tarjeta se produce un circulo virtuoso: gastas más efectivo para saldar la deuda lo que te deja menos dinero en mano para gastar, alejando esa falsa sensación de dinero interminable tan peligrosa con las tarjetas. Al mismo tiempo, evitas acumular una gran deuda con muchos intereses.

- **No compres bienes de consumo que se deprecien:** uno de los usos más extendidos de la tarjeta de crédito es para ir a un *shopping center* y compulsivamente comprar ropa, carteras, zapatos o *gadgets* electrónicos que en realidad no necesitamos. **Por esto, es muy importante saber diferenciar entre gustos y necesidades.** En la medida de lo posible, los gustos como la ropa de marca, las comidas en restaurantes de lujo y en gran parte los gastos en entretenimiento deben ser cancelados en efectivo. Recuerda que el mejor uso para tu tarjeta de crédito es destinarla para compras que realmente necesites – como el ya citado ejemplo de una nevera o un viaje imprevisto – y cuya compra represente una proporción importante o la totalidad de tus ingresos.

- **Piensa en el costo total:** uno de los autoengaños más frecuentes es pensar las cosas en términos de cuotas, ya que siempre terminaremos pagando más del costo en bruto, **costo que aumenta entre mayor sea el número de cuotas.** Si piensas cuánto te va a costar algo de contado en adición a su mantenimiento e intereses, de seguro reconsiderarás más algunas de tus compras.

- **Ejerce tu autocontrol cuando vayas de compras:** cuando vas de compras generalmente llevas todo tu arsenal: tarjetas de crédito, débito y efectivo. Lo ideal es que hagas lo contrario y lleves una pequeña suma en efectivo sin las tarjetas.

- **Escoge:** recuerda que podemos tenerlo casi todo, pero no todo a la vez. Hay cosas que debemos sacrificar en favor de lo que realmente queremos, como puede ser retirarse con tranquilidad, crear un capital o comprar una vivienda. De igual manera, consumir cosas innecesarias emplea recursos y crea desperdicios que provocan un daño irreversible al planeta.

Pagos mínimos

Los pagos mínimos varían de una tarjeta a otra. En algunos casos el pago mínimo representa un cobro fijo de $25 o un porcentaje del balance (lo que sea más alto), más la totalidad de los gastos no financiables como intereses, gastos por mora, comisiones y adelantos en efectivo.

Es decir, el pago mínimo se compone principalmente por intereses y comisiones y no por pagos al capital inicial que se está financiando. *Si optamos por pagar el mínimo entonces la deuda original no se reducirá, lo que provocará que estemos pagando toda la vida – literalmente – lo que compramos.* Los pagos mínimos están hechos para cubrir los intereses y los gastos administrativos, pero no la deuda en cuestión. El hacer el pago mínimo nos evitará pagar la multa por pago atrasado, pero no nos ayudará a cancelar el balance.

En los Estados Unidos, en la cuenta de tu tarjeta existe una tabla que te indica el saldo total a pagar y cuántos años te tardará pagar la deuda si solo haces el pago mínimo. Revisar esa información te ayudará a comprender que siempre hay que pagar más del pago mínimo o durarás muchos años pagando consumos a veces irrelevantes.

HIPOTECAS

Una de las principales obligaciones financieras que enfrentarás en tu vida (si no la principal) es la correspondiente a un crédito hipotecario o *mortgage,* por su nombre en inglés. Este crédito está ligado naturalmente a una de las inversiones más importantes de tu vida: **la compra de una vivienda propia.** Por su largo plazo y sus características, un *mortgage* va a impactar de manera permanente tus finanzas y el tener un buen score crediticio y buenos hábitos de pago te ayudarán no solo a obtenerlo, sino también a conseguir una tasa de interés más baja. Sobra decir que en este tipo de créditos cualquier baja de interés, por mínima que sea, puede representar miles de dólares de ahorro durante el transcurso del préstamo.

En el capítulo VI te hablaremos con más detalle de este tipo de créditos tanto acá en los Estados Unidos como en tu país de origen.

CRÉDITOS PARA VEHÍCULO

El vehículo es uno de los objetos de poder más valorados en nuestra sociedad, principalmente en un país como Estados Unidos donde muchas ciudades están diseñadas para que la gente se movilice en su propio automóvil y no en transporte público. También es importante reconocer que un automóvil lujoso le otorga estatus a su portador, y por ello no es casual que la gente se sienta tentada de poseer uno costoso y con un diseño impactante, aún en detrimento de sus finanzas.

5 cosas que los vendedores de autos nunca te van a decir

1. No existe un bien que pierda más rápido su valor que un automóvil: al traspasar la puerta de una concesionaria o *dealership*, el precio de tu flamante vehículo ya se habrá reducido hasta en 25%. Un vehículo puede llegar a ser una inversión si es esencial para tu labor y si tienes en cuenta su proporción precio/calidad y durabilidad. Si al momento de comprarlo estás pensando más en la aprobación ajena que en su posibilidad de inversión, estás comprando el auto por las razones equivocadas (salvo que ya tengas tus finanzas organizadas y cuentes con la capacidad de adquirirlo sin endeudarte excesivamente). Si es así, puede convertirse en un premio justo a tu esfuerzo.

2. Por lo general, **los vendedores de autos siempre tratan de vender el automóvil más costoso,** y si muchas veces lo logran es precisamente por el valor social que brinda y no por su verdadera utilidad para tus fines.

3. En Estados Unidos los vendedores son expertos en convencer a los inmigrantes de adquirir un vehículo que está por encima de sus posibilidades, **por lo cual te aconsejamos siempre tener en cuenta lo que puedes pagar mensualmente y no la cantidad de dinero que te puedan prestar.** Puede que los inmigrantes sin historial que recién llegan a vivir a Estados Unidos tengan dificultad para acceder a un crédito al comprar el vehículo o deban pagar una tasa de interés mucho más alta que el promedio. **Estas tasas pueden llegar a ser de hasta el 30%, lo cual dificulta enormemente el pago del mismo.**

4. Además de venderte el auto el vendedor también **puede coordinar el préstamo del coche**, ya que usualmente recibe una comisión sobre los préstamos de automóviles que facilite, sin importar si el préstamo es del fabricante o de un prestamista. No elijas financiamiento del vendedor sin haber investigado antes otras tarifas del mercado.

5. Es necesario que consideres los otros gastos en los que debes incurrir al comprar un auto aparte del crédito, como **seguros, registro y mantenimiento.**

En algunos *dealerships* que ofrecen financiación para personas con problemas de crédito o sin historial, el precio de los autos es mucho más elevado y a la hora de vender se enfocan más en la cuota mensual a pagar que en el valor total del auto. También es posible que ofrezcan un auto en malas condiciones, por lo que podemos terminar sin auto y con obligaciones.

Vale la pena mencionar que algunas entidades tienen sistemas para bloquear el encendido del auto de no pagarse la cuota y que las reposesiones de autos son comunes para los deudores en mora. Por todo esto, es indispensable comprar un auto dentro de nuestras capacidades económicas y revisar su estado mecánico.

> Una opción disponible es **comprar un auto usado**, el cual es una excelente alternativa a uno nuevo si está en buenas condiciones. Si tu presupuesto lo permite, es recomendable comprar un auto que tenga menos de 5 años de antigüedad y con menos de 50.000 millas, ya que estos aún conservan ciertas garantías del fabricante. De todas maneras, si al llegar al país no tienes los ahorros suficientes para comprar un auto (nuevo o usado) o tienes un acceso restringido al crédito, el mejor consejo que te podemos dar es que **soluciones tus problemas de transporte de manera alternativa (bus, metro, _pools_) hasta que tengas un ahorro importante.** Afanarte, sobre-endeudarte o comprar equivocadamente pueden terminar acarreándote problemas por años.

**Si vas a comprar auto, una de las mejores opciones es hacerlo a final de mes o a final de año. Usualmente, los vendedores o los mismos concesionarios ofrecen algunas grandes ventajas, como un mejor precio o tasa de financiación, equipamientos adicionales o una garantía extendida.**

PRÉSTAMOS DE CONSUMO A CORTO PLAZO (_PAYDAY LOANS_)

Dentro del inmenso abanico de ofertas crediticias en Estados Unidos están los _**payday loans**_, que también se conocen como _personal cash advance_ y que muchos no dudan en calificar de "prestamos predatorios".

Un _payday loan_ es un préstamo a muy corto plazo que **tiene como objetivo solucionar un problema financiero urgente.** Este préstamo se realiza básicamente contra un cheque con una fecha en el futuro – usualmente el próximo día de paga – lo que le da una vida muy corta de alrededor de 2 semanas. En ese plazo, la persona debe presentarse y pagar el cheque o correr el riesgo de recibir una visita del prestamista para cobrarlo. De no tener fondos, el deudor se enfrenta a multas por sobregiro o por pago tardío que pueden incrementar de manera notable el costo del préstamo.

Las sumas prestadas son usualmente bajas y dependiendo de la compañía prestamista se puede solicitar al deudor alguna prueba de empleo o de ingreso. Sin embargo, la característica más relevante de este tipo de préstamos es que cobran comisiones muy altas y tienen *fees* que los pueden hacer prácticamente impagables.

Además, el monto del préstamo va creciendo cada vez que se hace una prórroga del pago, lo que se conoce en inglés como un *roll-over*. Esto es considerado como una trampa, ya que muy poca gente está realmente en la capacidad de pagar el préstamo al cabo de 2 semanas, por lo cual muchas veces la suma que se paga de comisión termina siendo igual o superior a la del préstamo original.

> **Estos préstamos son de última instancia y no deben usarse salvo en casos de una verdadera emergencia.** Pero la realidad es que muchos latinos recurren a ellos para cubrir gastos habituales, algo que los obliga a pagar una parte de sus ingresos a estas compañías y los lleva a un círculo vicioso del cual es extremadamente difícil salir. Que te ofrezcan un préstamo fácil no implica que debas tomarlo. Recuerda que el dinero fácil siempre viene con ataduras, por lo debes pensarlo muy bien antes de considerar uno de estos préstamos.

DEUDAS ESTUDIANTILES

Cuando explicamos anteriormente el tema de la *deuda buena vs la deuda mala,* comentamos que la deuda es un instrumento financiero que nos puede resultar útil siempre y cuando implique una inversión que traiga beneficios al corto, mediano o largo plazo. Un ejemplo de esto es la deuda estudiantil. Adquirir un préstamo para cursar una carrera o un postgrado trae como beneficio contar con la posibilidad de acceder a un buen empleo en el futuro, lo que siempre esperamos nos pueda generar buenos ingresos y por ende mejorar nuestra calidad de vida, entre otras ventajas.

En Estados Unidos la educación superior es bastante costosa, lo que la mayoría de veces significa que **los estudiantes deben endeudarse con préstamos gigantescos y encontrar un trabajo estable durante o justo después de acabar su carrera universitaria para poder pagarlos.** Actualmente, se calcula que la deuda estudiantil en el país es de $1.3 billones de dólares y aproximadamente el 10% de los deudores están atrasado con sus pagos. Adicionalmente, la deuda promedio por estudiante asciende a $30.000 y cada vez son más los alumnos que entran en incumplimiento de pagos.

En el capítulo VII profundizaremos más sobre este tema.

BANCARROTA Y CONSOLIDACIÓN DE DEUDAS

En Estados Unidos es muy común que una persona que no pueda seguir pagando sus deudas acuda a una agencia de consolidación de deuda, o *"credit counseling agencies"*, la cual se encarga de presentarle las alternativas disponibles y ayudarlo con el problema. En teoría esto resulta *muy* atractivo, pero la realidad puede ser otra muy distinta.

Antes de acudir a una de estas agencias debes saber lo siguiente: **este tipo de empresas se financian a partir de las comisiones que les cobran a sus clientes a cambio de incluirlos dentro de un "programa de manejo de la deuda".** Lo que hacen estas agencias en realidad es distribuir el dinero recibido entre varios acreedores, pero a veces no se fijan en la verdadera capacidad de pago de sus clientes ni les ofrecen la opción de declararse en bancarrota, la cual es una alternativa disponible, pero sobre la que ellos no ganan una comisión.

Ten mucho cuidado con la consolidación de deudas, ya que esta opción no soluciona tu problema de fondo: gastar más de lo que ganas. Puede ser que tu pago mensual se reduzca al consolidar las deudas, pero también es posible que el plazo de pago aumente, con lo que durarás más tiempo pagando altos intereses.

En caso de que te encuentres incapacitado para cumplir con tus obligaciones financieras y estés pensando en utilizar este servicio, evita aquellas agencias que ofrezcan los planes de manejo de deuda. Por lo anterior, es importante que averigües de antemano si cobran alguna comisión, si debes firmar un contrato y si tienen algún tipo de licencia. Revisa bien todo lo que firmes y asegúrate de entender a completamente lo que estás haciendo.

Como mencionamos anteriormente, hay otra opción aparte de contratar los servicios de las agencias de conciliación de deudas y es **declararse en bancarrota.** Sabemos de entrada que este concepto resulta muy chocante y puede generar una sensación desagradable para nosotros como latinos. Sin embargo, la cultura de Estados Unidos es mucho más práctica al respecto y esta opción puede ser la solución a tus problemas financieros y el primer paso para reorganizarte y comenzar de nuevo, **siempre aprendiendo las lecciones del pasado.**

De acuerdo con los expertos, **los casos que se consideran apropiados para** declararse en bancarrota son aquellos en los cuales el nivel de interés del endeudamiento, en relación con el ingreso anual, es de más de 25%.

Además, el tipo de deuda contraído debe poderse eliminar o descontar, como es el caso de tarjetas de crédito, deudas médicas, de vehículo y de alquileres o arriendos. Las deudas que están excluidas de la bancarrota son las cuotas alimenticias, las deudas estudiantiles, los impuestos y aquellas que son ordenadas por una corte por pago de indemnización, como por ejemplo la reparación de víctimas de accidentes.

La bancarrota tiene los siguientes beneficios:

- **Un beneficio económico:** la bancarrota ofrece la posibilidad de descontar o eliminar ciertas deudas, lo que te puede brindar un alivio financiero muy necesario sobre los pagos a realizar. En algunos estados también permite a los declarantes mantener algunas de sus propiedades y otro tipo de activos (muebles, pensiones, etc.).
- **Un beneficio emocional:** la bancarrota puede eliminar hasta cierto punto la ansiedad de enfrentar muchos años de deuda sin poder utilizar tus ingresos para otro fin que no sea la cancelación de tus obligaciones financieras. Eso sin contar con el alivio de salir de la presión de los deudores, que añade un nivel de estrés a la vida a veces inmanejable.

Y también las siguientes consecuencias:

- **Daño a tu *credit score*:** la bancarrota va a aparecer en tu historial de credito por al menos 10 años, lo cual va a dificultar tu acceso al crédito. En todo caso, si llegaste hasta este punto tu historial de crédito ya estaba afectado desde hace mucho tiempo.
- **Gastos legales:** debido a que este tipo de prácticas están reguladas por leyes estatales, una corte siempre va a verificar todo el proceso, lo que implica pagar por los servicios judiciales y honorarios legales.
- **Administración de tus finanzas:** en línea con lo anterior, la corte inspeccionará tus finanzas personales durante el tiempo que dure el proceso de aprobación de la solicitud de bancarrota.

Es necesario que te familiarices con los distintos tipos de declaraciones en un proceso de bancarrota, que dependerán de la situación específica de cada persona. Estas declaraciones son conocidas como capítulos y los más comunes son los capítulos 7 y 13.

Una bancarrota bajo el **capítulo 7 o bancarrota directa** implica la liquidación de todos los activos (salvo los que la ley permita conservar para el pago de las deudas), mientras que el **capítulo 13 no requiere una liquidación,** sino que incluye un plan de pagos y es más utilizado cuando no puedan eliminarse algunas deudas, como es el caso de los impuestos o los créditos estudiantiles.

La declaración de bancarrota es un tema bastante extenso y complejo, por lo que es importante estar bien asesorado. La página de la Comisión Federal de Comercio tiene información muy importante que te puede ayudar: https://www.consumidor.ftc.gov

DEUDAS EN EL PAÍS DE ORIGEN

Es importante que sepas que el historial de credito no es un aspecto de tus finanzas personales que solo debas tener en cuenta al vivir en Estados Unidos. En tu país de origen seguramente también tienes un historial de credito al que debes prestar atención.

Muchas personas creen que al irse de su país de origen las deudas se anulan como por arte de magia y se pueden olvidar del tema inmediatamente. La realidad es que los sistemas financieros son cada vez más robustos y pueden guardar la información crediticia de cualquier persona por mucho tiempo. Esto quiere decir que cualquier pago no realizado antes de emigrar a otro país – sea el pago de la TV por cable, un celular o un saldo mínimo de la tarjeta de crédito – queda registrado como una mora y afecta negativamente el historial de credito del emigrante.

En el caso de los colombianos, sugerimos revisar el estado de su perfil en Datacrédito (https://www.datacredito.com.co/), la entidad que centraliza la información crediticia de los ciudadanos de ese país. En caso de tener algún saldo pendiente, es importante que se cancele lo antes posible para limpiar el historial de credito ante cualquier eventualidad.

Si emigraste y dejaste alguna deuda por pagar en tu país, debes arreglarla con el banco o entidad prestamista en algún momento, **en particular si quieres regre-**

sar algún día, ya que los intereses de mora seguirán acumulándose y esto te traerá problemas más adelante. Si estás en capacidad de saldar la deuda, es posible que puedas negociar con el banco y obtener una rebaja en los intereses o acceder a un plan de pagos.

Por otra parte, para aquellos que vivimos en Estados Unidos de manera permanente puede resultar complicado adquirir un préstamo en nuestro país de origen, ya que en muchos casos necesitamos demostrar una fuente de ingresos allá.

(Consejo) Para algunos tipos de crédito, como el de vivienda, existen opciones para residentes en el exterior. En el caso de colombianos en el exterior, empresas como Viventa – http://www.viventa.co –tienen como misión ayudarles a obtener financiación para comprar vivienda en su país. Sobre este tipo de créditos hablaremos con detalle en el apartado de compra de vivienda.

Un último punto para tener en cuenta sobre los créditos en el país de origen es el correspondiente a las remesas o giros. Recibir uno de estos pagos por mecanismos formales y de manera regular puede ayudar al receptor en el país de origen a obtener un crédito de vivienda o incluso de consumo sí se puede demostrar como un ingreso estable y recurrente, aunque las condiciones pueden cambiar dependiendo del país y el banco. **Por eso, antes de pedir un crédito de este tipo es recomendable haber recibido giros de manera rutinaria con una anterioridad de al menos 6 meses.**

LOS PUNTOS CLAVE

- El crédtito en los países latinos no es comparable con la influencia que tiene en Estados Unidos para llevar a cabo las labores más básicas. Por eso es muy importante que los latinos empiecen a construir su historial de credito apenas lleguen a Estados Unidos.
- La mentalidad cortoplacista de los latinos en cuanto a las finanzas los lleva a endeudarse para consumir y ahorrar solo para cancelar estas deudas, nunca para invertir. Esto los obliga a vivir del día a día y a ser parte de un círculo vicioso del cual es muy difícil salir.
- La deuda es buena siempre y cuando sirva para invertir y generar ingresos futuros. Por el contrario, la deuda mala es aquella que se utiliza para aumentar el consumo. Esta deuda es la que más aqueja a los latinos.
- El puntaje crediticio es una cifra de 3 dígitos que está basada en tu informe crediticio y que le permite saber a las entidades qué tan riesgoso es prestarte dinero.
- Existen instituciones financieras que ofrecen tarjetas de crédito y pequeños préstamos hipotecarios a inmigrantes indocumentados. Estas instituciones no verifican un número de seguridad social o estatus migratorio, solo el número *ITIN.*
- La mejor manera de utilizar una tarjeta de crédito es pagar su saldo completo cada mes y utilizarla para cubrir necesidades, no gustos.
- En Estados Unidos los vendedores de autos son expertos en convencer a los inmigrantes de adquirir uno por encima de sus posibilidades. Es necesario tener en cuenta el dinero que puedes pagar mensualmente y no el que te puedan prestar.
- Los préstamos de consumo a corto plazo o *payday loans* son de última instancia y no deben usarse salvo en casos de una verdadera emergencia.
- Ante la imposibilidad de pagar sus deudas, muchas personas recurren a agencias de consolidación de deuda o en últimas, a la bancarrota. Cada opción tiene sus ventajas y desventajas, pero ninguna es una solución para el problema básico de estas personas: gastar más de lo que ganan.
- El historial de credito no es algo exclusivo de Estados Unidos. Muchos inmigrantes han dejado deudas no canceladas en su país de origen que siguen acumulando intereses.

TU INVERSIÓN:
AHORRAR NO ES SUFICIENTE

Si bien los latinos sabemos que ahorrar dinero es importante – aunque no siempre lo hagamos –, no hemos logrado dar el paso definitivo hacia una buena planeación financiera: **canalizar este ahorro hacia la inversión.** Si tenemos en cuenta que tener el dinero acumulado debajo del colchón a merced de la inflación no es realmente una inversión y que siempre debemos hacer que el dinero trabaje para nosotros, la mejor manera para construir un patrimonio en este país es invertir periódicamente nuestros recursos para que crezcan con el tiempo.

Puede ser que la desconfianza hacia los bancos (dadas las experiencias negativas que algunos hayamos tenido en nuestros países de origen), el miedo a perder nuestro dinero o el simple desconocimiento de las opciones a nuestro alcance sean las principales trabas a la hora de decidirnos a invertir, pero todos estos son obstáculos que debemos comprender y superar. A primera vista las opciones de inversión pueden parecer complejas, pero la verdad es que no tienes que ser un experto para invertir exitosamente. Con la ayuda de los asesores adecuados (o incluso de plataformas en internet) y algo de educación financiera es posible realizar buenas inversiones que nos rindan frutos y nos ayuden a alcanzar nuestras metas.

En este capítulo te vamos a explicar algunas de las opciones que tienes a tu alcance para que inviertas tu dinero con inteligencia aquí en Estados Unidos y en tu país de origen.

ALGUNOS ASPECTOS IMPORTANTES ACERCA DE LAS INVERSIONES

INTERESES COMPUESTOS

Los intereses compuestos es uno de los conceptos básicos y esenciales de aprender si quieres realizar inversiones exitosas: **al reinvertir las utilidades o intereses de una inversión, esta tenderá a crecer de manera exponencial.** Por ejemplo, si inviertes $100 y recibes $10 por intereses en un año, para el año siguiente tendrás $110 para invertir (sin poner dinero extra) y recibirás $11 en intereses si todo sigue igual. Para el siguiente año ya tendrás $121 para invertir y tu utilidad será de $12,1. Así, reinvirtiendo las utilidades has logrado una rentabilidad de 21% en tan solo 2 años. Antes de lo que pienses, tus $100 se convertirán en $200 (100% de rentabilidad) en poco más de 8 años y en más de $1.083 en 25 años. Esto es lo los expertos llaman *hacer que el dinero trabaje para ti.* Claro, lograr el 10% anual por 25 años de manera constante no es nada fácil, pero recuerda que las acciones en Estados Unidos en su peor periodo en 25 años alcanzaron *en promedio* casi un 8% de rentabilidad nominal a pesar de ganar y perder dinero durante esos años.

RENTABILIDAD Y RIESGO

Seguramente has escuchado la consabida frase *"a mayor riesgo, mayor rentabilidad"*. Si bien es cierta, es necesario aclarar algunas cosas. Primero, una inversión de mayor riesgo no necesariamente "garantiza" mayor rentabilidad, ya que es muy posible que inviertas en un producto de alto riesgo y obtengas pérdidas o incluso pierdas tu capital. Si un hombre desconocido apareciera en tu puerta y te ofreciera triplicar tu dinero en una semana si le das $100 dólares, es claro que el riesgo que implica hacerlo no es compensado con los $300 que puedas ganar (lo más probable es que nunca lo vuelvas a ver).

Por su parte, el riesgo tiene que ver con la volatilidad de los retornos, es decir, con la probabilidad de que algo suceda. Si pones tu dinero en una cuenta de ahorros en un banco sólido y respaldado por el gobierno, es muy probable que te devuelvan tu dinero con intereses incluidos, aun cuando la rentabilidad sea baja. Si por el contrario inviertes en acciones, no hay ninguna garantía de obtener una utilidad determinada, por lo cual esta inversión es más riesgosa. **En consecuencia, el riesgo no es peligro, sino incertidumbre.** Si quieres poner tu dinero en acciones, por lo menos debes esperar ganar mucho más dinero que en una cuenta de ahorros. Así, lo correcto es decir a mayor riesgo, mayor rentabilidad *esperada*.

INVERSIÓN VERSUS ESPECULACIÓN

Cuando una inversión es demasiada riesgosa se considera que la misma ya **no es una inversión, sino una especulación,** es decir, que la probabilidad de que te retornen el dinero es baja, algo parecido a apostar en un casino. No hay nada malo con especular, pero debes tener en cuenta que es muy probable que pierdas toda tu inversión, **por lo que siempre debes especular con dinero que estés dispuestos a perder y cuya perdida no repercuta de manera definitiva en tu patrimonio.** Por lo tanto, es una pésima idea especular con el dinero para nuestro retiro, educación, fondos de emergencia o sumas destinadas a inversiones con mayor prioridad.

AVERSIÓN AL RIESGO

De acuerdo con su edad, objetivos financieros, plazos de inversión, tipo de personalidad y experiencias vividas, algunas personas tienen más aversión al riesgo que otras. Tengamos claro que todos odiamos perder dinero y que a veces preferimos no perder antes que ganar, pero el nivel de tolerancia puede variar entre personas y esto determina la manera **conservadora, moderada o agresiva para invertir.** En todo caso, un buen portafolio de inversión siempre tendrá productos de bajo, mediano y alto riesgo determinados por nuestra preferencia y por el tiempo durante el que esperemos mantener la inversión.

DIVERSIFICACIÓN

También has escuchado que *no es bueno tener todos los huevos en una misma canasta.* Este es el principio básico de la diversificación: **si tienes varias inversiones en distintos frentes y no relacionadas entre sí, al perder dinero en una puedes ganarlo en otra y así minimizar el riesgo.** Por eso, no es prudente tener una gran inversión en una sola "canasta", como muchas acciones de una sola empresa, inversiones exclusivamente inmobiliarias o prestar todo nuestro dinero a una sola persona.

CEGUERA ANTE EL DESASTRE

Es normal que en momentos de incertidumbre sigamos manteniendo la esperanza en una inversión a pesar de que las perspectivas no sean las mejores, esperando a que la tendencia cambie mágicamente a nuestro favor mientras nos seguimos hundiendo más y más en las pérdidas. Esto es bastante común entre los inversionistas y ocurre porque las falsas esperanzas nos hacen ciegos al desastre, prefiriendo ser optimistas a afrontar la realidad. Hay un famoso dicho en el mundo de las inversiones: *cut your losses short and let your winners run* (corta rápido tus pérdidas y deja que las ganancias sigan). Uno de los mandamientos del buen inversionista es ser pragmático; esto quiere decir, saber de antemano hasta dónde quedarte en una posición que esté arrojando pérdidas y liquidarla antes de que sea demasiado tarde. Siempre es mejor perder algo que perderlo todo.

EN QUE INVERTIR EN LOS ESTADOS UNIDOS

Con los conceptos anteriores en mente, cabe ahora preguntarnos por las opciones de inversión que tenemos en los Estados Unidos, pues básicamente podremos "prestar" nuestro dinero o ser "propietarios" de algún activo con él.

Vale la pena anotar que puedes invertir en la mayoría de las opciones que te explicaremos a continuación a través de una **cuenta individual** (la cual no tiene beneficios tributarios y en la que debes pagar impuestos sobre los ingresos obtenidos) o a través de una **cuenta de retiro** (401(k), IRA's, SEP-IRA). El hacerlo a través de una cuenta de retiro te traerá beneficios tributarios importantes y se verá positivamente reflejado en tu historial crediticio, aunque también trae limitaciones en el uso del dinero. En el siguiente capítulo te explicaremos las cuentas de retiro con detalle, por ahora nos enfocaremos en los tipos de inversiones disponibles.

INSTRUMENTOS FINANCIEROS DE DEUDA

Dentro de las primeras opciones de inversión están aquellas que implican menor riesgo, aunque esto no significa que tengan una rentabilidad garantizada. Estos instrumentos se consideran estables y seguros, por lo cual se recomiendan para el corto plazo, en especial, para aquellos casos en que se necesita el uso inmediato del dinero. Vamos a conocer varios de estos instrumentos:

	Cuenta de Ahorros	Cuenta Corriente	Money Market Account	Certificado de Depósito (CDs)
DISEÑADOS PARA	Ganar intereses sobre depósitos, diferir gastos y asignar fondos para fines específicos como emergencias o compras grandes.	Uso regular de tu dinero sin muchas restricciones. Perfecta para realizar pagos frecuentes, como utilities o gastos diarios.	Estimular ahorro y ofrecer las tasas de interés del día. Intereses fluctúan de acuerdo con el comportamiento de las inversiones.	Depositar una suma por un tiempo específico. Son utilizados por personas con deseos de ahorrar.
INTERESES	Alrededor de 0.5% anual. Hay cuentas en línea (online-only) que ofrecen entre 1 y 1.25% anual.	La mayoría no gana intereses, aunque hay bancos que ofrecen cuentas con intereses.	La tasa promedio es 0.11% anual, aunque las cuentas con saldos mayores ofrecen hasta un 1.2% anual.	Puede variar de 0.1 a 2% dependiendo de la duración del certificado.
RESTRICCIÓN	Según el banco, puede haber restricciones sobre número de retiros al mes.	No tiene restricciones de retiros, aunque muchos bancos requieren un depósito mínimo.	Requieren saldos mínimos mayores a una cuenta de ahorros y tiene limitaciones a la hora de retirar dinero o girar cheques.	No se permiten depósitos o retiros por la duración del certificado.
COMISIONES O FEES	Usualmente menos fees que una cuenta corriente.	Costos de mantenimiento promedian $10-15 mensual. Las fees suben según número de retiros, uso del ATM o sobregiros. Hay bancos que ofrecen cuentas sin fees ni balance mínimo.	Se cobra una fee si se retira más de cierto límite.	Se debe pagar una fee si se retira el dinero antes del vencimiento del certificado.
ACCESO A ATM	Depende del banco. Hay cuentas que ofrecen transfers digitales o envío de dinero a una cuenta corriente.	Si, además se puede utilizar cheques, transferencias en línea y compras con tarjeta débito.	Si para algunas cuentas.	No.
¡CUIDADO!	Otro tipo de instrumentos pueden generar mayores rendimientos.	Si no se tiene conocimiento de sus condiciones, se puede terminar pagando mucho en fees.	Más opciones de inversión que una cuenta de ahorros, mayores tasas y se pueden girar cheques. Buena para depositar fondos de emergencia.	Por lo general la tasa de interés no es muy alta y no son las opciones de inversión más atractivas.

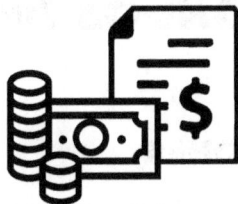

Estas son a grandes rasgos las diferencias, ventajas y desventajas de cada opción de inversión, **pero las condiciones de cada una cambian según el banco.** Es necesario que te informes sobre estas condiciones para que puedas adquirir el mejor instrumento financiero para ti.

BONOS Y TÍTULOS DEL TESORO

Invertir en bonos es básicamente otorgar un préstamo a una entidad, obteniendo a cambio un interés que puedes cobrar junto con la suma entregada en la fecha de caducidad del bono. Estos bonos se emiten con una tasa de interés anual predeterminada que se llama cupón, o *coupon*.

Los bonos pueden diferir entre sí por diferentes aspectos:

Organización que los emite: pueden ser emitidos por entidades municipales o gubernamentales (los famosos Bonos del Tesoro que emite el Gobierno Federal de los Estados Unidos y que son muy populares entre los inversores). También los tenedores de hipotecas pueden emitir bonos con respaldo del Gobierno Federal, así como las corporaciones (bonos corporativos).

Calidad del crédito del emisor: esto indica qué tan probable es que el emisor del bono pague tanto los intereses como el monto otorgado tal y como fue acordado en el momento de la compra del mismo.

Extensión o tiempo de caducidad del bono: hay 3 rangos de tiempos posibles en los bonos. Los bonos a corto plazo que caducan en menos de 3 años, lo de mediano plazo que caducan en un rango de 3 a 10 años y los de largo plazo que caducan a los 30 años.

Las empresas calificadoras de riesgo clasifican el perfil de cada bono según su nivel de seguridad. La máxima calificación que puede recibir un bono es **AAA** y esto indica que son los más seguros, es decir, que tienen una muy alta probabilidad de pagarte el monto invertido con intereses. Luego siguen los bonos con calificación AA, A o BBB, que son un poco menos seguros que los primeros. Los bonos con calificación BB o B se pueden considerar como especulativos.

ACCIONES Y FONDOS DE INVERSIÓN

INVERSIÓN EN ACCIONES

Para muchos especialistas y gurús de las finanzas personales, invertir en la bolsa es una de las mejores opciones de inversión disponibles. A través de esta opción, una empresa que necesite financiamiento puede obtener el dinero necesario a través de la venta de un porcentaje de la empresa por medio de participaciones conocidas como *acciones*. Estas acciones – que pueden ser adquiridas por cualquier persona natural – generan *dividendos*, los cuales son las ganancias de la empresa distribuidas entre los accionistas, usualmente cada trimestre. También puedes ganar con la valorización de las acciones, es decir cuando el precio de las mismas haya subido en el mercado. Si bien los dividendos los recibes cuando los pague la compañía, la valorización solo la ganas cuando vendas las acciones.

Factores a tener en cuenta para invertir en la bolsa

- Si vas a invertir en la bolsa, lo más importante es que lo hagas en acciones o índices de compañías o sectores que hayas analizado previamente y que tengan buenas perspectivas de crecimiento.

- Es muy importante que determines tu perfil inversionista y que tengas tus metas de inversión claramente delineadas. Usualmente, para el inversionista que no busca demasiado riesgo las ganancias más sólidas **se dan en inversiones a mediano o largo plazo.** Apostar al corto plazo puede ir en contra del inversionista no experimentado debido a la extrema volatilidad y el gran riesgo de pérdida.

- Comprar acciones de una sola compañía o tener una buena parte de tu patrimonio en contadas empresas no es la mejor manera de invertir, ya que no estás diversificando y estás asumiendo un riesgo mayor al recomendado. **Si quieres invertir en acciones de una compañía, lo mejor es hacerlo a través de un** *mutual fund* **(fondo mutual) o un** *exchange traded fund* **(fondo negociable en bolsa)** en el cuál cientos y miles de inversionistas canalizan su dinero para adquirir un portafolio completo de bonos y acciones administrado por profesionales y con bajos costos de mantenimiento.

- Si en todo caso tienes un dinero extra y quieres apostarlo en el próximo Facebook o Google, hay muchas opciones para hacerlo en línea, pero tienes que estar muy pendiente de la inversión y saber que cada transacción o venta que realices puede costarte dinero (además del pago de impuestos), **con lo**

que reinvertir tus dividendos o manejar tu portafolio puede ser difícil. Compañías como Options House, TD Ameritrade o E*Trade son buenas alternativas y tienen muchos recursos en línea disponibles. Eso sí, la mayoría no tiene recursos en español; sin embargo, el proceso es sencillo, debes abrir una cuenta individual y cada transacción tiene un fee de $4.95 a $10 para sumas pequeñas.

MUTUAL FUNDS

Los fondos mutuos o *mutual funds* son fondos creados por los aportes de muchos individuos y que pueden ser invertidos en distintos vehículos financieros, desde *money market accounts* hasta grupos de acciones y bonos. Esta capacidad de distribuir el riesgo entre varias fuentes lo hace **el mecanismo más completo que tienen las personas comunes** para invertir su dinero en instrumentos financieros.

La ventaja de este tipo de inversiones es que por medio de estos fondos no solo se diversifica el riesgo, sino que se accede por un costo muy aceptable a profesionales de inversión de muy alta calidad. Igualmente, la cantidad y tipo de fondos son ilimitados y puedes escoger el que mejor se adapte a tu perfil de inversión.

¿CUÁL ES LA MEJOR OPCIÓN PARA INVERTIR EN UN MUTUAL FUND?

Para invertir tu dinero en un *mutual fund* tienes varias opciones. Puedes abrir directamente una cuenta individual ofrecida a través de un bróker, el cual no te dará beneficios tributarios especiales, pero sí la flexibilidad para manejar tu dinero. Hay compañías que no tienen un mínimo de inversión (como TD Ameritrade, Capital One, First Trade, Trade King y Options House), mientras que otras, como E*Trade tiene un mínimo de $500 y Charles Schwab de $1.000. En todo caso, para abrir este tipo de cuentas no se recomiendan menos de $500 dólares, ya que existe usualmente un *fee* asociado a cada compra de por lo menos $5 dólares, lo cuál sería el 1% de tu inversión.

Usualmente se pueden ahorrar algunos fees al inscribirse en un plan de reinversión de dividendos (DRIP), el cual reinvertirá el dinero ganado en el mismo fondo sin ningún costo o con un fee pequeño. Por medio de esta inversión se puede gozar del beneficio de los intereses compuestos.

La mejor opción para invertir en estos fondos mutuos es hacerlo a través de un fondo de retiro (IRA, SEP-IRA o ROTH IRA), el cual te dará beneficios tributarios que explicaremos en el capítulo relacionado con el retiro. Sin embargo, si el dinero que estás canalizando por este medio es para una meta a corto o mediano plazo diferente al retiro, lo más conveniente es invertir el dinero en una cuenta individual.

OTROS TIPOS DE FONDOS

Además de los mutual funds, existen disponibles en Estados Unidos:

EXCHANGE TRADED FUNDS (ETFS)

Son fondos que funcionan de manera similar a los mutual funds y te permiten crear un portafolio diversificado de instrumentos a un bajo precio, aunque no son manejados por un profesional, sino que están ligados al desempeño de un índice de acciones. Su característica principal es que se comercian en la bolsa de valores, por lo cual pueden ser comprados y vendidos el mismo día. Además, tienen gran liquidez, bajo costo y en muchos casos no tienes que pagar fees por su compra. A través de tu cuenta individual o tu fondo de retiro puedes invertir en ellos. Para que te hagas una idea, comprar un fondo mutuo en una cuenta individual puede costar entre $15 y $80 dólares, mientras que los ETFs son ofrecidos gratuitamente por algunos brókeres. En el caso de Ameriprise, ofrecen más de 100 de estos fondos sin comisión.

MANAGED ACCOUNTS

Son fondos especialmente diseñados para inversionistas con grandes sumas de dinero. Se adquieren de manera particular con un bróker, por lo cual el costo de invertir en ellos es más alto, pero tienen la ventaja de que un experto queda a cargo de nuestro portafolio. Es recomendable para inversiones superiores a $100.000

HEDGE FUNDS

Estos son fondos de alto riesgo y orientados a inversionistas con perfiles más arriesgados y un mayor conocimiento del mercado. Son usualmente los fondos que vemos recreados en películas como Wall Street y donde se puede lograr una rentabilidad espectacular debido al inmenso riesgo que conlleva negociar con ellos. **¡No son recomendados para la gente común!**

Consejos para invertir en Fondos Mutuales y ETFs

Si has decidido invertir en un fondo mutual o un ETF y lo vas a hacer a través de una cuenta individual o un fondo de retiro, el paso siguiente va a ser encontrar el fondo adecuado para ti.

- Una opción es que lo hagas directamente usando sitios especializados en internet y la otra que uses un bróker de tu banco o alguna de las firmas que hemos mencionado, quienes te podrán guiar en el proceso.
- Ten en cuenta que muchos brókeres trabajan por una comisión y su consejo no siempre es el que más te conviene a ti, sino a ellos. Estos agentes usualmente reciben comisiones por fondos mutuales activamente administrados, los cuales generalmente tienen gastos de operación más altos. Estos de por sí no son malos, pero debes comparar estos gastos frente a fondos como los ETFs.
- Recuerda que un *fee* de 1% o 2% hacen una gran diferencia a largo plazo. No te de miedo preguntarle a tu asesor o consultor financiero si él gana una comisión por un fondo en particular.

Financial Planners

Un tema que vale la pena mencionar son los *Financial Planners*. Estos asesores financieros son de gran ayuda si encuentras el adecuado, ya que como has podido darte cuenta estos temas son complejos. Muchos bancos tienen *planners* que te pueden proporcionar un servicio o puede que ya hayas sido contactado por alguno que trabaje de manera independiente. Como ya lo mencionamos, muchos de ellos trabajan por comisión y pueden estar más interesados en venderte una inversión en particular en la que puedan ganar una comisión. Los mejores son los que te cobran una suma fija, pero usualmente esto solo vale la pena cuando tienes una suma de dinero importante. Pregunta, busca opciones y nunca hagas una inversión en algo que no entiendas y no caigas en la trampa de vendedores agresivos que te ofrecen altos retornos o inversiones únicas. Recuerda revisar el **capítulo X** de este libro acerca de cómo buscar ayuda profesional.

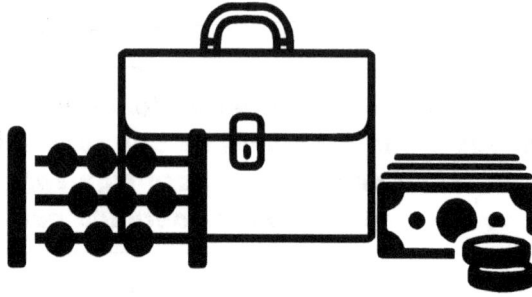

CLASES DE FONDOS POR SU FINALIDAD DE INVERSIÓN

Cada fondo tiene una composición muy particular y se enfoca en una estrategia de inversión distinta, lo cual le da diferentes niveles de riesgo y rentabilidad. Hay fondos que hacen inversiones en *money market accounts* o bonos lo que los hace muy seguros, pero de baja rentabilidad – hasta los que hacen inversiones en acciones de compañías por fuera de Estados Unidos – los cuales pueden tener una rentabilidad muy interesante pero una alta volatilidad –. Sin embargo, lo más común es que tengan un porcentaje en diferentes tipos de inversiones o incluso que inviertan en otros fondos.

En términos generales, se pueden clasificar de la siguiente manera:

- **Money market funds:** son los más seguros y se enfocan en títulos de deuda muy fiables.
- **Fondos en bonos (*Bond Funds*):** se enfocan en bonos con diferentes perfiles de vencimiento y riesgo. Son una buena alternativa cuando no se quiere invertir en categorías más riesgosas como acciones o bienes raíces.
- **Fondos en acciones (*Stock funds*):** estos invierten en acciones en compañías y pueden subdividirse en el tamaño de las compañías (pequeña, mediana o grande) o por la "estrategia de la compañía: *growth* (crecimiento) para aquellas que están en expansión con mayor riesgo y *Value* (valor) para compañías más asentadas y con menos volatilidad.
- **Híbridos:** una mezcla de todo tipo de papeles con una mezcla entre bonos y acciones usualmente predeterminada. Estos son los más completos para una persona normal y la manera más fácil de invertir.
- **Por país:** dependiendo del país en donde se realiza la inversión: Estados Unidos, internacional o global.
- **De índice:** tratan de replicar un índice como el Dow Jones o el S&P 500

- **Por sector:** por ejemplo, fondos con énfasis en acciones de empresas del sector de tecnología o en empresas "verdes".
- **Por vencimiento:** una corriente que está tomando fuerza es la de fondos con horizontes de inversión específicos para poder de esta manera emparejar la meta con las inversiones realizadas.

Invertir en fondos mutuales está al alcance de todos con rentabilidades superiores a las que te ofrece una cuenta de ahorros o un certificado de depósito y no es tan arriesgo como invertir en acciones individuales. Si deseas obtener beneficios tributarios puedes canalizar la inversión en estos fondos a través de un fondo de retiro que te traerá ventajas, pero que limitará el uso de los recursos.

OTROS TIPOS DE INVERSIONES

REAL ESTATE

Las inversiones en bienes raíces son muy distintas a otros tipos de inversión que te hemos explicando anteriormente. Seguramente las conoces un poco mejor debido a la compra de tu casa o por la recomendación de algún familiar o amigo de "invertir en ladrillo", señalando la seguridad que ofrecen.

Más allá de estos consejos informales, la realidad es que invertir en bienes raíces tiene muchas ventajas:

- Es una inversión que permite ser utilizada como vivienda, para instalar algún tipo de negocio o como generador de renta.
- La tierra es un recurso limitado y los bienes raíces tienden a la valorización debido al aumento poblacional y a la creciente demanda por espacio.
- No se necesita contar con todo el capital de inversión desde el inicio y se pueden pedir préstamos para su adquisición. En este sentido, la deuda se convierte en un apalancamiento financiero, ya que con un porcentaje mínimo de inversión se puede ser dueño de un bien inmueble.
- En muchas ocasiones, y si se conoce bien el mercado, se pueden conse-

guir bienes raíces por debajo de su valor real, lo cual representa una excelente oportunidad de inversión.

- Al momento de elegir bienes inmuebles que se consideren potenciales para la compra es importante tener en cuenta el crecimiento económico del lugar donde esté ubicado el bien.

- Es importante tener en cuenta que a diferencia de las otras opciones de inversión como las cuentas de retiro, **los bienes raíces no están exentos de impuestos.** Es una inversión que, si bien puede generar buenos rendimientos, también provoca obligaciones tributarias.

Ten cuidado con estas "opciones" de inversión en real estate:

Limited partnership (LPs): este tipo de inversiones no son recomendadas ya que son vendidas a través de brókeres de bienes raíces o de consultores financieros que cobran comisiones altas y honorarios de manejo permanentes, lo que acaba con la inversión inicial.

Tiempo compartido (Time shares): esta opción es bastante conocida en nuestros países de origen y consiste en "comprar" la propiedad de una unidad (generalmente en un condominio) por 1 o 2 semanas al año. Para muchas personas esta opción resulta muy tentadora, ya que la ven como la posibilidad de acceder por un par de semanas a un lugar exótico donde pasar vacaciones. Sin embargo, el valor que se paga es mucho más alto que el precio real de la propiedad. Recuerda que ahora existe **Airbnb**, con lo cual puedes tomar tus vacaciones sin que te cueste demasiado.

El "segundo hogar": parte del sueño americano es tener una segunda casa para disfrutar de los fines de semana o temporadas en el verano o invierno. Sin embargo, el uso de esta segunda casa apenas alcanza el 10% del tiempo y muchos de los dueños no desean alquilarlas por lo que no representa una inversión rentable. Si bien existen beneficios impositivos al tener una segunda casa, sus posibles ingresos no compensan lo gastos que genera. Si logras arrendarla de manera temporal o permanente puede ser una interesante opción de inversión, pero recuerda que estás sujeto a realizar mejoras, arreglos, conseguir clientes, etc.

REAL ESTATE O MERCADOS FINANCIEROS: ¿EN CUÁL INVERTIR?

Muchas personas consideran que los bienes raíces es la mejor opción de inversión debido a que es aquella en la que se sienten más cómodas, el nivel de riesgo no es el más elevado o tienen amigos o conocidos que han hecho dinero invirtiendo en propiedades. La verdad es que adicional a comprar tu vivienda propia, el mercado financiero puede ofrecer mayor liquidez y hasta mejor rentabilidad a largo plazo que comprar una vivienda como inversión. Lo mejor, ¡no tienes que encargarte de reparar nada!

EMPRENDIMIENTOS

Como mencionamos al inicio de este libro, los latinos somos una fuerza económica muy importante y uno de los principales motores en la generación de empleo a través de los *small businesses* (pequeños negocios) que solemos crear tras nuestra llegada. Ya sea por falta de papeles para obtener un empleo *full-time*, por estar acostumbrados al "rebusque" o porque consideramos la independencia laboral como la mejor manera de crecer y salir adelante; **lo cierto es que los latinos somos emprendedores por naturaleza.**

Sin embargo, el emprendimiento nunca es una tarea fácil y los recursos disponibles para emprender usualmente son reducidos o vienen de préstamos de familiares o amigos. Por ser una minoría, tenemos un acceso restringido a los capitales, lo que en parte explica la gran brecha de emprendimiento que existe entre los latinos y otros grupos poblacionales en Estados Unidos.

5 claves para un emprendimiento exitoso

- Para que un emprendimiento sea exitoso, el primer paso debe ser la experiencia y el conocimiento de la industria en la que vamos a incursionar, así como tener un capital ahorrado para dejar que la compañía "respire" mientras crece y produce lo suficiente los primeros meses o años.
- Si una de tus metas financieras es acumular un capital para iniciar tu propio negocio, te recomendamos ser paciente y ahorrar lo suficiente. **A veces un par de meses extra en un trabajo nos hubieran podido ayudar a tener ese dinero adicional tan importante para sostener el negocio por más tiempo.**
- La innovación y la calidad son claves en el éxito de cualquier empresa. Esto nos va a permitir estar sintonizados con los clientes, entender sus necesidades y ofrecer un producto o servicio que supere sus expectativas y llene un vacío en el mercado. En el mundo de los negocios usualmente hay dos caminos: volumen con precios bajos o exclusividad y gran calidad (o un servicio total) con precios altos y mayores márgenes
- **No recomendamos que hipoteques tu casa o utilices todos tus ahorros para iniciar tu emprendimiento,** ya que estás poniendo en riesgo el futuro de tu familia. Sin embargo, si estás seguro de tu idea y cuentas con el apoyo de tu familia, está permitido arriesgarse. La vida es una sola y a veces hay que tomar riesgos.
- Existen cientos de recursos y programas para ayudar a los emprendedores, te recomendamos la página del *Small Business Administration* (**http:/ es.sba.gov**) en donde encontrarás muchos recursos de ayuda en español.

EDUCACIÓN

En el **capítulo** VII hablaremos ampliamente del tema de educación (que puede aplicar para tus hijos o para ti), **pero desde ya te recomendamos invertir en tus habilidades de manera permanente, ya que es una de las pocas posibilidades de movilidad social que aún quedan.** Algunos gastos educativos pueden descontarse de tus impuestos, y en todo caso, te darán una mejor posición para enfrentar los desafíos del futuro. Eso sí, escoge con cabeza fría y ten en cuenta que, si te endeudas para estudiar o para aprender una nueva habilidad, igual debes pagar esa deuda, por lo que revisa bien la universidad o escuela a la que asistas y las perspectivas laborales reales que tendrás.

COMMODITIES/OTROS ACTIVOS

Si ya cubriste todas las necesidades básicas, tienes una buena salud financiera, ya estás aportando al máximo en tus fondos de retiro con beneficios fiscales y dispones de un dinero "extra" con el cuál puedes invertir, hay muchas opciones como lo son:

- Invertir en **commodities**, es decir en bienes como el oro, la plata, otros metales o piedras preciosas, petróleos o derivados sobre productos.
- Invertir en **monedas virtuales** o cripto-monedas como *bitcoin, ethereum* y otras más.
- Invertir en el **mercado de divisas** o Forex realizando arbitraje u operaciones de derivados. Cabe anotar que la mayoría de estas inversiones son de carácter especulativo y jamás debes poner el dinero de tu retiro, educación o el destinado a metas financieras en ellas, ya que hay una alta probabilidad de perder dinero,
- Por último, ten mucho cuidado con los **esquemas de pirámides** que ofrecen retornos de 20 o 30% en poco tiempo y sin que tengas que mover un dedo. Si suena demasiado bueno para ser real, es muy probable que lo sea.

ANNUITIES

Los *annuities*, también conocidas como rentas en español, son un tipo particular de producto que combina inversión y seguro de vida, existiendo una etapa de "acumulación" y otra en donde se recibe la renta propiamente dicha. En caso de fallecer el inversor, al beneficiario designado se le comienza a pagar la renta establecida.

Existen 2 tipos de annuities:

- **Fixed annuities:** estas pagan una tasa de interés predefinida por la aseguradora y por lo general se establece con 1 año de anticipación.
- **Variable annuities:** en este caso la tasa de rendimientos es variable y depende de los intereses generados por las inversiones elegidas para este producto.

Este tipo de inversiones pueden hacer parte de las opciones para el retiro; sin embargo, hay que tener en cuenta que si bien no se les aplican impuestos hasta el momento en que el dinero sea retirado (crecen libres de impuestos), el cobro de mantenimiento es más alto que en otro tipo de cuentas de retiro, incluye un seguro de vida y tienen también penalidades por retiro antes de los 59 ½ años. Este tipo de inversiones solo deben tenerse en cuenta **si ya estás aportando lo máximo permitido en fondos de retiro con beneficios tributarios (IRA, 401(k)) y piensas tenerlas por lo menos durante 15 años.**

INVERSIONES EN EL PAÍS DE ORIGEN

Adicional a las opciones que tenemos de inversión en los Estados Unidos, muchos de nosotros estamos dispuestos a realizar inversiones en nuestro país de origen, ya sea porque conocemos más sobre su realidad económica y estamos dispuestos a apostar en él o porque tenemos dudas de permanecer en los Estados Unidos. Tres grandes temas surgen a la hora de invertir en el país de origen:

- El tipo de instrumento en el cual invertir
- El movimiento de capitales (inversión y repatriación de estos dineros)
- Las obligaciones tributarias

Si bien se pueden canalizar montos pequeños de inversión a través de remesas y giros a familiares, **sumas más grandes requieren de la respectiva declaración o registro frente a la autoridad tributaria de cada país.** De igual manera, si decides vender estas inversiones, el retorno del dinero a los Estados Unidos puede ser un problema en el momento de declarar impuestos.

En el país de origen se puede invertir casi en los mismos instrumentos que en los Estados Unidos, aunque la forma y modalidad pueden diferir. Consulta con entidades financieras en tu país para conocer más sobre cada tipo de inversión.

INVERSIÓN EN PRODUCTOS FINANCIEROS

Como mercados emergentes, usualmente nuestros países tienen rentabilidades superiores a las ofrecidas en los Estados Unidos, pero también un mayor grado de incertidumbre. Además, esta incertidumbre aumenta al involucrar el efecto de la tasa de cambio, la cual puede hacer que una inversión sea más o menos rentable. **Así, una devaluación de la moneda local frente al dólar disminuirá la rentabilidad de la inversión en dólares (te darán menos dólares por la misma cantidad de pesos) y una apreciación o revaluación provoca el efecto inverso.**

El envío del dinero para realizar tu inversión lo debes hacer a través del sistema financiero de tu país, así como diligenciar los formularios cambiarios respectivos para que tu inversión sea registrada como extranjera y obtengas beneficios (si los hay) a la hora de repatriar tu capital. Sin embargo, también deberás pagar impuestos en este país y en Estados Unidos por las ganancias de capital (*capital gains*) que obtengas. Aunque puedes "descontar" estos impuestos en tu declaración de renta aquí, recuerda que, debes reportar adecuadamente estas inversiones.

Con la implementación de la FATCA por parte del IRS en los Estados Unidos, se ha hecho más estricto el control sobre los activos que posean los residentes o ciudadanos en el extranjero. En el caso de inversiones en productos financieros afuera de Estados Unidos, generalmente estas deben ser reportadas si se supera el umbral de $50.000 dólares.

Recuerda que reportar no significa necesariamente pagar, pero el no hacerlo puede traer sanciones. Como reglar general, no es necesario reportar bienes raíces, dinero en efectivo, ni inversiones en commodities. En todo caso, es importante revisar cada caso con un experto en la materia.

INVERSIONES EN EMPRENDIMIENTOS Y PRÉSTAMOS FAMILIARES

Uno de los sueños de muchos inmigrantes en Estados Unidos es el de acumular un capital con el cual regresar a su país de origen y montar un negocio propio. Países como Colombia ofrecen planes para el retorno de colombianos residentes en el exterior que ofrecen beneficios tributarios para el ingreso del capital acumulado, además de ofrecer capacitaciones para emprendedores. Si esta es tu meta, planea tus finanzas y acumula el suficiente capital para que puedas sortear de mejor manera los obstáculos de cualquier empresa. En la Cancillería de la República de Colombia encontrarás más información sobre esta Ley de Retorno.

También debes tener en cuenta la manera en que traerás este capital a tu país. **Para los recursos mayores a $10.000 usualmente se debe utilizar una transferencia bancaria y diligenciar los formularios requeridos por las entidades tanto en Estados Unidos como en tu país de origen.** Si el origen de tu dinero es lícito no tendrás problemas, pero siempre es necesario revisar la parte contable y poder justificar cada céntimo. Por último, recuerda nunca traer en efectivo más de esta suma, ya que en el aeropuerto te pueden sancionar y decomisar el dinero.

Una opción que puedes plantearte para transferir el dinero a tu país es **ir enviando pequeñas sumas de dinero y depositarlas directamente a una cuenta bancaria bajo tu control.** También puedes utilizar un fondo mutual para que el dinero genere intereses mientras lo vas acumulando. Ten cuidado al momento de enviar el dinero a un familiar, ya que se pueden presentar muchos problemas con esta situación y no es de extrañar peleas entre familiares por dinero. ¡Controla tú mismo tu dinero!

INVERSIONES EN BIENES RAÍCES

Esta es también una buena manera de invertir tus recursos, en especial si puedes rentar la propiedad mientras no estés viviendo en ella. Para los latinos, la inversión en finca raíz es una de las inversiones en las que nos sentimos más cómodos, pero recuerda que también tiene riesgos y posiblemente implicará el pago de intereses por un buen periodo de tiempo. **Nunca compres una vivienda para tenerla vacía o solo para utilizarla cuando vayas de visita a tu país, salvo que dispongas de los recursos suficientes para darte este lujo.** Con los intereses y los costos de mantener tu vivienda, bien podrías quedarte en un hotel de lujo si vas tan solo un par de veces al año.

Una de las dificultades para comprar vivienda en tu país de origen es el crédito de vivienda; sin embargo, en muchos países existen programas para residentes en el exterior. Para los colombianos residentes en el exterior, entidades como Viventa (www.viventa.co) ofrecen asesoría completa para realizar esta inversión en Colombia desde cualquier lugar del mundo sin tener que viajar y en asocio con los bancos y constructoras más importantes de ese país.

LOS PUNTOS CLAVE

- Los latinos debemos dar el paso definitivo hacia una buena planeación financiera: canalizar el ahorro hacia inversiones que hagan trabajar nuestro dinero.

- Invertir a través de una cuenta de retiro en lugar de una cuenta individual te ofrece beneficios tributarios y se verá ositivamente reflejado en tu historial crediticio.

- Aunque la frase *a mayor riesgo, mayor rentabilidad* puede ser cierta, una inversión de mayor riesgo no necesariamente garantiza mayor rentabilidad, ya que podemos invertir en un producto de alto riesgo y aun así obtener pérdidas o perder el capital invertido.

- Existen inversiones como las cuentas de ahorros o corrientes, *money market accounts* y certificados de depósito que son recomendadas para el corto plazo y se consideran seguras, aunque no ofrecen mucha rentabilidad.

- Siempre debemos especular con dinero que estemos dispuestos a perder y cuya perdida no repercuta de manera definitiva en nuestro patrimonio. Jamás debemos especular con el dinero de nuestro retiro, educación o fondos de emergencia.

- Para el inversionista común es recomendada la inversión en fondos diversificados sobre las acciones, ya que ofrecen un menor riesgo y acceso a la asesoría de profesionales de alta calidad.

- No es recomendado hipotecar tu casa o invertir la totalidad de tus ahorros en un emprendimiento. Es preferible seguir trabajando y acumular un mayor capital para empezar tu negocio, así no estás arriesgando el futuro de tu familia y tendrás dinero disponible para mantener el emprendimiento a flote en los primeros años.

- Al momento de invertir en tu país de origen, debes tener en cuenta la manera para enviar el dinero y las obligaciones tributarias sobre la inversión.

TU RETIRO:
UNA INVERSIÓN CON BENEFICIOS TRIBUTARIOS

U na de las metas financieras más importantes que todos debemos trazarnos es la relativa al ahorro para los años de la vejez. Desde una perspectiva personal y financiera, la jubilación es uno de los eventos más importantes de nuestra vida y lograr un retiro cómodo y apacible es un proceso que conlleva una planificación inteligente y años de ahorro disciplinado.

Bien sea porque no saben muy bien por dónde empezar, no tienen acceso a planes de retiro o simplemente no conocen las opciones de ahorro y planificación disponibles, son muchas los latinos que no han empezado a planificar para su retiro. Aunque muchos dicen que es una de sus prioridades financieras, según el *Economic Policy Institute* solo el 26% de los latnos tiene ahorros en un plan de retiro. Esto los pone en una situación de riesgo en la que pueden pasar múltiples dificultades financieras, depender de sus familias e incluso trabajar en su vejez para sostenerse.

En este capítulo te mostraremos la manera en la que puedes calcular el monto de retiro adecuado para ti y las opciones de ahorro disponibles para que planifiques un buen retiro en Estados Unidos o en tu país de origen.

¿POR QUÉ DEBEMOS PLANIFICAR PARA EL RETIRO?

Puede parecer una pregunta trivial, pero muchas veces los factores más importantes de una buena planificación para el retiro son contrarios a la forma en que la mayoría de las personas piensan sobre su futuro:

- Como personas responsables, debemos empezar a cuidar de nosotros mismos en el presente para mantenernos autónomos e independientes cuando seamos mayores y nos falten fuerzas o ganas para trabajar. Esto no significa que no podamos recibir ayuda de nuestros hijos (si los tenemos) en el futuro, pero debemos ser precavidos para no depender excesivamente de los demás. Recuerda el dicho: *¡un padre puede mantener a cinco hijos, pero a veces cinco hijos no pueden mantener a un padre!*

- Los beneficios del Seguro Social usualmente no son suficientes para proveer un retiro financieramente adecuado que nos permita continuar con el estilo de vida que llevábamos antes del retiro. **Por definición, el seguro social tiene la intención de proporcionar una red básica de sustento,** nunca cubrir todos nuestros gastos, mucho más en la vejez cuando usualmente se presentan costos médicos no previstos. Si bien podemos ahorrar y gastar menos, la meta es mantener un estilo de vida similar al que estamos acostumbrados y no pasar sobresaltos cuando menos capacidades tengamos.

- Parte de tus ahorros para el retiro pueden contribuir a la vida de tus hijos o nietos, ya sea financiando su educación, transfiriendo bienes o manteniendo activos sentimentales – como bienes raíces – dentro de la familia, Sin una buena planificación para el retiro puedes verte obligado a liquidar tus activos sin poder dejar un legado financiero a los que más quieres.

- Cuando hablamos de algo que lleva décadas de planeación como el retiro, incluso los más mínimos detalles (como unos pocos puntos porcentuales o algunos dólares más de ahorro al mes) pueden generar una gran diferencia en el resultado final.

- Por último, es buena idea planear el retiro a una edad razonable. Si bien todos nos quisiéramos retirar a los cuarenta, lo más probable es que lo hagamos a mediados de los sesenta o incluso a finales, en la medida que la esperanza de vida aumenta. Mientras tengamos salud y deseos podremos seguir trabajando, **pero hay una gran diferencia entre querer y tener.**

Ahorrar para el retiro es generalmente la meta financiera que más recursos exige en la vida de una persona, por lo que se debe "pagar esta deuda" durante toda la vida. Entre más jóvenes empecemos, más nos ayudará la acumulación de dinero en el tiempo.

¿CUÁNTO HAY QUE AHORRAR PARA RETIRARSE?

Para entender cuánto dinero debes ahorrar mensualmente para tu retiro, primero debes tener en cuenta factores como tu edad, la edad en la que esperas retirarte, el dinero mensual que deseas tener y las diferentes fuentes de las cuáles van a venir esos ingresos:

Fuentes de ingresos para el retiro

- **Seguro social**: más del 51% de los trabajadores esperan que esta sea una fuente importante de ingresos para el retiro, pero solo el 31% esperan que sea la fuente más importante.

- **Fondos de retiro (401(k), IRA, ROTH IRA, SEP-IRA):** son el complemento natural a la pensión del Seguro Social y donde ahorrarás durante tus años de mayor productividad.

- **Pensión de la empresa en la que trabajas**: cada vez son menos las empresas que ofrecen estos beneficios, aunque algunas todavía lo hacen.

- **Home Equity / Reverse *mortgage*:** éste es un crédito garantizado con tu vivienda que te permitirá disponer de recursos en vida.

- **Acciones y fondos mutuales**: casi el 10% de los trabajadores esperan aumentar sus ingresos para su retiro gracias a inversiones en acciones (incluidas empresas propias) y buenos resultados en fondos mutuos. Esto es adicional a lo que ya tienen en sus fondos de retiro.

- **Annuities**: solo alrededor del 7% de los empleados esperan contar con este tipo de ingresos para el retiro.

- **Cuentas de ahorros**. son los ahorros en cuentas de ahorros y depósitos a término.

- **Trabajo *part-time***: más del 46% de la población espera seguir teniendo un trabajo *part-time* para complementar sus ingresos para el retiro. Esto es más notorio si no se cuentan con otras fuentes de ingreso.

- **Rentas y regalías**: aquí se incluyen los ingresos por arrendamiento de propiedades o regalías si se poseen derechos de autor, franquicias, patentes u otro tipo de rentas.

- **Herencias**: no se deben contar con ellas, pero un pequeño porcentaje de la población espera heredar bienes que les permitan tener ingresos para el retiro.

ENTONCES, ¿CUÁNTO DINERO DEBES AHORRAR?

Como una regla simple, podemos decir que **necesitas ahorrar 10 veces tu ingreso bruto antes de impuestos al momento de retirarte (67 años) para poder obtener el 45% de tu ingreso antes de impuestos.** En otras palabras, si tienes un salario de $50.000 anuales antes de impuestos, debes ahorrar $500.000 para contar con $22.500 anuales antes de impuestos para retirarte a los 67 años.

Sin embargo, debes tener en cuenta que tus gastos al momento del retiro también bajarán y serán tan solo el 55% - 80% de los actuales por múltiples razones (no tienes que ahorrar para el retiro, no hay gastos asociados al trabajo, menores necesidades de seguro y no hay gastos de hipoteca).

Ingreso antes del retiro	PORCENTAJE DE INGRESOS REEMPLAZADOS[4]		
	CON AHORROS PARA EL RETIRO	CON LA SEGURIDAD SOCIAL	TOTAL
$50.000	45%	35%	80%
$100.000	45%	27%	72%
$200.000	45%	16%	61%

Si cubres el 45% de tus ingresos con ahorros para el retiro y lo complementas con el seguro social, estarás en buena posición para retirarte, aunque si ganas más dinero puede que quieras reemplazar una mayor cantidad con tus ahorros.

Recuerda que el Seguro Social solo te va a dar una pensión pequeña. El promedio que recibe una persona por este concepto es de aproximadamente $1.341 dólares mensuales. La edad en la que te retires es también muy importante para este cálculo. Más adelante hablaremos de los beneficios del seguro social y la edad de retiro, pero si quieres retirarte a los 62 años necesitarás reemplazar el 55% de tus ingresos con ahorros para el retiro, y si lo hace a los 70 deberás reemplazar solo el 40%.

---

4   Strategic Advisers con base en información del IRS, Social Security y encuestas con personas

DIFERENTES ESTRATEGIAS, DIFERENTES SITUACIONES FAMILIARES

En internet hay un sinfín de calculadoras que te pueden dar una idea de cuánto necesitas ahorrar mensualmente para tener los ingresos suficientes para el retiro. Esto dependerá de tus activos y la estrategia a seguir. Estas son algunas calculadoras que puedes consultar de manera gratuita:

https://www.nerdwallet.com/investing/retirement-calculator

https://retirementplans.vanguard.com/VGApp/pe/pubeducation/calculators/RetirementIncomeCalc.jsf

http://apps.finra.org/calcs/1/retirement

http://www.bankrate.com/calculators/retirement/retirement-plan-calculator.aspx

Para los inmigrantes, la estrategia y el cálculo de los ingresos requeridos pueden ser más complejos, teniendo en cuenta que algunos cotizan para pensión en sus países de origen y podrán obtener una pensión de jubilación por este concepto, además de contar con inversiones en esos países y la posibilidad de retirarse allá con un menor costo de vida. Al final del capítulo hablaremos más de este caso.

También recuerda que, aunque no es lo ideal, durante el retiro no solo estarás consumiendo las rentas o intereses de tus inversiones sino tu capital mismo, dejando tan solo una suma pequeña al final para emergencias o para la eventualidad de vivir más de lo esperado. Si no gozas de buena salud, de pronto puedes usar más de este dinero para aprovechar al máximo tus años finales.

Los latinos usualmente no hablamos del retiro y de la muerte. El aceptar que envejecemos y que la muerte es parte inevitable de la vida es fundamental a la hora de planear el retiro. Aceptar las cosas como son y planear acorde con esto es mejor a negar lo inevitable o prepararnos pobremente para ello.

> Uno de los mayores riesgos es que te quedes sin dinero o vivas más de lo esperado. Si bien tu pensión del seguro social va a seguir llegando, tus ahorros pueden agotarse. Por eso hay que dejar un colchón de seguridad para ese caso y contar que con los avances en la tecnología es posible que vivamos más de lo esperado.

LOS BENEFICIOS DEL SEGURO SOCIAL

El Seguro Social es un programa federal de beneficios desarrollado en 1935 para ciudadanos y residentes permanentes en los Estados Unidos. Antes de ese año, el sostenimiento de los retirados no era un asunto federal, sino que recaía en los estados, pueblos y por supuesto, en cada familia. **Es importante aclarar que debes solicitar los beneficios 4 meses antes de que quieras empezar a recibirlos.**

Este programa incluye beneficios para:

- Retirados
- Personas que sufren de discapacidad
- Sobrevivientes de trabajadores afiliados
- Dependientes o beneficiarios de trabajadores afiliados

Los fondos del programa también son utilizados para financiar las pensiones de los veteranos y el programa de cupones para alimentos. Hoy en día, unos 167 millones de personas aportan a la seguridad social y alrededor de 59 millones reciben beneficios mensuales. La mayoría de estos beneficiarios son jubilados y sus familias: **cerca de 42 millones de personas.**

El Seguro Social es financiado a través del impuesto al salario de los contribuyentes. La FICA (*Federal Insurance Contributions Act*), es la ley federal que determina las contribuciones al sistema y **retiene de tu salario dos impuestos: el impuesto de la Seguridad Social, que representa el 6.2% de tu salario anual y el impuesto de Medicare, que representa el 1.45%.** Estos, en conjunto con las retenciones para impuestos federales y estatales, son los descuentos que usualmente vez en tus *pay stubs* o desprendibles de pago cada vez que recibes tu salario.

Tu empleador también debe igualar este pago, llevando el impuesto total por cada empleado al 15,3% (12.4% por Seguridad Social y 2.9% por Medicare). **Si eres independiente, tú mismo debes asumir la totalidad del impuesto.** Este pago es obligatorio para todo empleado (a excepción de algunos casos) y debes realizarlo incluso si no esperas calificar para este tipo de ayuda. A diferencia de otras cuentas destinadas al retiro, **el dinero recogido para la Seguridad Social no es invertido en fondos o puesto en una cuenta a tu nombre,** sino que es utilizado para pagar los beneficios de los jubilados actuales, de la misma manera que los trabajadores futuros pagarán la Seguridad Social de los actuales cuando estos se retiren.

El impuesto de Seguridad Social tiene un *cap*, o límite, ajustado anualmente según la inflación. Para 2017, el monto máximo que se puede gravar es de $127,200. Esto quiere decir que si en 2017 tu salario fue de $128,000 o más, la FICA solo te aplica los impuestos sobre los $127,200 iniciales. Es importante anotar que este límite no aplica para el impuesto Medicare. Es más, si ganas más de 200,000 al año, deberás pagar el 2.4% inicial y un 0.9% adicional por este concepto.

> Una pregunta bastante común que surge en esta situación es, **¿qué pasa si tengo más de un empleo y gano más de $127,200 anuales entre todos mis empleos?** Sin importar la cantidad de empleos que tengas, cada empleador tiene la obligación de descontarte del salario el 6.2% + el 1.45%, pero es posible que recibas un *refund* sobre tus cotizaciones si el valor que te han descontado durante el año es mayor a la cantidad máxima requerida. Cabe mencionar que **todo ingreso que ganes está sujeto a este impuesto**: salarios, bonos e ingresos como independiente (*freelancer*)**.** Los ingresos pasivos como dividendos, intereses o regalías no están sujetos al mismo.

EL BENEFICIO DE JUBILACIÓN

Como su nombre lo indica, este beneficio va dirigido a las personas que han alcanzado su edad de jubilación y los créditos necesarios para recibirlos. Estos beneficios también pueden cubrir a algunos familiares del jubilado y se pueden empezar a cobrar parcialmente desde los 62 años. Aquí te daremos la información principal sobre los beneficios a los cuales tú y tu familia tienen derecho. De igual manera, es recomendado que complementes esta información y calcules el monto de los beneficios a los que tienes derecho en la página del planificador y la calculadora de beneficios del Seguro Social:

---

https://www.ssa.gov/espanol/plan/

Para determinar quién tiene derecho a recibir este beneficio, el Seguro Social utiliza un sistema de "créditos", los cuales van siendo acumulados por los empleados a medida que van trabajando y cotizando durante sus años productivos. Cada empleado puede acumular hasta 4 créditos por año trabajado (en todo el año o en una parte de él) y necesitas 40 créditos para tener derecho a recibir los beneficios.

Para el 2017, requerirás $1.300 de ingresos de tu trabajo para acumular un (1) crédito de trabajo de Seguro Social o Medicare, por lo que necesitarás $5,200 para acumular el máximo de cuatro créditos para el año. Es probable que a lo largo de tu vida laboral acumules más créditos de los necesarios para tener derecho a los beneficios, pero estos créditos adicionales no aumentarán la cantidad de estos beneficios. **En resumen, solo puedes acumular 4 créditos al año y trabajar el equivalente a 10 años para tener derecho a tus beneficios.**

BENEFICIOS MIENTRAS TRABAJAS

El hecho de que reclames tus beneficios no implica que no puedas seguir trabajando, **pero debes tener en cuenta que en caso de que continúes trabajando al momento de cobrar tus beneficios de manera adelantada y ganes más del límite anual ($16,920 para 2017), el gobierno reducirá $1 de tus beneficios por cada $2 que ganes por encima de este límite.** Sin embargo, el Seguro Social hará un ajuste de tus beneficios cuando alcances tu edad plena de retiro para compensar esta penalidad. En el último año antes de alcanzar tu edad plena de jubilación, el límite de ganancias sube a $41,880 y tus beneficios se reducen $1 por cada $3 por encima de ese límite.

Si quieres consultar los créditos registrados a tu favor, puedes ir a la página del Social Security, www.segurosocial.gov y establecer una cuenta de *My Social Security* para poder revisar tu estado de cuenta cuantas veces quieras.

La edad plena de jubilación

Aquí surge la pregunta: ¿puedo trabajar 10 años y empezar a recibir los beneficios del Seguro Social? La respuesta es *no*. Incluso si has acumulado los 40 créditos necesarios, **no puedes empezar a cobrar los beneficios sino hasta que tengas 62 o más años.**

Para comprender esto, debes entender el concepto de **edad plena de jubilación**. La edad en la que comienzas a reclamar los beneficios del Seguro Social afecta el monto que vas a recibir. Como ya lo mencionamos, puedes empezar a reclamarlos cuando cumplas los 62 años, pero en este caso recibirás un 25% menos que si los empiezas a recibir cuando llegues a tu edad plena de jubilación, momento en el cual reclamarás el 100% del monto al que tienes derecho. Esta edad plena de jubilación se determina dependiendo de tu año de nacimiento.

Si naciste entre:

1943-1954: tu edad plena de jubilación son los 66 años.

1955-1959: tu edad plena de jubilación está entre los 66 y los 67 años.

1960 o más tarde: tu edad plena de jubilación son los 67 años.

En esta tabla podrás saber exactamente la edad plena de jubilación dependiendo del año en que naciste y el monto que recibirás al momento en que decidas cobrar los beneficios.

https://www.ssa.gov/espanol/jubilacion2/tabla.htm

Por otro lado, si decides empezar a cobrar tus beneficios después de tu edad plena de jubilación, aumentarás estos beneficios en un 8% hasta que cumples los 70 años, edad en la cual el incentivo termina. Esto quiere decir que, si tu edad plena de jubilación es de 67 años y decides cobrar tus beneficios cuando cumplas 70, recibirás aún más dinero, pero ese será el monto máximo que obtendrás.

Ten en cuenta que la primera cifra que cobres (sea a los 62, 67 o 70 años) será la cifra que recibirás de por vida. Si eres elegible para recibir $1,500 a los 67 años, pero decides reclamar tus beneficios a los 62, recibirás $1,125 al mes perpetuamente. Es por esto por lo que muchas personas deciden retrasar el cobro de sus beneficios para obtener una pensión plena, aunque esto dependerá de tu salud, tu calidad de vida, tus ingresos adicionales y por supuesto lo cómodo que te encuentres en el trabajo.

Si empezaste a cobrar tus beneficios de manera adelantada, pero te arrepentiste y prefieres cobrarlos más adelante, puedes recurrir a la forma 521. Esta forma te permite cancelar el cobro de beneficios adelantado, con la condición de que lo hagas en un plazo inferior a 12 meses y devolviendo todo el dinero recibido.

La información sobre la Seguridad Social puede ser demasiado extensa y confusa para el inmigrante latino en Estados Unidos, por lo que es recomendado buscar asesoría adicional de los expertos. Puedes consultar la página www.ssa.gov o ir a cualquier oficina del seguro social cercana a ti. Recurriendo a estas fuentes de información puedes aclarar todas tus dudas con agentes entrenados en español.

JUBILARSE VIVIENDO EN EL EXTERIOR

Si eres un ciudadano americano puedes recibir tus beneficios del Seguro Social fuera de los Estados Unidos siempre y cuando tengas derecho a ello, estés en un país donde no existan restricciones para enviarlos y hayas estado fuera del país por lo menos 30 días consecutivos. Legalmente, estás fuera del país hasta que regreses y permanezcas por lo menos otros 30 días consecutivos acá. Usualmente, El Seguro Social no tiene restricciones de envío con los países latinoamericanos, a excepción de Cuba.

Si no eres ciudadano de los EE. UU., debes probar que estuviste presente legalmente en los Estados Unidos por un periodo de 30 días, de lo contrario es posible que pierdas tus beneficios después de estar seis meses por fuera del país. Sin embargo, existen convenios internacionales con diferentes países que pueden permitir que los no-ciudadanos reciban sus beneficios viviendo afuera permanentemente, como es el caso de Canadá, Chile o España.

Si vives en el exterior, es posible que el Seguro Social te envíe periódicamente un formulario para continuar protegiendo tu derecho a los beneficios. Debes completarlo y firmarlo; no hacerlo puede suspender tus beneficios. También debes informar al Seguro Social de cualquier cambio que pueda afectar tu derecho a recibirlos, como cambio en la dirección, nuevo trabajo, divorcio o anulación o cambios en beneficiarios, entre otros. Para informarte mejor comunícate con una oficina del Seguro Social, la embajada de Estados Unidos o el consulado en tu país y visita este link:

https://www.ssa.gov/pubs/ES-05-10138.pdf

BENEFICIOS POR INCAPACIDAD

Estos beneficios se otorgan cuando el contribuyente no puede trabajar debido a un padecimiento físico o mental, el cual se espera que dure por lo menos un año o que le pueda causar la muerte. Asimismo, ciertos miembros de la familia de la persona incapacitada también pueden recibir beneficios. **El Seguro Social no aprueba beneficios a personas con incapacidades parciales o de corto plazo, contrario a otros programas de beneficios por incapacidad.** Para recibir beneficios por incapacidad, el trabajador debe entregar varios documentos que la prueben, así como cumplir ciertas condiciones. El Seguro Social analiza estos documentos y realiza varios exámenes para determinar la elegibilidad del incapacitado. En este link podrás conocer exactamente las condiciones para poder recibir los beneficios por incapacidad:

https://www.ssa.gov/pubs/ES-05-10929.pdf

Para acceder a este beneficio se debe contar con cierto número de "créditos" al momento de sobrevenir la incapacidad. Usualmente se necesitan 40 créditos (20 de los cuales se deben acumular en los últimos 10 años anteriores), pero los trabajadores más jóvenes pueden tener derecho a beneficios con menos créditos. Cabe anotar que los beneficios por incapacidad son bastante reducidos y proveen lo mínimo necesario para subsistir, por lo que no es una mala idea tener una cobertura adicional a través de un Seguro de Incapacidad a Largo Plazo (*Long Term Disability Insurance*).

OTROS BENEFICIOS DEL SEGURO SOCIAL

BENEFICIOS DE LA SEGURIDAD SOCIAL PARA TU FAMILIA

En el momento en que empieces a recibir los beneficios de la Seguridad Social por jubilación o incapacidad, **tu cónyuge** también tiene derecho a recibirlos (incluso si él o ella nunca ha cotizado a la seguridad social o no tienen suficientes créditos para ser elegibles) si cumplen con ciertos requisitos:

- Si tienen 62 o más años, ó...
- A cualquier edad si tiene bajo su cuidado a un hijo tuyo, siempre y cuando este sea menor de 16 años o que presente una incapacidad y reciba beneficios de la Seguridad Social bajo tu registro.
- Tu cónyuge también tiene derecho a beneficiarse de Medicare a la edad de 65 años

Tus hijos aún sin casarse también pueden recibir estos beneficios si:

- Son menores de 18 años
- Tienen entre 18 y 19 años y están cursando la escuela primaria o secundaria a tiempo completo
- Tienen 18 o más años y presentan incapacidad (esta incapacidad debió haber comenzado antes de cumplir los 22 años)

Si te conviertes en padre o madre de un niño (incluyendo uno adoptado) después de comenzar a recibir los beneficios, puedes acercarte a una oficina del Seguro Social para que ésta haga el respectivo análisis y determine la elegibilidad del niño para recibir los beneficios.

¿CUÁNTO PUEDE RECIBIR CADA MIEMBRO FAMILIAR?

En caso de tener derecho, cada miembro de tu familia puede recibir *un beneficio mensual equivalente hasta la mitad de tu beneficio de jubilación o de incapacidad. Sin embargo, existe un límite al monto que el Seguro Social puede pagar en beneficios a tus familiares. Este límite depende del total de tus beneficios y el número de personas en tu familia que tengan derecho a ellos. El total varía, pero generalmente la cantidad total que tú y tu familia pueden recibir está entre 150 y 180% de tu beneficio completo de jubilación.*

En este link podrás encontrar más información sobre los beneficios a los cuales tu familia podría tener derecho:

https://www.ssa.gov/espanol/jubilacion2/solicitar7.htm

Cabe resaltar que estos beneficios no disminuyen la cantidad que puedas recibir por jubilación. En el caso de tu cónyuge, lo que él o ella reciban sumado a tus beneficios podría ayudarte a decidir si te conviene recibir beneficios anticipadamente. Si tu cónyuge no ha cumplido la edad plena de jubilación y aplica para recibir tanto beneficios por parte tuya como a través de su propio registro, serán sus beneficios los que se paguen primero. Sin embargo, si sus beneficios como cónyuge son mayores que los beneficios propios, recibirá una combinación de beneficios por una cantidad igual a la cantidad más alta.

Si tu cónyuge no ha cumplido su plena edad de jubilación y continúa trabajando mientras recibe beneficios, éstos pueden ser afectados por el límite anual de ganancias. Si él o ella comienzan a recibir beneficios entre los 62 años y su plena edad de jubilación, la cantidad será reducida permanentemente por un porcentaje basado en los meses que le falten para dicha edad.

Cuando tu cónyuge llegue a su plena edad de jubilación, sus beneficios no pueden exceder la mitad de tus beneficios como jubilado.

Puedes obtener tu estado de cuenta del Seguro Social por internet y también utilizar la **calculadora de beneficios** para estimar los beneficios que tu familia podría recibir en caso de tu fallecimiento.

BENEFICIOS DE SEGURIDAD SOCIAL PARA LOS VIUDOS

Si eres viudo o viuda de un trabajador que cumplió con los requisitos para recibir los beneficios de la Seguridad Social, entonces puedes:

- Recibir los beneficios completos cuando cumplas la plena edad de jubilación para sobrevivientes o los beneficios reducidos cuando cumplas los 60 años.
- Comenzar a recibir beneficios a los 50 años si sufres de una incapacidad
- Recibir beneficios a cualquier edad si cuidas a un niño del trabajador fallecido. Este niño debe ser menor de 16 años o incapacitado y recibir beneficios basados en el registro del fallecido.
- Los hijos no casados menores de 18 años del trabajador fallecido (o hasta los 19 años si asisten a tiempo completo a una escuela primaria o secundaria) y los hijos que se incapacitaron antes de los 22 años y continúan incapacitados también pueden recibir beneficios. Bajo ciertas circunstancias, se les pueden pagar beneficios también a tus hijastros, nietos, nietastros o niños adoptivos.
- Tus padres dependientes también pueden recibir beneficios si son mayores de 62 años. (Para que los padres tengan derecho como dependientes, el fallecido tuvo que haber provisto por lo menos la mitad de su sustento).

En el caso de un sobreviviente, el monto de los beneficios seguirá siendo menor si los empieza a recibir a los 60 años que a la plena edad de jubilación. De igual manera, si una persona recibe beneficios como sobreviviente y trabajador y estos últimos son mayores, podrá cambiar a sus propios beneficios por jubilación tan pronto cumpla los 62 años o máximo a los 70 años.

Un sobreviviente, ya sea divorciado o no, no puede solicitar los beneficios para sobreviviente a través de Internet. Debe comunicarse con el Seguro Social al 1-800-772-1213 para programar una cita.

El sitio web de la *Social Security Administration* tiene esta tabla en la que puedes determinar la plena edad de jubilación para sobrevivientes dependiendo del año de nacimiento, así como la variación en el beneficio si decides reclamarlo antes. Para este tipo de cálculos aplican varias condiciones, así que revisa muy bien tu caso específico y consulta a un agente del Seguro Social para tener más certeza sobre los beneficios a los que tienes derecho:

https://www.ssa.gov/espanol/sobrevivientes/tabla.htm

¿QUÉ PASA EN CASOS DE DIVORCIO?

Si estás divorciado, tu matrimonio se extendió por lo menos 10 años y no te has vuelto a casar, es posible que tengas derecho a recibir beneficios a través del registro de tu cónyuge, aun si este se volvió a casar. Las condiciones son las siguientes:

- Tienes 62 o más años
- Tu ex-cónyuge tiene derecho a recibir beneficios por jubilación o incapacidad
- El beneficio al que tienes derecho a través de tu registro es menor al beneficio al cual tiene derecho tu ex-cónyuge

Por lo general, no tendrás derecho a estos beneficios si te vuelves a casar. Si esta segunda unión se disuelve por muerte, divorcio o anulación, puedes volver a ser elegible para los beneficios de retiro de tu primer ex-cónyuge. Este beneficio será igual a la mitad del beneficio completo por jubilación o incapacidad de tu ex-cónyuge, obviamente si él o ella empiezan a recibir sus beneficios en plena edad de jubilación.

En caso de que tengas derecho a recibir beneficios tanto propios como a través de tu ex-cónyuge, se te pagarán primero los propios. Si el beneficio en el registro de tu ex-cónyuge es más alto, recibirás una cantidad adicional en el registro de tu ex-cónyuge, para que así la combinación de los beneficios iguale a la cantidad más alta.

Si tu ex cónyuge no ha solicitado beneficios por jubilación, pero tiene derecho a ellos, tú puedes recibir beneficios a través de su registro si llevan al menos dos años divorciados. La cantidad de beneficios que se le pagan a tu ex-cónyuge no afectará la cantidad de beneficios que tú o tu actual esposo o esposa puedan recibir

BENEFICIOS PARA EX-CÓNYUGES SOBREVIVIENTES

Los ex-cónyuges sobrevivientes a un trabajador que fallece podrían tener derecho a los mismos beneficios que tiene un viudo o viuda, siempre y cuando el matrimonio haya durado al menos 10 años. Sin embargo, si el ex-cónyuge tiene a su cargo a un niño menor de 16 años o que está incapacitado o un hijo(a) biológico o adoptivo de la persona fallecida, no tiene que cumplir la regla de duración del matrimonio.

Si el cónyuge divorciado se vuelve a casar después de los 60 años, conserva el derecho a recibir beneficios como sobreviviente de su expareja fallecida. Los beneficios que reciba el cónyuge divorciado no afectan los beneficios a los que tienen derecho los demás sobrevivientes de la persona fallecida, a no ser que tenga a su cargo al hijo del trabajador fallecido.

¿CÓMO SOLICITAR LOS BENEFICIOS PARA CÓNYUGES?

Los beneficios para cónyuges o ex-cónyuges pueden solicitarse por internet. Esta opción no está disponible para los viudos o viudas y cónyuges divorciados sobrevivientes, quienes deben llamar al número gratuito del Seguro Social **1-800-772-1213** (oprime 2 para español) o visitar su oficina local del Seguro Social. No es necesario fijar una cita, pero es recomendado en caso de que quieras reducir el tiempo de espera para solicitar los beneficios. Las personas sordas o con problema de audición pueden comunicarse al número **TTY 1-800-325-0778**. Quienes no vivan en los Estados Unidos o uno de sus territorios tienen la opción de comunicarse con la oficina del Seguro Social, Embajada o Consulado de los Estados Unidos más cercano a su lugar de residencia.

MEDICARE Y MEDICAID

Los beneficios de *Medicare* generalmente se consideran parte de los beneficios del Seguro Social, aunque técnicamente es un programa separado. Este programa de seguro de salud está destinado para las personas de 65 años o mayores y que han vivido en el país por 5 o más años consecutivos, sin importar sus ingresos. Vale la pena aclarar que, aunque la edad plena de jubilación ya no es de 65 años, **puedes recibir los beneficios de este seguro a esta edad, o inscribirte al programa 3 meses antes de cumplirlos en el sitio web del Seguro Social:**

www.segurosocial.gov

Las personas menores de 65 años también pueden tener derecho a Medicare si sufren ciertos impedimentos médicos como fallo renal permanente o esclerosis lateral amiotrófica (enfermedad de Lou Gehrig). *El programa ayuda a los beneficiados con algunos de los gastos de salud, pero no los cubre todos, especialmente los gastos de cuidado a largo plazo.* Sin embargo, puedes comprar una póliza suplementaria de Medicare (llamada Medigap) de una compañía privada de seguros para cubrir los gastos que Medicare no cubre.

EL PROGRAMA MEDICARE ESTÁ DIVIDIDO EN 4 PARTES:

- **Seguro de hospitalización (Medicare A):** este seguro te permite cubrir estadías en un hospital o centro de enfermería especializado. Dependiendo del caso, puede también cubrir atención médica en el hogar. Usualmente es la única parte del plan que no necesita *premiums* o gastos adicionales.
- **Seguro Médico (Medicare B):** este seguro te ayuda a cubrir servicios de doctores, servicios ambulatorios, cuidado de salud a domicilio, equipo médico y otros servicios de cuidado preventivo.
- **Seguro suplementario (Medicare C o *Medicare Advantage*):** incluye servicios adicionales y ofrece acceso a los beneficios de los seguros anteriores. Ciertos planes también incluyen la cobertura de medicamentos con recetas (Parte D).
- **Cobertura de medicamentos recetados (Medicare D):** ofrece ayuda en la cobertura de costos de medicamentos para tu tratamiento.

¿QUIÉN TIENE DERECHO A MEDICARE A?

Tienes derecho a ser cubierto por Medicare A sin costo alguno a los 65 años si:

- Recibes o tienes derecho a recibir beneficios de Seguro Social
- Recibes o tienes derecho a recibir beneficios de retiro ferroviario
- Tu cónyuge recibe o tiene derecho a recibir beneficios de Seguro Social o de retiro ferroviario
- Tú o tu cónyuge (vivo, fallecido e incluso divorciado) trabajó el tiempo suficiente en un empleo federal donde se pagaron impuestos de Medicare
- Tu hijo o hija fallecido(a) estuvo cubierto por este seguro

Es posible que aun cuando no cumplas con alguno de estos requisitos puedas recibir cobertura del Medicare A pagando una prima mensual.

También es posible que tengas **derecho a la cobertura de Medicare A sin costo alguno y sin haber cumplido los 65 años** si cumples con algunas condiciones. Puedes encontrar estas condiciones en el siguiente link o preguntar a un agente especializado en el sitio web del Seguro Social:

www.ssa.gov/pubs/ES-05-10943.pdfwww.ssa.gov/pubs/ES-05-10943.pdfwww.ssa.gov/pubs/ES-05-10943.pdfwww.ssa.gov/pubs/ES-05-10943.pdf

¿QUIÉN TIENE DERECHO A MEDICARE B?

Cualquier persona que tenga derecho a Medicare A sin costo alguno puede inscribirse a Medicare B pagando una prima mensual. El costo de esta prima dependerá de tus ingresos. Para más información, puedes solicitar la publicación **"Primas de Medicare: Reglas para los beneficiarios con ingresos más altos"** (publicación número 05-10537) o visitar este link:

---

www.ssa.gov/espanol/medicare-es/masinfo.html

En caso de que no tengas derecho a Medicare A sin costo alguno, puede comprar Medicare B sin tener que comprar la parte A, si eres:
- Mayor de 65 años
- Ciudadano de los Estados Unidos o un extranjero legalmente admitido que ha vivido en el país por lo menos cinco años.

Solamente puedes inscribirte para la parte B durante los períodos de inscripción designados. Si te quieres inscribir por primera vez, pero no lo haces en los plazos requeridos, puede que tengas que pagar una multa para poder hacerlo.

¿QUIÉN TIENE DERECHO A MEDICARE C?

La Parte C de Medicare es la que permite a compañías de seguros de salud privadas proporcionar beneficios adicionales a miembros del Medicare original (Plan A y B). Estos planes de salud privados de Medicare, como los HMOs y los PPOs, se conocen como Planes *Medicare Advantage*. Si lo deseas, **puede optar por obtener tu cobertura de Medicare a través de un Plan *Medicare Advantage* en lugar de hacerlo a través de Medicare Original.**

Si decides inscribirte a un plan *Advantage*, puedes utilizar la tarjeta de seguro de salud que recibes de tu proveedor de plan de *Medicare Advantage*. Igualmente, es posible que tengas que pagar una prima mensual por tu plan *Advantage* debido a los beneficios adicionales que éste ofrece.

¿QUIÉN TIENE DERECHO A MEDICARE D?

Como beneficiario de Medicare, no obtienes automáticamente la cobertura de medicamentos recetados de la Parte D, **pero si necesitas tomar ciertos medicamentos para tu tratamiento esta opción puede ser muy valiosa**. Puedes añadir esta parte D a tu plan de Medicare original (que ofrece un plan muy limitado de medicamentos) o a través de un plan de medicamentos recetados con tu Medicare *Advantage*, siempre pagando una prima mensual que dependerá de tu ingreso.

Es necesario aclarar que si no te inscribes en la cobertura de Medicare D cuando eres elegible por primera vez, podrías tener que pagar una multa por inscripción tardía si decides inscribirte más tarde.

MEDICARE Y MEDICAID

Los programas *Medicare* y *Medicaid* son programas patrocinados por el gobierno y diseñados para ayudar a cubrir los costos de atención médica de la población. **Pero debido a sus nombres similares y a la poca claridad sobre sus diferencias, las personas suelen confundir su funcionamiento y sus condiciones de cobertura.**

Como ya lo dijimos, *Medicare* es el principal proveedor de cobertura médica para personas que han cotizado en el Seguro Social, tienen 65 o más años (aunque personas más jóvenes pueden también recibir beneficios) y/o sufren una incapacidad. Esta elegibilidad, por lo tanto, no tiene que ver con ingresos, aunque los planes complementarios de Medicare a los que se puedan acceder sí depende de estos ingresos.

Por su parte, Medicaid es financiado conjuntamente a nivel federal y estatal y su elegibilidad no depende de la edad o de ciertas condiciones de los solicitantes, sino de sus ingresos: **usualmente el programa está dirigido a individuos o familias con bajos recursos económicos y a otras poblaciones vulnerables.** Algunos de los beneficios de Medicaid se superponen con los de Medicare, como atención hospitalaria, ambulatoria y otros servicios. Sin embargo, y dependiendo del estado, Medicaid también puede ofrecer cobertura no incluida en el plan original de Medicare, como servicios de optometría, cuidado dental y cuidado de custodia a largo plazo. Cada estado impone sus propias reglas de elegibilidad, así que asegúrate de averiguar las reglas del tuyo, a través de tu oficina de servicios sociales.

Es necesario aclarar que, aunque el programa tiene el mandato federal de servir a los más pobres, ser pobre puede no ser suficiente para calificar a Medicaid. Existen otros requisitos de elegibilidad para asegurar que el programa sirva a grupos específicos, como familias, mujeres embarazadas, niños, cuidadores de niños, discapacitados y ancianos.

Doble Elegibilidad

Los llamados "doblemente elegibles" pueden recibir asistencia con algunos de los costos de copago y primas que Medicare cobra, llenando Medicaid los vacíos que el primero no cubre. Puedes llamar al **1-800-MEDICARE (1-800-633-4227)** o a la oficina de Asistencia Médica Medicaid de tu estado para saber si tienes doble elegibilidad.

LOS FONDOS DE RETIRO

Como ya lo hemos mencionado en repetidas ocasiones en este libro, cuando las personas en este país piensan en su vejez **deben considerar invertir en los fondos de retiro o *retirement accounts*.** Las cuentas de retiro no son inversiones obligatorias como sí lo son los impuestos del Seguro Social o los aportes a pensión en nuestros países de origen, pero son recomendables ya que son una excelente manera de ahorrar para complementar los beneficios del Seguro Social y garantizar nuestra independencia económica cuando lleguemos a la edad de retirarnos.

Adicionalmente, **los fondos de retiro tienen ventajas impositivas dependiendo del tipo de cuenta que escojas, aunque en algún momento igual tendrás que pagar impuestos por el dinero invertido en ellas.** Existen diferentes tipos de fondos de retiro dependiendo de tu situación laboral:

PLANES OFRECIDOS POR EL EMPLEADOR –401(K) / 403

Un plan 401(k) es un fondo de retiro que algunas empresas ofrecen dentro de su paquete de beneficios a sus empleados. Este fondo es patrocinado por el empleador y permite al trabajador invertir una parte de su salario para sus años jubilación. En este caso el empleador es quién decide el tipo de plan y el empleado, además de autorizar los aportes, elige dentro de varias opciones de inversión las que más le interesan. Entre las opciones de inversión más comunes se incluyen los fondos mutuales, anualidades, bonos y acciones de la compañía, en caso de que ésta cotice en la bolsa.

Los planes 401(k) se utilizan generalmente en grandes compañías y permiten ahorrar hasta $18.000 por año. En el caso de trabajadores mayores de 50 años, el ahorro puede aumentar hasta $24.000 con beneficio tributario. **Esto quiere decir que cuando aportas a un plan 401(k) estás reduciendo tu ingreso gravable, por lo cual seguramente pagarás menores impuestos.** Si ganaste $50.000 el año pasado y contribuiste $2.000 a uno de estos fondos, el ingreso sobre el que deberás pagar impuestos es $48.000.

Sin embargo, esto no quiere decir que no debas pagar impuestos sobre las contribuciones. A la hora de retirar este dinero deberás pagar la debida tributación o una multa del 10% del monto si retiras los fondos antes de lo debido, por lo que estos aportes se consideran *tax-deferred*, o con impuestos diferidos. **Esto supone una gran ventaja para ti como trabajador,** ya que al diferir el pago de los impuestos tendrás más dinero para invertir, con lo cual ganarás mejores rendimientos que si tuvieras que pagar las obligaciones fiscales antes de invertir el dinero. De igual manera, puede que en el futuro tengas menores ingresos al momento de retirarte por no estar trabajando, con lo que es posible que tu tasa impositiva, o *tax bracket* sea menor.

IGUALANDO LAS CONTRIBUCIONES

Algunas empresas ayudan a sus empleados también haciendo aportes a estos fondos, lo que se denomina una contribución de contrapartida, o *401(k) matching*. Este *match* puede ser de 0.25 o 0.50 cts. por cada dólar aportado por el empleado (o 100% hasta determinado monto) y resulta en un gran beneficio, **ya que es dinero extra que tu empleador te está dando para invertir y un estímulo adicional para que ahorres para el futuro.** El monto máximo total que se puede aportar entre empleado y empleador en un año es de $52.000. No todas las empresas ofrecen este *match*, pero si tu empresa lo hace deberías aportar a tu 401(k) por lo menos hasta el monto que tu empleador co-aporta. **Uno de los grandes errores que cometemos los latinos en relación con este tema es no aprovechar estos planes de ahorro.**

De acuerdo con información del Economic Policy Institute, en 2013 solo el 26% de las familias hispanas tenían ahorros en un plan 401(k) o IRA, mientras que el 65% de las familias blancas aportaban a estos plantes. Esta situación nos hace muy vulnerables para el retiro, poniéndoles un gran peso a nuestros hijos para nuestra manutención en la vejez.

Como lo mencionamos anteriormente, existe una penalidad del 10% si se retiran estos fondos antes de que cumplas 59 ½ años, aunque hay algunas excepciones en caso de dificultades económicas y dentro de ciertos límites. Sin embargo, algunos de estos planes permiten obtener créditos garantizados, lo cual puede ser una mejor solución que tener que hacer un retiro antes de tiempo.

> Algunos empleadores también ofrecen la opción de planes **ROTH 401(k)**, en los cuales la contribución se realiza después de impuestos (es decir que no disminuye la base impositiva), pero los límites para aportar son mayores y los intereses ganados no son sujetos al pago de impuestos. Adicionalmente, los retiros después de los 59 ½ años son libre de impuestos si se ha tenido la cuenta por más de 5 años.

¿Qué pasa con tu plan 401K si cambias de empleo?

Cuando termina la relación laboral con una compañía es posible que tu empleador te permita "mantener" la cuenta, si es que no puedes hacer un *roll over* al plan de tu nuevo empleador o traspasarlo a una cuenta IRA tradicional. (Es importante aclarar que no debes pagar impuestos por realizar alguna de estas opciones). En todo caso, es mejor no recibir el dinero directamente, ya que puedes verte obligado a pagar un impuesto del 20% adicional a la multa de 10%. Si la suma ahorrada es muy baja – $1.000 o menos – es posible que seas forzado a salir del plan.

Cuando un empleador ofrece este tipo de planes, usualmente existe un *financial planner* que te puede explicar con detalle los beneficios que trae el programa y las opciones de inversión disponibles. Pregunta al área de recursos humanos por más información.

Existen otro tipo de planes llamados **403(b)** que son utilizados por las empresas sin ánimo de lucro y permiten ahorrar los mismos montos descritos en los planes 401(k). También existen los planes **457** que son ofrecidos tanto por organizaciones sin ánimo de lucro como por empresas del sector público.

CUENTAS DE RETIRO INDIVIDUAL (IRA, ROTH IRA, SEP IRA)

Aunque tu empleador no ofrezca un plan 401(k) no significa que no puedas ahorrar para tu retiro con beneficios tributarios. Para este caso hay otro tipo de cuentas llamadas **IRA** (Cuentas Individuales de Retiro, por sus siglas en inglés) que tú mismo puedes crear sin la necesidad de un empleador y que funcionan de manera similar a los planes 401K, aunque con algunas diferencias. Estas cuentas de retiro tienen dos modalidades, **la tradicional y la ROTH**.

A continuación, comparamos un plan 401(k) con ambas modalidades de cuentas IRA para que te des una mejor idea de sus ventajas y desventajas y puedas determinar la mejor opción para ti. **Ten en cuenta que no necesariamente debes escoger entre un plan y una cuenta,** ya que muchas personas complementan su 401(k) con una cuenta individual debido a los límites de contribución o las mayores ventajas que pueden obtener con ambos instrumentos.

	Plan 401(k)	Cuenta IRA tradicional	Cuenta Roth IRA
DISEÑADO PARA:	Trabajadores de una empresa aceptados en uno de estos planes y que pueden obtener el *matching* de aportes de su empleador.	Complementar un plan 401(k). No existe la opción de *matching* por parte del empleador.	Ahorrar más que su 401(k) o que no puedan recibir el beneficio de *tax* por su nivel de ingresos y por estar vinculado a otro plan de pensión.
CONTRIBUCIONES (2017)	Límite de $18,000 para menores de 50 años y $24,000 para mayores de 50 años	Límite de $5,500 para menores de 50 años y $6,500 para mayores de 50 años	Límite de $5,500 para menores de 50 años y $6,500 para mayores de 50 años
OPCIONES DE INVERSIÓN	Selección muy limitada de opciones elegidas por empleador. Existen planes que ofrecen inversiones por fuera del plan.	El titular de la cuenta elige su inversión. Existen algunos límites sobre en qué instrumentos se puede invertir.	El titular de la cuenta elige su inversión, mayor variedad de opciones de inversión.

ELEGIBILIDAD	Le elegibilidad no está limitada por el ingreso.	Cualquier persona menor a 70½ años y con ingreso gravable puede contribuir a un IRA Tradicional.	Declarantes individuales con ingreso bruto modificado menor a $133.000 en 2017. Declarantes conjuntos menor a menor a $196.000
IMPUESTOS	**Se pagan impuestos al momento de retirar el dinero.** Si al momento del retiro crees que vas a estar en un *tax bracket* menor al actual, te conviene esta opción.	**Se pagan impuestos al momento de retirar el dinero.** Si al momento del retiro crees que vas a estar en un *tax bracket* menor al actual, te conviene esta opción.	**Se pagan impuestos antes de depositar el dinero.** Si al momento del retiro crees que tus ingresos serán mayores (o que los impuestos serán más altos) a los actuales, te conviene esta opción.
DEDUCCIONES	Las deducciones se sacan del salario	Si declaras impuestos individualmente y ganas más de $61.000 o declaras en conjunto y ganan más de $98.000 se pueden deducir las contribuciones siempre y cuando tú y tu cónyuge no tengan un plan de retiro en el trabajo	No se pueden deducir las contribuciones de impuestos.
DISTRIBUCIONES	Distribuciones sin multa disponibles desde los 59½ años. Si te retiras (o pierdes tu empleo) a los 55 años, puedes obviar el 10% de multa sobre dinero de plan del empleador actual.	Distribuciones mínimas requeridas a los 70½ años	No hay distribuciones mínimas requeridas
RETIROS	Se retira dinero el 1 de abril del año siguiente a cuando hayas cumplido 70½ años. Si quieres seguir aportando después de esta edad, puedes hacer un *roll over* a una cuenta IRA.	Puedes empezar a retirar dinero (con sus ganancias acumuladas) a partir de los 59 ½ años, pero estos dineros se tienen en cuenta como ingreso y deberás pagar impuestos sobre ellos. Si deseas retirar dinero antes, deberás pagar una multa (10%) más los impuestos. Puedes retirar hasta 10.000 por una vez en la vida para comprar casa por primera vez.	Retiro de aportes no son sujetos a multa por retiro. Retiro de ganancias sin multa ni pago de impuestos si se hacen después de los 59½ años y después de haber tenido la cuenta por más de 5 años. Para compradores de vivienda por primera vez es posible retirar hasta $10.000 sin penalidad antes de esa edad, pero después de los 5 años.

> *El IRA tradicional es ideal para personas que tienen ahora una tasa de impuestos alta y esperan que sea menor en el futuro. Si esperas pagar más impuestos en el futuro, el ROTH IRA es más conveniente para ti, así como te da más flexibilidad a la hora de retirar dinero de la cuenta.*

SEP-IRAS

Además de las 2 modalidades más comunes de cuentas independientes de retiro, una opción intermedia y utilizada por las personas que tienen sus propios negocios o trabajan de manera independiente son los *planes de retiro para auto-empleados (SEP-IRAs, o Self-Employed Plans)*. En este tipo de cuenta puedes poner más dinero para tu retiro con beneficios tributarios que los que obtendrías con un 401(k) o un IRA. Si eres empleador y tienes menos de 100 empleados, puedes hacerlo a través de un SIMPLE-IRA, que es una magnífica idea para ofrecer beneficios para el retiro a tus empleados y a ti mismo. Si eres independiente, en una SEP-IRA puedes agregar casi hasta el 20% de ingreso neto como independiente a estas cuentas hasta un máximo de $53.000, con lo cual puedes maximizar tus ingresos para el retiro.

DISTRIBUYENDO TU DINERO DENTRO DE TU PLAN DE RETIRO

A estas alturas ya debes tener claro que los planes o cuentas para el retiro son los mejores vehículos para realizar inversiones en fondos, acciones u otros instrumentos financieros, ya que también te permiten ahorrar para tu retiro. En el caso de los 401(k) no tendrás demasiadas opciones inversión para escoger y vienen predeterminadas por el empleador, pero en los demás casos (IRA, ROTH IRA o SEP-IRA) serás tú quién escoja tu portafolio, el cual dependerá de tu edad y tolerancia al riesgo, aunque es claro que a medida que te acerques a la edad de retiro tus opciones deben ser más conservadoras. Al igual que en las cuentas de inversión individuales, puedes escoger entre distintos tipos de fondos:

- Money Market / Cuentas de Ahorro
- Fondos mutuales en bonos
- Fondos mutuales balanceados o por fecha
- Fondos mutuales en acciones
- Acciones

No es muy conveniente tener dinero ni en la primera ni en la última de estas opciones, lo mejor es hacerlo en fondos diversificados,

	Agresivo (Joven)	Moderado (Edad media)	Conservador (Próximo a retiro)
Bonos	0%-10%	20-30%	50%
Fondos Balanceados (Bonos y Acciones)	0%-10%	0-10%	0%
Fondos en Acciones	50-60%	35-45%	35%
Fondos de riesgo (Internacionales)	25-30%	20-25%	15%

Lo más probable es que al abrir tu cuenta de retiro puedas acceder a ayuda profesional y recomendaciones y herramientas para escoger tu distribución. Una fórmula aconsejable de éxito es invertir la mayor parte de tu portafolio en un fondo con una fecha específica cercana a la edad de tu retiro. Compañías como Betterment o Wealthfront ofrecen asesores automatizados (*robo-advisors*) por un bajo costo.

Para abrir una cuenta IRA (tradicional o Roth) o SEP-IRA solo debes llamar al número gratis de alguna de las compañías que ofrecen estos servicios (incluido tu banco) o a una compañía de fondos mutuales o de corredores de bolsa. *No-load* o *comision-free*, fondos mutuales y *discount brokerage firms* son tus mejores opciones. Algunas opciones:

ww.vanguard.com
www.fidelity.com
www.tdameriprise.com
www.betterment.com
www.etrade.com
www.charlesschwab.com
www.wealthfront.com

Desafortunadamente ninguno de estos sitios ofrece páginas en internet en español completas, pero algunos tienen línea de atención telefónica en español.

PLANES DE RETIRO EN EL PAÍS DE ORIGEN

Como hemos mencionado antes, una de las complejidades (pero también una posible ventaja) para los inmigrantes es la posibilidad de aportar al sistema de pensiones y seguridad social en su país de origen. Esto dependerá de cada país en particular, pero en muchos casos existen opciones para hacerlo como residente en el exterior. Inscribirse en estos planes no reemplaza los beneficios del Social Security en los Estados Unidos, recuerda que en todo caso debemos pagar estos impuestos mientras declaremos acá. Sin embargo, si tuviste una primera etapa laboral en tu país de origen en la cual realizaste aportes o simplemente no crees que vayas a estar lo suficiente en los Estados Unidos como para acceder a los beneficios de la Seguridad Social aquí, debes averiguar por la opción de seguir aportando en tu país o dejar de hacerlo y re-vincularte una vez regreses a él.

El hecho de que consigas beneficios con el sistema de tu país no implica que dejarás de recibir los beneficios a los que tienes derecho con el sistema de Seguridad Social de los Estados Unidos; de hecho, estos ingresos serán complementarios.

No obstante, si estás pagando impuestos en los Estados Unidos en la mayoría de los casos **lo mejor que puedes hacer es ahorrar lo máximo posible en una cuenta de retiro (401k o IRA), ya que con estas obtienes beneficios tributarios como explicamos anteriormente.** Si no ahorras a través de estos métodos y decides aportar directamente en tu país de origen no vas a obtener estos beneficios tributarios. De todas maneras, el cálculo es más complejo si ya has aprovechado al máximo estos beneficios.

Por otra parte, dependiendo del sistema de seguridad social de tu país es posible que obtengas una renta vitalicia o beneficios para tu cónyuge, lo cual puede ser más beneficioso que ahorrar en una cuenta de retiro individual con la que solo estás cubierto hasta donde tu dinero te alcance.

RETIRARSE EN EL PAÍS DE ORIGEN

Como todos sabemos, el costo de vida es mayor en los Estados Unidos, pero se tiene la ventaja de contar también con ingresos más altos y mejores oportunidades de empleo. Sin embargo, a la hora de retirarse muchos inmigrantes esperan regresar a su país de origen y vivir únicamente de la pensión que les otorga el Social Security. Como hemos dicho, el promedio que recibe una persona es de $1.300 dólares al mes, lo cual puede ser suficiente para algunos, pero no para otros. Si a esto le sumamos que es posible que tengamos familia aún en Estados Unidos, debemos por lo menos tener recursos para venir a visitarlos. Sucede con frecuencia que las personas desean regresarse, pero su familia – especialmente los miembros más jóvenes como hijos o nietos – no quieren dejar este país, con lo que se enfrentan a la penosa situación de tener que separarse ya que el dinero de la pensión no es suficiente para vivir cómodamente. Por esto, no debemos contar solo con los ingresos del Seguro Social, sino tener ingresos adicionales de las fuentes que hemos mencionado a lo largo de este capítulo.

Por otra parte, **el Social Security tiene convenios con varios países que te permiten mantener los beneficios aun viviendo en el extranjero e incluso extenderlos a tu cónyuge si eres ciudadano.** Así, el decidir si regresarse o no es una decisión difícil que depende en parte de dónde viva la familia. Si no tienes lazos en los Estados Unidos, con el dinero que tienes para el retiro te darás una mejor calidad de vida en tu país de origen. Por ejemplo, en México, una pareja puede vivir cómodamente con unos $2.175 dólares al mes, por lo que son miles los estadounidenses y mejicanos que deciden retirarse allí. Países como Colombia, Panamá y Ecuador también son excelentes alternativas para el retiro y a veces el ahorro del costo de vida compensa el costo de venir a visitar a la familia una o dos veces al año. Ciudades intermedias de Colombia como Manizales, Armenia o Bucaramanga son paraísos para el retiro con un costo de vida bajo y servicios y cuidados de salud económicos y de buena calidad.

Si te quedas en los Estados Unidos tendrás derecho al seguro de salud de Medicare después de los 65 años, pero si decides retirarte afuera deberás tener un seguro médico adicional ya que el Medicare - no te cubrirá de manera adecuada. Afortunadamente, un seguro de salud público o uno privado es más asequible en nuestros países de origen que en los Estados Unidos, al igual que el costo de los servicios de salud y de los medicamentos. Si bien el cuidado médico en algunos casos es mejor en los Estados Unidos, en nuestros países también contamos con buenos médicos e instituciones, sobre todo si tienes un buen seguro.

LOS PUNTOS CLAVE

- Aunque una de las prioridades financieras de los latinos sea ahorrar para la jubilación, solo el 26% de ellos tiene ahorros en un plan de retiro

- El seguro social proporciona una red básica de sustento, pero no cubre todos nuestros gastos, mucho más en la vejez cuando usualmente se presentan costos no previstos.

- Podemos decir que necesitamos ahorrar 10 veces nuestro ingreso bruto antes de impuestos al momento de retirarnos (67 años) para poder obtener el 45% de nuestro ingreso antes de impuestos.

- Calcular los ingresos necesarios para un buen retiro puede ser más complejo para los inmigrantes, teniendo en cuenta que algunos cotizan para pensión en sus países de origen y podrán obtener una pensión de jubilación por este concepto.

- El Seguro Social ofrece beneficios a retirados, sobrevivientes, dependientes y beneficiarios de trabajadores afiliados y también a personas que sufren de discapacidad.

- Medicare está destinado para personas mayores de 65 años que han vivido en el país por más de 5 años consecutivos. El programa básico ayuda a los beneficiados con algunos gastos de salud y por medio de pagos adicionales ofrece mayor cobertura.

- En un plan de retiro 401(k) pagas impuestos al momento de retirar tus fondos. Este plan es el más indicado si crees que en ese momento tus ingresos serán menores a los actuales. Si al momento del retiro crees que vas a estar en un *tax bracket* mayor, una cuenta ROTH IRA es tu mejor opción.

- Si realizaste aportes en tu país de origen o simplemente no vas a estar lo suficiente en los Estados Unidos como para acceder a los beneficios de la Seguridad Social aquí, averigua por la opción de seguir aportando en tu país o dejar de hacerlo y re-vincularte una vez regreses a él.

- El hecho de que consigas beneficios con el sistema de tu país no implica que dejarás de recibir los beneficios a los que tienes derecho con el sistema de Seguridad Social de los Estados Unidos; de hecho, estos ingresos serán complementarios.

LA VIVIENDA:
EL SUEÑO DE TODO INMIGRANTE

De acuerdo con información del Hispanic Wealth Project, una ONG dedicada a promover la creación de riqueza en la comunidad latina, tan solo el 46% de los hispanos cuenta con vivienda propia, mientras que el 71,9% de la población blanca la tiene.

Las razones de este panorama pueden ser variadas. Por una parte, los bajos ingresos y una pobre adaptación al sistema financiero por parte de los hispanos dan como resultado un historial de credito que muchas veces restringe su acceso al crédito. A esto podemos añadir la falta de claridad en el estatus migratorio de miles de latinos y su poco conocimiento sobre fuentes de información y ayuda para conseguir vivienda.

A pesar de este panorama desalentador, los latinos somos uno de los grupos étnicos con mayor crecimiento económico y tenemos un entusiasmo particular por poseer nuestra vivienda propia, ya sea acá en Estados Unidos o en nuestro país de origen. En este capítulo te daremos la información necesaria para que puedas adquirir tu propia y empieces a forjarte un mejor futuro en este país.

LA COMPRA DE VIVIENDA COMO INVERSIÓN

La compra de vivienda siempre ha sido vista como una inversión segura, rentable y aspiracional. De hecho, el mercado inmobiliario ha mostrado históricamente un buen desempeño si se le compara con otro tipo de inversiones, como las acciones, las divisas o los bonos. Esto a pesar de la profunda crisis financiera de 2008, que trajo consigo una burbuja inmobiliaria –y una crisis de confianza en el mercado– de la cual apenas nos estamos recuperando.

Si a estos le añadimos que la compra de vivienda trae muchas ventajas en el plano financiero y personal y que es un pilar fundamental del tan ansiado sueño americano, podemos concluir que adquirir un inmueble en Estados Unidos o en nuestro país de origen sigue siendo una oportunidad muy atractiva que nos puede brindar seguridad, buenos retornos económicos y las herramientas para cumplir muchas de nuestras metas personales.

LAS VENTAJAS DE LA INVERSIÓN EN FINCA RAÍZ

El mercado inmobiliario brinda grandes oportunidades y beneficios que en el caso del inmigrante latino en los Estados Unidos bien vale la pena aprovechar. Algunas de estos beneficios son:

SEGURIDAD

Tener una propiedad les puede ofrecer al comprador y su familia una sensación de seguridad y tranquilidad que es más difícil de obtener en otro tipo de inversiones. Esta seguridad se ve reflejada en varios aspectos, como el mayor control sobre el uso y destino del inmueble y el menor riesgo sobre la inversión. Debido a que la finca raíz es un bien tangible que se puede ver y tocar, el inversionista puede estar al tanto de cualquier aspecto de su vivienda, lo que le permite estar más preparado para prevenir o solucionar cualquier eventualidad.

Esta condición es perfecta para las personas más conservadoras que no están dispuestos a asumir riesgos innecesarios. Así mismo, el mercado inmobiliario **no presenta la misma volatilidad de otro tipo de inversiones,** como los bonos o acciones de empresas. Perder más del 20 o 30% del valor de la inversión en un periodo de un año en el mercado de valores es algo bastante común, pero no sucede muy a menudo en el mercado inmobiliario. Comprar una vivienda ofrece mucha más seguridad que comprar una acción en una compañía, y esta certeza es muy bien recibida por el inmigrante latino.

Invertir en el mercado inmobiliario también puede ser mucho más simple y sencillo que invertir en otros negocios. En los mercados financieros se deben tener en cuenta muchísimas variables y tomar decisiones en periodos muy cortos de tiempo, lo que puede generar altos niveles de estrés y una mala toma de decisiones. **Esto es especialmente cierto para el inmigrante latino sin**

mucho conocimiento de los mercados financieros. Como hemos mencionado anteriormente, es preferible invertir en negocios que conozcamos a depositar nuestro dinero en inversiones que pueden ofrecer mejor rentabilidad, pero también mayor riesgo.

BENEFICIOS Y DEDUCCIONES FISCALES

Los propietarios de vivienda en los Estados Unidos **tienen derecho a ciertas deducciones fiscales que se pueden traducir en beneficios financieros muy sustanciales.** Entre estas deducciones se incluyen:

- **los intereses hipotecarios** (en *mortgages* de hasta $1 millón de dólares por la primera y segunda hipoteca), lo cual puede ser un ahorro muy significativo para muchos propietarios, especialmente en los primeros años de la adquisición de la vivienda cuando el pago por intereses puede ser un porcentaje alto.
- **los impuestos sobre los intereses para préstamos** por concepto de mejoras, arreglos o remodelaciones sobre la casa, los impuestos sobre la propiedad (*real estate taxes*) y el seguro de hipoteca (*mortgage insurance*).

> Como si esto fuera poco, comprar vivienda *por primera vez* te da la opción de poder retirar hasta $10,000 de tu cuenta de retiro (IRA o Roth IRA) por persona sin penalidad (aunque en una IRA deberás pagar impuesto de renta sobre la suma retirada), y cuando decidas venderla podrás deducir, hasta un cierto límite, la ganancia de capital que obtengas en la venta.

Recuerda que el tema impositivo al comprar vivienda puede ser complejo, por lo que es aconsejable que te asesores con expertos para poder obtener el máximo provecho de estos beneficios fiscales.

VALORIZACIÓN DEL INMUEBLE CON EL TIEMPO

A la valorización que recibe un inmueble con el paso del tiempo se le llama *apreciación,* y **aunque no es una valorización garantizada**, el buen desempeño del mercado inmobiliario y la constante demanda por espacio para nuevas construcciones pueden llevar a que tu casa se aprecie mientras vives en ella.

Por otro lado, el mercado también te ofrece otras opciones de generar riqueza a través de la **compra de propiedades para la renta o del** *flipping.* Ésta última consiste en comprar una casa a muy bajo precio, restaurarla y venderla a un precio mayor. Este tipo de actividades también tienen beneficios fiscales, pero debes tener mucho cuidado y contar con el conocimiento adecuado para llevarlas a cabo. Aunque suene fácil comprar una vivienda deteriorada y remodelarla, en muchas ocasiones se presentan sobre costos en la remodelación, problemas mayores en la casa o un mal *timing* en el mercado que pueden hacer muy difícil conseguir una ganancia con la venta del inmueble.

COMPONENTE EMOCIONAL POSITIVO

Comprar una casa, a diferencia de otro tipo de inversiones, se puede convertir en una importante victoria moral que representa el fruto de nuestro trabajo en los Estados Unidos. También es un gran vehículo para disfrutar de nuestro retiro y ayudar al futuro de nuestra familia, tanto en este país como en el nuestro. El contar con nuestra casa propia nos da seguridad y tranquilidad y puede ser una herencia valiosa para dejar a nuestros hijos. **La construcción de riqueza a través de la compra de vivienda es un camino que ha mejorado la calidad de vida de millones de personas acá en los Estados Unidos.**

APROVECHAR EL MOMENTO ACTUAL

La recuperación de la economía y las bajas tasas de interés actuales han permitido que el mercado inmobiliario se fortalezca y ofrezca grandes oportunidades de inversión. Ahora mismo se puede conseguir un préstamo a tasas muy competitivas, sin contar con el gran número de empresas latinas en Estados Unidos que te pueden ayudar a comprar vivienda fácilmente. Además, los precios de la vivienda se han venido recuperando desde 2008, lo cual facilita la inversión.

Debes tener en cuenta que el "precio" final de la vivienda depende no solo del valor de compra, sino de la tasa de interés del préstamo. **Si financias el 80% de una casa, pagas aproximadamente lo mismo mensualmente por el crédito si está vale $250.000 a una tasa del 4% que si ésta vale $200.000 a una tasa del 6%.**

VALOR DE LA VIVIENDA	VALOR DE LA VIVIENDA
$250.000	$200.000
Monto del crédito	Monto del crédito
$200.000	$160.000
Tasa	Tasa
4%	6%
Pago Mensual (Capital + Intereses)	Pago Mensual (Capital + Intereses)
$955	**$959**

COMPRAR VS ALQUILAR CASA

Comprar una casa es una de las decisiones más trascendentales en la vida de toda persona, y aunque puede traer muchos beneficios financieros y emocionales, también puede traer grandes costos que no todos los latinos en los Estados Unidos pueden asumir, por lo menos en el momento presente. De igual manera, es una inversión a largo plazo, por lo que si tienes incertidumbre acerca de tu futuro tal vez lo mejor sea aplazar la decisión.

Por eso, decidir sabiamente entre comprar vs alquilar una casa donde vivir se reduce a 2 factores muy importantes: **conocer muy bien tu plan de vida y contar con la salud financiera para hacerlo.**

TU VISIÓN A FUTURO

Como ya lo hemos dicho anteriormente, tener una visión clara de tus perspectivas a futuro te ayudará enormemente a tomar la mejor decisión.

Utilizando la categorización del inmigrante latino en Estados Unidos según su tiempo de estadía, puedes determinar cuáles son estas perspectivas a corto, mediano y largo plazo. Los gastos en la compra de una propiedad son muy altos, y la propiedad se debe apreciar cerca de 15% al año para cubrirlos. Por lo tanto, desde un punto de vista financiero **jamás debes comprar una propiedad si no te quedarás en ella por lo menos tres años, ya que una apreciación del 15% anual puede ser muy difícil de obtener.** Lo más recomendable en todo caso es que la mantengas por lo menos 5 años.

En esta visión a futuro también es importante que incluyas tus **perspectivas laborales.** ¿Tienes la posibilidad de encontrar empleo con facilidad o de crecer en tu empleo actual? ¿El mercado laboral es estable y te ofrece oportunidades de crecimiento? Si tienes planes de seguir educándote, ¿es más importante tu educación que la compra de una casa? Todas estas preguntas te permitirán conocer a ciencia cierta tu perspectiva laboral, y con ella el tipo de inversión que puedes realizar sin echarte una soga al cuello financieramente hablando. **Ser conservador y comprar solo lo que puedas pagar** *actualmente* **es una estrategia que te permitirá minimizar tu riesgo.** Recuerda que si tu condición económica mejora con el tiempo, puedes hacer un *upgrade* de tu casa, pero si tus expectativas no resultan, puedes terminar en una situación peor.

Tus **perspectivas familiares** también jugarán un rol muy importante a la hora de tomar la mejor decisión. ¿Tu familia se ha quedado en tu país de origen, o ha venido contigo? ¿Eres soltero y quieres resolver tu situación financiera antes de casarte y tener hijos? Recuerda que la compra de una casa es algo que no solo te afecta a ti, sino a toda tu familia. Es muy probable que si tienes hijos criados en los Estados Unidos con el tiempo lleguen a considerar este país como su casa, y sea más difícil regresarte a tu país de origen en un futuro.

También debes tener en cuenta tu **estatus migratorio**, ya que si no cuentas con todos tus papeles en regla te será más difícil acceder a un crédito y permanecerás en situación de riesgo. En este caso es preferible esperar hasta normalizar tu situación antes de tomar una decisión de compra.

TU ESTADO FINANCIERO

Aunque comprar una casa puede ser una buena decisión financiera a largo plazo, también puede afectar tus finanzas personales a corto plazo y el estilo de vida que quieras llevar. Lo más probable es que esta decisión implique una obligación hipotecaria de entre 15 y 30 años, además de muchos gastos tanto en el proceso de compra como en la manutención de la propiedad. **Debes estar completamente seguro del estado de tus finanzas, de tu capacidad de endeudamiento y de las consecuencias financieras que la compra de una casa tendrá en tu vida.**

¿CUÁNTO PUEDES PAGAR?

Jamás permitas que el prestamista determine cuánto puedes pagar por un préstamo, ya que ellos no tienen en cuenta muchos aspectos importantes de tu situación financiera. **La única persona con el conocimiento necesario para saber exactamente la cantidad de dinero con la que dispone para afrontar la compra de casa eres tú.**

Estas son algunas preguntas importantes que puedes hacerte para determinar si estás listo para comprar una casa:

- ¿Estás ahorrando el suficiente dinero mensual para alcanzar tus metas de retiro?
- ¿Cuánto gastas al mes en actividades de placer y entretenimiento, como viajar o ir a cine? ¿Qué sacrificios estás dispuesto a hacer para asumir el costo de una hipoteca y todos los gastos mensuales de una casa?
- ¿Esperas pagar por la educación de tus hijos? ¿Cuentas con el dinero suficiente para ello?

Muchos inmigrantes latinos se enfrentan a dificultades financieras cuando compran casa porque no están seguros de sus necesidades y prioridades financieras. Por esta razón, casi la mitad de las personas que sacan un segundo préstamo sobre su casa utilizan estos fondos para cubrir deudas de consumo.

PROS Y CONTRAS DE COMPRAR VS RENTAR

VENTAJAS DE COMPRAR	DESVENTAJAS DE COMPRAR
• Una casa se puede valorizar con el tiempo y se puede ir construyendo patrimonio a medida que se paga el *mortgage*	• Comprar vivienda implica un compromiso a largo plazo que muchas personas no pueden asumir
• Si la propiedad se valoriza más de lo que se paga en interés e inflación, se puede obtener una ganancia	• Se necesita de cierta estabilidad de tiempo y dinero que no todos tienen
• Con una hipoteca a interés fijo los gastos se pueden predecir con mayor certeza	• Se debe tener una buena historia crediticia y un buen *down payment* para obtener un préstamo costeable
• La finca raíz ofrece deducciones de impuestos	• Los costos de comprar vivienda pueden ser altos
• Libertad para renovar la propiedad a tu gusto	• Además de los costos iniciales, también hay una serie de gastos adicionales que son responsabilidad únicamente del dueño
• Hay mayor control sobre la propiedad que en otras inversiones y una prueba física de la inversión	• No existe la flexibilidad para mudarse fácilmente
• Los precios de la fina raíz no son tan volátiles como en otras inversiones	• Dependiendo de la situación del mercado, comprar una casa para vivir en ella puede no ser una inversión financiera atractiva.
• Dependiendo de la propiedad, se puede rentar una parte de ella o alquilarla de manera temporal (Airbnb).	
• Ser propietario trae beneficios sociales y emocionales. Niños que crecen en casas propias exhiben mejores comportamientos ([5])	

5 http://www.aecf.org/blog/fewer-kids-living-in-homes-owned-by-their-parents/

VENTAJAS DE RENTAR	DESVENTAJAS DE RENTAR
• Una casa no siempre termina siendo una inversión, sino un gasto	• No existen incentivos o deducciones tributarias para arrendar
• Los gastos iniciales y los gastos de mantenimiento o reparación son menores	• En la renta estás pagando la hipoteca de otra persona
• No se requiere un compromiso a largo plazo, lo que permite mayor flexibilidad	• El costo de la renta sube cada año
• El arrendatario puede esperar a mejores condiciones del mercado para invertir mejor	• Cualquier cambio o remodelación debe ser consultada con el dueño de la propiedad
• Posibilidad de ahorro para una mejor cuota inicial y mayor acceso al dinero de otras inversiones	

COMPARANDO LOS COSTOS DE COMPRA Y RENTA

A simple vista, la compra de una casa puede parecer más costosa que la renta al corto plazo. Pero en un mayor periodo, las cosas pueden cambiar. Para determinar los costos mensuales de cada opción, realiza el siguiente ejercicio:

- Suma todos los costos hipotecarios mensuales (hipoteca, seguros, impuestos de renta y propiedad)
- Añade un 1% del costo total de la propiedad dividido entre 12 como gastos de mantenimiento
- Añade otros posibles gastos como servicios no incluidos o jardinería
- Sustrae las deducciones fiscales a las que tienes derecho
- Compara ese total a la suma de la renta mensual en un lugar comparable y podrás tener una mejor idea de los costos entre ambas opciones.

¿Y AL LARGO PLAZO?

Con el ejercicio anterior podrás comparar los costos entre la compra y la renta en el momento actual. Pero ¿qué pasa a largo plazo? Como dueño, tu *mortgage* no va a cambiar a largo plazo (asumiendo que tienes un *mortgage* a tasa fija) y tus otros gastos de impuestos y seguros aumentarán con el costo de vida. Por el contrario, **cuando rentas, tu renta mensual cambia según la inflación.**

El New York Times realizó una excelente calculadora para comparar la opción de rentar frente a comprar. La puedes checar en este link.

---

https://www.nytimes.com/interactive/2014/upshot/buy-rent-calculator.html

---

Usualmente, la compra de una casa es más costosa que su renta en los primeros años. Sin embargo, a largo plazo la renta es más costosa porque aumenta más con la inflación. Esto sin olvidar que con la compra de tu casa estás acumulando patrimonio.

AHORRANDO PARA COMPLETAR LA CUOTA INICIAL

El primer paso para adquirir una vivienda es ahorrar el dinero necesario para el pago de la cuota inicial (*down payment* o *downpayment*) más el dinero en efectivo para los gastos de cierre, que en los Estados Unidos pueden ser significativos.

La cuota inicial va a ser mínimo el 3% del valor de la propiedad, **aunque lo más recomendable es contar por lo menos con el 20% del valor de la misma,** ya que pagando este porcentaje nos podemos asegurar una mejor tasa de interés y estamos mejor cubiertos ante variaciones en el precio de la vivienda. Además, el banco te va a pedir un seguro de hipoteca o *Private Mortgage Insurance* con un down payment inferior al 20%, lo que encarecerá el préstamo.

5 OPCIONES PARA COMPLETAR EL *DOWNPAYMENT*

1. Vivir temporalmente donde familiares o amigos para ahorrar el valor de tu renta

2. Informarte sobre las distintas opciones para adquirir un préstamo si tienes menos del 20% del valor de un *downpayment*:

   http://www.casa.homes/comprar-su-primera-vivienda/

3. Buscar una entidad crediticia que te preste con un menor downpayment, pero en este caso recuerda que debes pagar el PMI hasta completar el 20% y solicitar al banco la cancelación del PMI una vez esto ocurra.

4. Pedir prestado a familiares o amigos a cambio de un interés razonable. También puedes revisar las tasas de interés en otros gastos (tarjetas de crédito, préstamo de auto) y ver si puedes pedir una revisión.

5. Usar por una única vez hasta $10.000 dólares de tus cuentas de retiro sin penalidad

RECUERDA LOS COSTOS ADICIONALES

Recuerda que el pago de los gastos de cierre como comprador (y los pagos que hay que hacer por adelantado) pueden requerir de una suma de dinero importante. Estos gastos varían de condado a condado, pero pueden estar entre el 2% y el 5% del valor de la propiedad y se dividen en costos a pagar una sola vez (*one time closing costs and fees*) y prepagos de gastos (*prepaid and escrow expenses*).

El downpayment y los gastos de cierre (con prepagos) conforman lo que se llama dinero en efectivo requerido al cierre (*cash needed at settlement*). Por esto, no es solo necesario ahorrar la cuota inicial, sino que debes contar con el total de este dinero en efectivo para poder comprar tu vivienda. (Recuadro)

¿QUÉ SE NECESITA PARA OBTENER UN *MORTGAGE*?

Cuando tengas los fondos necesarios para cubrir el downpayment y los demás gastos, es hora de seguir adelante con el proceso para obtener tu hipoteca (*mortgage*).

PRIMER PASO: VERIFICA TU PUNTAJE DE CRÉDITO

El primer paso es verificar tu **puntaje de crédito** (*credit score*) y tratar de mejorarlo, si no es el mejor. Aunque existen varias alternativas que te pueden ayudar a obtener un préstamo sin el mejor puntaje de crédito, a la larga lo mejor es hacerte responsable de tus obligaciones y tener una buena historia crediticia si lo que quieres es tener éxito a largo plazo en los Estados Unidos.

De igual manera, el puntaje de crédito dictará **el monto y la tasa de interés del** *mortgage* **al cual puedes acceder**.

En el capítulo sobre "haciendo buen uso sobre la deuda" te hemos dado información útil sobre este puntaje, la manera para tener acceso a él y cómo mejorarlo.

> **!** Aquí respondemos algunas preguntas comunes que tienen los inmigrantes con respecto a su puntaje de crédito.

¿Qué puntaje es considerado como bueno?

El puntaje de crédito va desde 300 a 850. Se considera un buen puntaje a cualquier número por encima de 780. Todo número por debajo de 600 es considerado un mal puntaje.

¿Si ya tengo crédito, pero no es muy bueno, cómo puedo obtener un préstamo?

Además de empezar a ser cumplido con tus pagos, es bueno que obtengas una copia de tu reporte de crédito, analiza malos reportes y trata de explicarlos. Si es imposible cambiar un mal reporte la mejor estrategia es ser honesto frente al prestamista y pedir sugerencias. Existen prestamistas que pueden ayudarte con tus problemas crediticios.

¿Existen otras opciones para que me den un préstamo?

uedes buscar un cosignatario que avale tu préstamo. Otra opción es ahorrar y tener un mayor *downpayment*.

SEGUNDO PASO: SOLICITA EL PRÉSTAMO AL BANCO

Cuando tengas claro tu puntaje de crédito, es hora de solicitar el préstamo al banco. En este paso existen varios sub-pasos a seguir y diferentes términos que pueden confundir al inmigrante que solicita el crédito.

La oferta crediticia es muy variada, así que **compara varios prestamistas**. Los grandes bancos usualmente no ofrecen las mejores condiciones, y un simple 0.5% de interés menos en tu *mortgage* puede significar un gran ahorro. Pregunta entre tus conocidos por recomendaciones o busca compañías más pequeñas y especializadas en finca raíz o hipotecas. También busca online por términos como hipotecas para inmigrantes, para ciudadanos de un país, sin cuota inicial o para primeros compradores.

Es importante que estés al tanto de las condiciones del crédito que vas a adquirir. Un *mortgage* es un compromiso vigente durante gran parte de tu vida adulta, así que debes tener muy claro sus tasas de interés, su duración, su posible refinanciación, etc. Ten en cuenta algo: el banco siempre buscará su propio beneficio antes que el tuyo, por lo que el vendedor te puede plantear escenarios que no necesariamente sean reales, con tal de lograr un mejor trato para él. Edúcate adecuadamente y **siempre lee la letra pequeña** (*small print*), para que no te metan "gato por liebre", así estarás al tanto de otros gastos o condiciones que el banco "olvido" mencionar.

También es posible contratar a un **agente de hipoteca** (*mortgage broker*). Su labor es encontrar el mejor trato para ti y ayudarte con el tedioso papeleo en caso de que tú no quieras hacerlo. También te puede ayudar a encontrar un prestamista que esté dispuesto a prestarte dinero aún con un puntaje de crédito malo o con un bajo *downpayment*. Su comisión está entre 0.5 y 1% del valor total del *mortgage*.

Cuando hayas escogido un banco, usualmente hay varios pasos a seguir. Uno de ellos es la **precalificación** (*pre-qualification*), proceso por el cual el banco te da un estimado de lo que te puede llegar a prestar de acuerdo con un vistazo general de tus finanzas. Esto no es un compromiso de ellos contigo, es un simple análisis de tu situación.

Después viene la **aprobación previa** (*pre-approval*), en la que el banco, después de precalificarte y posterior a un análisis más profundo de tu situación financiera, ve una real posibilidad de prestarte el dinero que buscas. En este paso el banco te da una proyección más exacta del préstamo, el tipo de *mortgage,* la tasa de interés y los pagos mensuales. Es necesario aclarar que **la aprobación previa tampoco es una garantía de obtener el préstamo.** Cuando escojas la casa a comprar, el banco aún debe aprobarla.

Es recomendable obtener la aprobación previa antes de empezar a buscar casa para saber el monto exacto con el que cuentas y así no hacerte falsas esperanzas con una propiedad que no podrás comprar. De igual manera, el proceso de compra será más rápido y tendrás prioridad sobre otros interesados en la propiedad.

¿CUÁL ES EL MEJOR *MORTGAGE* PARA TI?

Dos clases de *mortgages* están disponibles en el mercado:

- el *mortgage* a **tasa fija** (*fixed rate*)
- el *mortgage* a **tasa variable** (ARM, adjustable rate *mortgage*).

El *mortgage* **a tasa fija** es usualmente ofrecido para periodos de 15 o 30 años y sus intereses, como el nombre lo indica, nunca cambian. Obviamente el banco toma un gran riesgo prestándote dinero por 15 o 30 años a la misma tasa, ya que nunca se puede saber si ésta subirá más adelante. Recuerda, **el banco jamás va a arriesgar perder dinero,** por lo que es común que el *mortgage* a tasa fija se extienda por cinco años y, de acuerdo con el comportamiento de las tasas en el mercado, el banco quiera renegociar la deuda para los próximos cinco.

Sin embargo, estas tasas de interés no están libres de riesgo. Si llegan a bajar significativamente después de que hayas obtenido tu *mortgage* puedes terminar pagando intereses mucho más altos si es que no puedes renegociar la deuda, un proceso que toma tiempo y dinero.

Por su parte, **la tasa de interés en el *mortgage* variable** puede cambiar anual o hasta mensualmente. La mayor ventaja de este tipo de tasa es la perspectiva de ahorro que ofrece. En los primeros años de tu *mortgage* variable la tasa de interés es usualmente menor que en el *mortgage* con tasa fija. Después de estos primeros años, el costo relativo dependerá de los movimientos que tengan las tasas de interés en el mercado. Si las tasas bajan, se nivelan o suben poco, probablemente continuarás pagando menos por tu *mortgage* variable. Si, por el contrario, las tasas suben más de 1 o 2% y se mantienen en ese nivel, el *mortgage* variable puede costar más que el fijo. Es común encontrar ARMs que te ofrecen una tasa fija por los primeros 3, 5, 7 o 10 años del crédito y luego se reajusta.

> **!** Estos ARMs usualmente cuentan con un límite o **cap**. Esta es la tasa máxima a la que puede subir el crédito durante toda la vida y/o los puntos máximos que puede subir después del periodo fijo o anualmente.

ENTONCES, ¿CUÁL ESCOGER?

La diferencia entre ambas se puede reducir a la **cantidad de riesgo que estás dispuesto a asumir**. La tasa de interés fija es la más adecuada para personas que:

- Saben el monto exacto que pueden pagar en intereses durante el préstamo. No quieren sorpresas ni tomar un riesgo alto
- No están muy seguras de sus ingresos futuros

- No están muy familiarizadas con los movimientos del mercado financiero y no quieren lidiar con el estrés de tener que estar pendientes de ellos

Es importante decir que no es la mejor idea tomar un *mortgage* con tasa variable solo porque las bajas tasas iniciales te pueden permitir costear la casa que quieres (a no ser que estés completamente seguro de que tus ingresos van a subir con el tiempo). **Lo más indicado para el inmigrante latino en busca de su primera casa es ir a lo seguro y adquirir un *mortgage* con una tasa fija.** Más adelante, es posible renegociar el *mortgage* si ves que las tasas de interés han bajado. Sin embargo, si sabes que vas a vivir en la casa solo por un cierto número de años, un ARM con tasa fija durante ese período puede ser una mejor alternativa.

TERCER PASO: REÚNE LOS DOCUMENTOS PARA PRESENTAR ANTE EL BANCO

Cuando ya tengas clara toda la información sobre el mortgage a pedir, reúne todos los documentos y preséntalos ante el banco. Estos documentos generalmente son:

- **Prueba de ingresos:** debes entregar los dos más recientes talones de pago de tu sueldo, las 2 últimas planillas W-2 y las declaraciones de renta federales de los últimos dos años. Si tienes un negocio, debes presentar reportes correspondientes
- **Prueba de todos tus activos financieros:** copias de los dos últimos estados de cuentas bancarias, cuentas de inversiones, y planes de retiro. También tendrás que explicar depósitos recientes en tus cuentas superiores a $500 que no provengan de su salario.
- **Prueba de tus obligaciones financieras o reporte de crédito:** si hay indicador de crédito negativo, es posible que necesites un documento explicando la situación
- **Historial de residencia de los últimos dos años e historial de pagos;** si estás rentando, debes presentar una copia de tu contrato y el registro de pago de los últimos 12 meses. Si eres propietario, debes proporcionar información sobre tus planes para la propiedad que quieres comprar.
- Tasación de la propiedad y contrato de compraventa si lo tienes
- **Copia de tu licencia de conducción** o una identificación oficial emitida por el gobierno con una foto.
- **Prueba de origen** de la cuota inicial del inmueble,
- **Prueba de ahorro** y otras inversiones si las hay
- Antecedentes de bancarrota si los hay
- Si pagas o recibes manutención, requieres copia de la orden judicial o escritura de divorcio

Aunque estos requisitos varían de banco a banco, es de anotar que los bancos en los Estados Unidos son muy profesionales y te guiarán paso a paso en el proceso. Si prefieres seguir el proceso en español no te de pena preguntar por un representante que hable el idioma, ya que lo más importante es que entiendas todo claramente. El agente inmobiliario (*realtor*) con el que estés trabajando también te puede aclarar dudas sobre los requisitos para el *mortgage*.

¿POR CUÁNTO TE PUEDES ENDEUDAR?

La única preocupación de los bancos es saber si tienes la capacidad para que les devuelvas su dinero, obviamente con intereses. Por lo mismo, ellos tienen algunas maneras para calcular el monto máximo que te podrán prestar. Una de estas maneras suma el total de tus gastos mensuales de **hipoteca, impuestos sobre la propiedad y seguros obligatorios.**

Como regla general, los bancos limitarán la cantidad de dinero que te prestarán para que estos gastos hipotecarios no sobrepasen el 35-40% de tus ingresos mensuales (antes de impuestos). Por esto, es muy importante que hagas un desglose de todos tus ingresos y egresos al mes antes de reunirte con el banco para que tengas una idea clara de la magnitud del préstamo a pedir.

Igualmente, también espera que los bancos analicen tus finanzas e incluyan en estos gastos hipotecarios otras deudas, como tarjetas de crédito o las cuotas de tu auto. Estas deudas totales por lo general no pueden exceder el 40-45% de tus ingresos mensuales. Por lo tanto, **si eres organizado y responsable con tu presupuesto y no incurres en consumo superfluo que solo añade deuda, hay más probabilidades de recibir el préstamo.** Si tienes deudas altas de tarjeta de crédito, cancélalas antes de pensar en adquirir una vivienda.

Para darte una mejor idea de la cantidad de dinero a la que puedes aspirar, esta tabla te puede servir de guía. Multiplica tu ingreso anual por el número de la segunda columna para determinar el valor máximo aproximado a pedir:

TASAS DE INTERÉS USA	MULTIPLICA TU INGRESO BRUTO ANUAL[5] POR ESTA CIFRA
4%	4.6
6%	3.8
8%	3.2

Por ejemplo, si obtienes un *mortgage* con una tasa fija del 4% y tu ingreso anual es de $45,000, multiplica este monto por 4.6 para saber la cantidad aproximada máxima a la que puedes aspirar: $207,000

COMPRANDO UNA VIVIENDA EN LOS ESTADOS UNIDOS

Ahora que tienes un panorama más claro sobre tus finanzas y tus opciones de *mortgage*, es momento de pensar en el tipo de vivienda que quieres comprar. El proceso puede ser abrumador para muchos inmigrantes, así que trata de seguir los pasos a continuación para que la compra sea lo más fácil y tranquila posible.

PRIMER PASO: ELIGE EL TIPO DE VIVIENDA QUE QUIERAS ADQUIRIR:

Apartamentos, casas, condominios, *townhouses*… el mercado ofrece diferentes tipos de propiedades y cada una tienes sus ventajas y desventajas. Estos son los tipos más importantes:

---

6 Si eres independiente, divide tus ingresos mensuales netos que aparecen en el Apéndice C de tu formulario de impuestos y divídelos entre 12 para saber tus ingresos mensuales.

PROPIEDAD DE DOMINIO ABSOLUTO	Es la típica casa unifamiliar con una cerca blanca y un jardín. Eres dueño de la construcción y de la tierra en la que está, eres responsable de los costes y del mantenimiento de la propiedad y tienes pleno uso y control sobre la edificación. A largo plazo, es el tipo de inversión que más se aprecia cuando los precios del mercado suben, pero también son las más costosas y las que requieren mayor mantenimiento por tu cuenta.
CONDOMINIOS	Un condominio es básicamente un edificio de departamentos. Eres dueño de una unidad y compartes propiedad de las áreas sociales con los otros propietarios. Estos propietarios pagan una mensualidad que se utiliza para gastos de mantenimiento y reparación de la propiedad común. El mantenimiento de las áreas comunes corre por cuenta de una asociación de propietarios *(Home Owner Association o HOA)* que administra la cuota que debe pagarse mensualmente para este fin *(HOA fee)*.
TOWNHOUSES	Los *townhouses* son grupos de viviendas de dos o tres niveles construidas unas al lado de otras y que comparten una pared común. Son un punto intermedio entre una casa y un condominio. También tienen un **HOA**, pero no tienes vecinos ni arriba ni abajo y muchas cuentan con dos o tres pisos.
CASAS CO-OPERATIVAS O CO-OPS	En esta modalidad eres dueño de un derecho de la propiedad y se te asigna una unidad para vivir. Cuando decides vender tu parte, los miembros de la junta directiva pueden rechazar a los compradores que no consideren como un buen activo para la comunidad. Los seguros de préstamo hipotecario (PMI) no son ofrecidos para las co-operativas, por lo que necesitarás una cuota inicial de al menos el 20% del precio de compra.

SEGUNDO PASO: DECIDE QUÉ QUIERES O NECESITAS EN LA CASA QUE ESTÁS BUSCANDO

Muy seguramente ya has establecido las prioridades que buscas en tu casa. Es muy posible que lo que quieras entre en conflicto con lo que necesitas y con lo que está a tu alcance, así que trata de ser realista y toma en cuenta los consejos que te hemos dado en cuanto a tu plan y estilo de vida y perspectivas familiares y laborales. También debes considerar la ciudad o estado en los que quieres vivir. Si vives en Nueva York lo más posible es que consideres un condominio, mientras que si vives en Texas una casa será la opción más común.

Adicionalmente, es importante analizar ciertos aspectos relativos a la propiedad:

EL VECINDARIO DONDE SE ENCUENTRA

Ten en cuenta la calidad de vida, acceso a autopistas y senderos para caminar o *walk scores*. También escuelas, parques, hospitales cercanos, transporte público y proyectos planeados a futuro como líneas de metro, edificios o establecimientos comerciales. Todo esto influirá en una posible apreciación y posterior venta del inmueble. ¿Es un vecindario que tiene futuro, o es un área donde las familias y los negocios ya no quieren estar?

CARACTERÍSTICAS DE LA PROPIEDAD

Investiga sobre el dueño, el tiempo que ha sido propietario y el tiempo que la propiedad ha estado en el mercado. Pasando a cuestiones físicas, ten en cuenta el área construida, tiempo de construcción, acceso a áreas comunes, servicios públicos incluidos, arreglos o cambios realizados y necesarios y número de inquilinos pasados. Es posible que tengas que "remodelar" algunas áreas de la casa para que se acomoden a lo que quieres, por lo que debes tener en cuenta este costo.

ANÁLISIS Y PRECIOS DEL MERCADO

Aunque nadie es adivino, es importante que estudies el mercado para determinar si tu casa se puede valorizar con el tiempo. Muchas personas no consideran su casa como un activo, sino como una vivienda y no la tienen en cuenta para el cálculo de su patrimonio ya que piensan vivir en ella toda la vida. Recuerda que no estás obligado a comprar y si no consideras que es el momento del mercado adecuado puedes esperar a que cambien las condiciones y te sientas más seguro.

Adicionalmente, es recomendable que tú mismo compares los precios de las propiedades cercanas y con las mismas características a la tuya. No permitas que tu bróker o agente sean la única fuente de información sobre el precio. Puedes buscar fácilmente precios de transacciones comparables usando páginas como www.zillow.com, www.redfin.com o www.realtor.com

LOS COSTOS REALES DE LA INVERSIÓN

La información financiera del inmueble te ayudará a determinar los gastos en los que vas a incurrir al adquirirlo. Estos gastos se pueden dividir en tres:

- **Gastos iniciales**, como la cuota inicial de la hipoteca, inspecciones y avalúos, seguros, gastos de cierre, posibles reparaciones a cargo del comprador, costos de mudanza y cualquier impuesto a pagar en el proceso de compra. Estos son aproximadamente 4% del valor del inmueble.

- Los **gastos corrientes,** como las cuotas mensuales, impuestos, seguros obligatorios y gastos de mantenimiento. Recuerda que el impuesto a la propiedad (real estate taxes) se paga usualmente con la cuota del *mortgage* y depende de la ciudad, estado o condado donde vivas.

- Por último, los **gastos de emergencia** comprenden gastos imprevistos como reparaciones, renovaciones o fondos de emergencia. Puedes calcular por lo menos un 1% anual para este tipo de imprevistos.

TERCER PASO: EMPIEZA TU BÚSQUEDA

Los medios para buscar tu próxima casa son variados. El poder de internet y las redes sociales ha hecho que el proceso sea más fácil y le han dado al comprador mayor control sobre su búsqueda. Empieza tu búsqueda con las páginas que mencionamos anteriormente.

También puedes contar con información importante en comunidades de ayuda a latinos. Trata de investigar sobre nuevos desarrollos inmobiliarios en zonas que puedan interesarte y utiliza las redes sociales para obtener referencias y más información.

Los agentes de bienes raíces usualmente tienen información útil sobre nuevos proyectos, próximas ventas y *open houses* y te pueden guiar hacia una buena vivienda para ti. Por último, recurre a familiares y amigos: el boca a boca siempre será una poderosa herramienta cuando se trate de la compra y venta de propiedades, ya que la compra de vivienda es un negocio que es importante para un gran número de personas.

CUARTO PASO: ENCUENTRA TU EQUIPO DE TRABAJO PARA ENCONTRAR UNA CASA

Encontrar gente especializada en la búsqueda, negociación, inspección y cierre de tu nueva casa puede ser muy provechoso, más si no tienes el tiempo o el conocimiento necesario para hacerlo. Pero esto también conlleva riesgos, ya que puedes dar con la gente equivocada y terminar pagando precios excesivos o comisiones demasiado altas. Un buen equipo de bienes raíces puede hacer toda la diferencia, así que investiga muy bien antes de recurrir a estos profesionales y trata de educarte un poco en los pormenores del proceso para que, igual que con el banco, nadie pueda meterte "gato por liebre". Los integrantes más importantes de este equipo de bienes raíces son:

AGENTE DE BIENES RAÍCES (*REALTOR*)

Los agentes de bienes raíces son tal vez el socio más importante a la hora de comprar o vender tu casa. Te pueden proporcionar información muy útil sobre áreas, barrios y propiedades y ayudarte con el extensivo papeleo y trámites legales que requiere comprar una vivienda.

Por otro lado, ellos se ganan la vida por medio de comisiones, **por lo que sus intereses pueden ir en contravía de los tuyos.** Por ejemplo, debido a que el agente recibe un porcentaje del precio de venta, siempre tendrá un incentivo interno para hacerte gastar más de lo que debes y empujarte a que cierres el trato lo antes posible, aun si no es beneficioso para ti. El agente también puede recurrir a ciertas maniobras para aumentar su comisión, como vender una propiedad representada por otro agente de su compañía, o terminar representando tanto al comprador como al vendedor de una misma propiedad. **El conflicto de intereses en estas situaciones es evidente y puede terminar perjudicándote enormemente.**

Otro punto a tener en cuenta es que los agentes trabajan por zonas, por lo que no pueden ser objetivos a la hora de explicar los pros y los contras de las zonas aledañas. Ellos quieren que compres en su zona, aunque no sea la mejor para ti. Antes de trabajar con alguien investiga varias zonas por tu cuenta. Cuando ya tengas un panorama más amplio del área en la que te gustaría invertir, escoge un *realtor* especializado en ella.

Las 5 claves para encontrar al mejor *realtor*

- Si es posible trata de obtener **referencias sobre su trabajo con clientes anteriores** para saber más sobre su experiencia y reputación. Pide que te muestre sus credenciales y pregunta sobre las maneras en las que puede ayudarte en tu caso específico. Un realtor dispuesto a prestar un buen servicio e invertir el tiempo necesario en tu caso es imprescindible.

- Su **honestidad e integridad** es primordial. Presta atención si tu realtor te habla con sinceridad a la hora de referirse a las ventajas y desventajas del área o el tipo de inspección que debes hacer.

- Revisa su **página web (o la de su inmobiliaria), redes sociales y reputación en línea** para que te des una idea de su manera de trabajar y la forma en que promociona las propiedades

- Toma en cuenta su **presentación, relaciones interpersonales** y, sobre todo, **aptitudes de negociación.** Asegúrate de contratar al *realtor* que esté dispuesto a agotar todas las formas posibles para conseguirte el trato que estás buscando, y que lo haga de una manera responsable, astuta y recursiva.

- **Nunca contrates a un realtor que realice su trabajo a medio tiempo.** Debido a que en la venta de inmuebles la información cambia constantemente y se necesita un alto nivel de profesionalidad para realizar un buen trabajo, no contrates personas que venden casas en su "tiempo libre".

*Generalmente la comisión del realtor la paga
el vendedor dentro de sus gastos de cierre y es
usualmente del 6%, repartido entre el agente del
comprador (3%) y el del vendedor (3%). De esta
porción, usualmente una parte va a la compañía a
la que están vinculados.*

INSPECTOR

Por lo general, las ofertas de compra están supeditadas a una revisión completa
de la propiedad por parte de un inspector para determinar la condición general
del inmueble. Esta revisión te ayudará a comprobar si hay signos de daño estruc-
tural y examinar el estado de partes clave de la casa como el techo, las conexiones
eléctricas, las paredes y la plomería, entre otras. Un inspector también analizará
el riesgo de inundación o pestes y determinará qué aspectos necesitan arreglo y
su posible costo. **Esta inspección es de vital importancia, ya que te puede dar
la oportunidad de renegociar tu oferta, retirarla sin penalización si existe
un daño material significativo o pedirle al vendedor que arregle los daños.**

Tu agente de bienes raíces te puede ayudar a organizar la inspección, o si lo
deseas, tú mismo puedes buscar un experto. Es recomendable que acudas a organizaciones de inspectores profesionales como la ASHI, NAHI o InterNACHI,
que pueden ofrecerte un poco más de tranquilidad. Los costos de un inspector
oscilan entre los $200 y $400. Usualmente la inspección la paga el comprador,
pero no es extraño que se negocie su pago entre comprador y vendedor. Por
último, es crucial que estés presente durante la inspección y hagas todas las
preguntas necesarias, ya que esto puede evitar la necesidad de presentar reclamos cuando pueda ser demasiado tarde.

APPRAISER

Los servicios de un tasador o *appraiser* independiente son requeridos por el
prestamista **y pueden ayudarte a que no pagues un monto equivocado por la
propiedad que vas a adquirir.** Básicamente, un *appraiser* usará el Reporte de
Tasación Oficial de Fannie Mae y los datos de mercado de la mayoría de casas
similares que se han vendido dentro de cierta distancia de tu casa durante los
últimos seis meses. Por lo general, el *appraiser* toma en cuenta información
sobre la estructura del inmueble, la calidad y el tiempo de construcción, arreglos
hechos, la locación y la integridad general de la casa tanto del interior como
del exterior para dar un valor. Los precios de su servicio pueden estar entre
los $250-$1000, dependiendo de la propiedad. El *appraiser* debe entregarte un

reporte formal que luego presentarás ante el banco, aunque no es inusual que el banco sea quien directamente lo realice y seas tú quien lo pague al final.

AGENTE DE SEGUROS

La labor del agente de seguros es recomendarte los seguros que por ley debes tener para proteger tu casa. Si por ejemplo tu casa está en una zona propensa a las inundaciones o fue construida antes de cierto año, el agente te hará saber todos los seguros necesarios. Los seguros más comunes a la hora de comprar vivienda son:

- El seguro de propietario (*homeowner's insurance*)
- El seguro de vida hipotecario, para proteger a tu familia si falleces antes de poder pagar tu *mortgage*
- Seguro contra inundaciones
- Seguro del título de propiedad (*title insurance*).
- Hay muchas zonas en las que el prestamista requiere un seguro de riesgos especiales

El banco seguramente te exigirá algunos de estos seguros, como el *homeowner insurance* o el *title insurance* antes de aprobar el préstamo.

ABOGADO O NOTARIO

Contratar a un abogado es opcional, ya que varias compañías de real estate ofrecen los mismos servicios, pero este se asegurará de que la propiedad real-mente pertenezca al vendedor y esté libre de gravámenes, denuncias u otro tipo de cargos. Un abogado también revisará todos los contratos antes de firmarlos, especialmente la oferta de compra puede ayudarte a abrir una cuenta *escrow* (cuenta bancaria a nombre de un tercero en la que se manejan los fondos de la compra) y realizar todas las transferencias de dinero entre el prestamista, el vendedor y tu persona.

QUINTO PASO: REALIZA LA OFERTA Y CIERRA EL TRATO

Ahora necesitas realizar una oferta formal al vendedor por la casa a través de un acuerdo de compraventa. Este acuerdo es un contrato legal que debe ser cuidadosamente preparado por tu abogado o tu *realtor*. Debes revisar que toda la información esté incluida y sea clara. Si tienes dudas sobre algún punto, pregunta y lee el documento atentamente. Aunque usualmente está en inglés, le puedes pedir a tu agente que te lo explique. Este acuerdo incluye:

- Tu nombre legal y el nombre del vendedor
- La dirección de la propiedad
- El precio de compra
- La fecha de cierre en la que tomarás posesión de la casa (usualmente de 30 a 60 días)
- El monto del deposito
- La fecha de expiración de la oferta
- Descripción de acuerdos de arreglos o mejoras
- Condiciones

Es normal que se pague una parte del monto con la firma del acuerdo y otra parte después de la inspección, así que al momento de firmar debes realizar un depósito que irá a la cuenta *escrow*. El monto por poner varía, pero es un indicador de la seriedad de la oferta y puede ser un diferenciador cuando existan varias ofertas por la misma propiedad.

SEXTO PASO: COMPLETA LOS DOCUMENTOS DE TU PRESTAMISTA Y COMPRA LA CASA

Cuando el contrato de compraventa esté firmado, debes llevar los documentos necesarios al prestamista para poder cerrar el trato. Los documentos que el prestamista te va a pedir son:

- El contrato de compraventa
- La tasación de la casa
- La cuenta *escrow*
- El reporte de inspección
- Estimados para renovaciones o mejoras recientes o planeadas
- La descripción legal de la propiedad
- La cuota inicial
- Otros documentos que se puedan requerir

Tu *realtor* te puede ayudar con este proceso, aunque no esperes que haga todo por ti. Después de que hayas firmado todos los documentos y los hayas entregado al banco, éste aún debe revisarlos por última vez, otorgar su aprobación final y dar el *clear to close*, o el permiso final para desembolsar todos los fondos de la hipoteca a la cuenta *escrow*.

Este permiso final incluye la declaración final, o *closing disclosure*, el documento en el que aparecen todos los costos finales de la hipoteca y los gastos de cierre. **Esta declaración te servirá para revisar que toda la información personal, de la propiedad y del préstamo sea correcta y compararlo con la estimación de préstamo que recibiste del banco cuando pediste la hipoteca.** De esta manera puedes corregir cualquier diferencia significativa entre los documentos. Todo este proceso puede tomar algunos días dependiendo del prestamista.

Después de que hayas hecho una revisión final del inmueble, es el momento del cierre de la compra. Este cierre puede tomar tiempo, así que planea medio día o un día completo para llevarlo a cabo. También es prudente no planear el cierre para finales de mes, ya que cualquier imprevisto puede postergar la firma final para el próximo, obligándote a pagar costos adicionales.

Ten a la mano todos los documentos recibidos durante el proceso de compra de la casa, incluida la declaración final, contrato de compraventa, los papeles del préstamo, reportes de inspección y tu seguro de propiedad.

Durante el cierre, el *realtor*, el vendedor y tú se reunirán para firmar todos los documentos de transferencia de propiedad y para que desembolses los costos de cierre. Cuando todo esté aprobado, es hora de recibir las llaves de tu nueva casa.

SÉPTIMO PASO: SIGUE ESTOS CONSEJOS DESPUÉS DE RECIBIR TU CASA NUEVA

Usualmente, recibir las llaves de tu nueva casa no es el último paso en el proceso de compra. Si quieres respirar tranquilo y disfrutar junto a tu familia de este inmenso logro, debes tener en cuenta algunas cosas más.

GUARDA LOS DOCUMENTOS DEL PROCESO DE COMPRA EN UN LUGAR SEGURO

Toda esa larga lista de documentos, contratos y formularios que recibiste durante el proceso de compra va a ser muy importante para ti más adelante, así que tómalos todos, organízalos muy bien, sácales una copia y guárdalos en un lugar seguro. En el corto plazo te pueden ayudar a establecer deducciones fiscales para el año en que la propiedad fue comprada. En el futuro serán muy importantes para calcular los impuestos sobre la casa y para el momento de su venta.

REVISA GASTOS ADICIONALES Y GARANTÍAS DE ARREGLOS

A la hora de comprar una propiedad, es muy posible que el vendedor no haya revelado toda la información necesaria para que el comprador pudiera tomar la mejor decisión. Entre esta información no revelada puede estar:

- Todos los gastos mensuales incluidos en la manutención de la propiedad (en caso de un condominio o una casa en un conjunto cerrado)

- Posibles daños que tenía el inmueble (daños que el inspector tampoco detectó)
- Particularidades del vecindario que solo se conocieron después de la mudanza

Como el nuevo propietario, todos estos factores te pueden traer muchísimos dolores de cabeza, ya que representan costos adicionales o incomodidades que no estabas en posición de conocer desde el principio. Usualmente, el vendedor debe darle al posible comprador una declaración del estado de la casa (*disclosure statement*), que es independiente a la tasación y que incluye información sobre arreglos o remodelaciones hechas, daños presentes y construcciones o desarrollos cercanos a la propiedad, entre otros.

El problema es que a veces el vendedor no tenía conocimiento de los daños, o lo tenía, pero realizó un arreglo superficial para esconder el daño y poder vender la propiedad. También es posible que el daño se presente por el uso que tú le has dado y no por una omisión del expropietario. Por este motivo, si al empezar a vivir en tu nueva casa se presenta un daño, es muy importante tener el *disclosure statement* de la casa y el reporte de inspección para poder determinar culpabilidad y saber quién debe responder legalmente por los arreglos.

CONECTA LOS SERVICIOS PÚBLICOS

En caso de que la casa sea nueva o haya estado desocupada por un tiempo, ponte en contacto con los proveedores de agua, alcantarillado, luz y gas para ponerlos a funcionar lo antes posible. Es buena idea localizar la caja del interruptor automático y la válvula principal del agua en caso de emergencia o para cuando necesites apagar la electricidad o cortar el suministro de agua. Asegúrate de transferir los servicios a tu nombre en la facturación. Después de haberte ocupado de los servicios más importantes, sigue con los arreglos necesarios para tener acceso a Internet, teléfono, alarma, TV por cable o TV satelital.

Es también necesario que dos semanas después del cierre de compra te comuniques con la oficina local de registros de propiedad y confirmes que tu escritura ha sido registrada oficialmente.

CAMBIA LAS CERRADURAS

No se puede saber con exactitud cuántas copias de las llaves de tu nueva casa existen. Tal vez los propietarios anteriores hicieron copias para sus vecinos, miembros de la familia, amigos cercanos, el chico de la piscina, etc. Si no fue un tema a discutir con el antiguo propietario antes de cerrar la venta, ten en cuenta todas las puertas que tiene la casa (frontal, trasera, garaje) y cambia sus cerraduras para tener mayor seguridad.

REPORTA EL CAMBIO DE DIRECCIÓN

Asegúrate de reportar tu cambio de dirección a la oficina postal, el Seguro Social, el *IRS*, los servicios de inmigración, bancos y tarjetas de crédito, aseguradoras y cualquier otra oficina pública o privada que tenga tu dirección. Muchos de estos cambios se pueden hacer en línea. También puedes enviar un correo electrónico o un mensaje en Facebook a tus amigos más cercanos para darles tu nueva dirección

Si te has cambiado de ciudad o estado, no olvides contactar a:

- Bancos y aseguradoras, para saber si debes abrir nuevas cuentas o si el mismo seguro te cubre en esta nueva residencia
- Actualizar tu información sobre el registro del votante para tu área local aquí
- Registrar tu vehículo y transferir tu licencia de conducir al nuevo estado. Algunos estados te dan plazo 10 días para realizar este registro, otros te dan hasta 30 días. Este cambio lo debes realizar en persona en la oficina local del DMV (*Department of Motor Vehicles*, por sus siglas en inglés). En la oficina del DMV, debes presentar una prueba de seguro, ya que se te exige comprar un seguro del estado al que acabas de trasladarte.

ASEGURA TU CASA CONTRA PLAGAS

Antes de mudarte es recomendable utilizar un aspersor contra plagas o utilizar los servicios de un exterminador profesional. Incluso si no ves insectos o bichos, es probable que estén ahí. Después de la mudanza va a ser muchísimo más difícil encontrarlos y exterminarlos y no tendrás que preocuparte de que tus hijos o mascotas estén expuestos a productos químicos durante el bombardeo.

REALIZA UN INVENTARIO

Para la gran mayoría de propietarios, un hogar es el mayor activo que poseen, por lo que tiene sentido proteger ese activo. Con este fin, muchas personas aprovechan la mudanza para hacer un inventario de sus pertenencias y realizar un registro fotográfico o de video para utilizarlo al momento de asegurar su inmueble y todas sus pertenencias. Todos estos inventarios y registros deben ser guardados en una caja fuerte o lugar seguro. Tu asegurador te puede recomendar qué fotografiar y cómo asegurarlo.

PLANEA LA MUDANZA

Es prudente tener todos los gastos de la mudanza en cuenta antes de cerrar la compra de la casa y saber lo que vas a necesitar a la hora de realizarla para evitar salir de tu presupuesto o que el proceso se te salga de las manos.

Determina si vas a empacar y a mudarte por ti mismo o si vas a contratar a una compañía para hacerlo. Obviamente los costos de cada opción serán diferentes, pero estamos hablando de empacar, cargar, trasladar y desempacar todas tus pertenencias, así que, si no tienes el tiempo, los materiales para empacar (cintas, cajas, plástico de burbujas etc.), la energía, la habilidad o la mano de obra disponible, hay otras opciones que puedes analizar. Por ejemplo, el precio promedio por hora que te cobrarán 4 trabajadores experimentados por mudar tus pertenencias puede llegar a $150-170. Determina cuantas horas te puedes gastar en realizar toda la mudanza y saca un aproximado.

REALIZA ARREGLOS

Como nuevo propietario, puedes estar pensando en realizar mejoras en tu hogar que no hayan sido incluidas en el contrato. Algunas renovaciones se pueden pagar con el tiempo, especialmente si resultan en ahorros en facturas de servicios públicos o en un valor de reventa mayor en el futuro. Otras renovaciones pueden agregan comodidad, disfrute o funcionalidad a tu hogar. Si has comprado una casa que necesita arreglos, puedes hablar con tu prestamista para que te muestre las opciones para financiarlas dentro de tu hipoteca si es posible. No olvides permisos requeridos y que los contratistas a cargo de las remodelaciones sean licenciados y cuenten con los seguros del caso.

REALIZA TUS PAGOS A TIEMPO

Puedes hacer tus pagos de hipoteca de manera semanal, cada dos semanas o una vez al mes. Cualquiera que sea la forma de pago que elijas, realiza siempre tus pagos a tiempo. Los pagos atrasados o perdidos pueden resultar en cargos o multas, y pueden afectar negativamente tu calificación crediticia. Si tienes problemas para realizar pagos, habla con tu prestamista lo antes posible para evitar posibles remates o ejecuciones hipotecarias.

EL *FORECLOSURE:* LA EJECUCIÓN HIPOTECARIA

La ejecución hipotecaria sucede cuando el dueño de una casa ya no puede seguir realizando los pagos de su hipoteca, lo que obliga al prestamista a apoderarse de la propiedad y venderla, como se estipula en el contrato del préstamo.

Un mes después de que el propietario deje de realizar un pago de su hipoteca, este entrará en incumplimiento y será notificado por el prestamista. De tres a seis meses después de que el propietario deje de hacer el pago de la hipoteca, asumiendo que no se ha puesto al día, el prestamista comenzará el proceso de ejecución. En este caso, cuanto más grande sea la deuda del dueño de la casa, más difícil será ponerse al día, ya que el prestamista va añadiendo intereses sobre los pagos que tienen de 10 a 15 días de retraso. Si además de incumplir con los pagos de la hipoteca el dueño también deja de pagar sus obligaciones de seguros e impuestos, **puede agravar su situación por medio de un siniestro no cubierto, una demanda de responsabilidad civil o una multa.**

Este proceso de ejecución varía de estado a estado, pero generalmente toma uno de dos caminos:

- Ejecución hipotecaria judicial (*judicial foreclosure*)
- Ejecución hipotecaria no judicial (*non judicial foreclosure*)

En un estado de **ejecución hipotecaria judicial** el prestamista tiene que presentar una demanda ante un tribunal con el fin de llevar a cabo la ejecución. El dueño de la casa tiene dos opciones: permitir que la ejecución hipotecaria ocurra o impugnarla en la corte. Si el dueño hace esto último, el tribunal lleva a cabo una audiencia para que un juez decida si permite que la venta prosiga y la fecha de venta. Si el propietario no impugna la ejecución hipotecaria, el tribunal emite un fallo por defecto y autoriza la venta. Después se lleva a cabo la subasta y si nadie compra la propiedad, ésta pasa a ser propiedad del banco.

Estas propiedades que pasan a manos del banco se pueden vender de dos maneras. Muy a menudo son puestas a la venta por un *realtor* en el mercado local y en otros casos los prestamistas prefieren venderlas en una subasta de liquidación o remate, a menudo realizado en casas de subastas o en centros de convenciones.

Por el contrario, en un estado de **ejecución hipotecaria no judicial** el prestamista puede vender la propiedad sin pasar por el sistema judicial. De cualquier manera, el paso final en el proceso de ejecución hipotecaria es una venta de ejecución. Después de que el prestamista le envíe al dueño de la casa un aviso de incumplimiento, el propietario puede tener hasta 120 días para pagar la deuda. Si el propietario es incapaz de pagarla o elaborar un plan de pago con el prestamista, recibirá un aviso de intención de vender la propiedad.

Un proceso judicial de ejecución hipotecaria puede tardar varios meses, incluso años. Algunos estados permiten un período de redención incluso después de la venta de ejecución hipotecaria, durante la cual un propietario puede comprar de nuevo su propiedad.

Las ejecuciones hipotecarias no judiciales ocurren mucho más rápido, a menudo en cuestión de meses, porque el fideicomisario no necesita la participación de la corte para subastar la propiedad. En Georgia, por ejemplo, todo el proceso puede tomar tan solo 37 días.

En este link puedes ver el tipo de ejecución por estado:

https://www.auction.com/blog/judicial-vs-non-judicial-foreclosures/

OPCIONES A LA HORA DE UNA EJECUCIÓN HIPOTECARIA

La idea de perder tu casa puede ser aterradora, pero hay alternativas a las ejecuciones hipotecarias que pueden ayudarte a no perderla.

MODIFICACIÓN DEL PRÉSTAMO

Una modificación de préstamo es un cambio permanente en las condiciones de tu hipoteca para hacerla más accesible a tus condiciones de pago actuales. Esto podría significar extender la cantidad de tiempo que tienes para pagar el préstamo y reducir tu pago mensual, reducir la tasa de interés o cambiarlas de una tasa variable a una fija o eliminar los saldos vencidos. Dependiendo de tus circunstancias, puedes calificar para el Programa *Home Affordable Modification* (HAMP, por sus siglas en inglés) del gobierno. También existen sitios web que reúnen alianzas de compañías hipotecarias y asesores de vivienda que te pueden aconsejar en estos casos. Estos sitios tienen programas de prevención de ejecución hipotecarias y herramientas de autoevaluación para saber si eres elegible para ayuda. Puedes visitar el sitio aquí:t

http://www.hopenow.com/

ACUERDOS DE INDULGENCIA Y PLANES DE PAGO

Si la razón por la que no puedes realizar el pago de tu hipoteca es temporal, puedes ser elegible para un acuerdo de indulgencia. Con este acuerdo, el prestamista permite reducir o suspender los pagos de la hipoteca por un cierto período de tiempo y no iniciar acciones legales. Al final de este periodo debes realizar los pagos atrasados o reducidos (más una pequeña suma) en su totalidad o a través de un programa de pagos.

REFINANCIAMIENTO DEL PRÉSTAMO

Si aún no estás atrasado en los pagos, pero la dificultad para realizarlos va aumentando, puedes refinanciar su préstamo como parte del Programa de Refinanciamiento para el Hogar (*HARP*, por sus siglas en inglés) del gobierno y reducir tu monto de pago mensual. En este link podrás saber si eres elegible:

https://www.harp.gov/espanol

EL *SHORT SALE* O VENTA CORTA

En la venta corta (*shortsale*, en corto o anticipada) el banco permite que el dueño venda la casa por un valor menor a la deuda que tiene. El prestatario pone la casa en el mercado, a menudo con un descuento sustancial, con la esperanza de que el prestamista pueda recuperar la mayor parte de la deuda. Los bancos usualmente prefieren esta opción porque les permite ahorrarse el dinero del juicio hipotecario y el posible costo de poseer una casa hipotecada difícil de vender.

> Hay que decir que una venta corta no absuelve al prestatario de la deuda que tiene, pero puede ser una mejor alternativa que una ejecución hipotecaria larga y complicada, teniendo en cuenta la historia crediticia. **Una venta corta afectará tu crédito por 2 años.**

Si no clasificas para las opciones de pago de tu hipoteca, y suponiendo que una venta convencional no es posible, entonces puede ser mejor entregar tu casa a tu prestamista antes de que se complete la ejecución hipotecaria. Una ejecución hipotecaria completa puede diezmar tu puntuación de crédito, dificultando la compra de otra casa más adelante. La ejecución hipotecaria puede tardar en desaparecer 7 años o menos, especialmente si hay circunstancias atenuantes.

COMPRAR DESPUÉS DE UNA VENTA CORTA

Las guías de 2017 de Fannie Mae te permiten volver a solicitar una hipoteca cuatro años después de una venta corta con un pago inicial del 10%. **Si vendiste tu casa como una venta corta debido a circunstancias atenuantes, puedes**

volver a solicitar una hipoteca después de dos años con la documentación apropiada que describa dichas circunstancias. También puedes calificar para un préstamo de la Administración de Vivienda Federal (*FHA*, por sus singlas en inglés) un año después de una venta corta. De todas formas, son los bancos los que siempre tienen la última palabra en cuanto a plazos de tiempo para comprar una casa después de una venta de este estilo.

COMPRAR DESPUÉS DE UNA EJECUCIÓN HIPOTECARIA

Si tu ejecución hipotecaria se debió a circunstancias atenuantes, puedes ser elegible para comprar otra casa en tres años. De lo contrario, el período de espera regular permanece en siete años. Al igual que sus directrices de venta corta, la FHA permite a los dueños envueltos en casos de ejecuciones hipotecarias volver a solicitar una hipoteca después de 12 meses.

¿Y SI QUIERES VENDER TU CASA?

Aunque el proceso para comprar vivienda puede ser largo y demandar mucho cuidado por parte del comprador, **el proceso de venta puede ser igual de demandante e incluir muchos de los mismos factores** (e incluso otros más) que consideraste al momento de la compra. Aquí te mostramos los pasos más importantes a seguir para que el proceso de venta sea el más beneficioso para ti.

BUSCA AYUDA PROFESIONAL

Se deben tener muchísimas cosas en cuenta a la hora de vender una casa, por lo que siempre es recomendable buscar ayuda profesional competente que te ayude con todos los factores de venta. Para esto, debes analizar muchas de las variables que consideraste a la hora de comprar casa y que ya mencionamos en este capítulo, como la experiencia del *realtor* en mercados como el tuyo, contactos, capacidad de negociación, resultados, comentarios en línea y su uso de la tecnología. Muchas veces el precio que puedes ahorrar vendiendo la casa por ti mismo lo puedes terminar pagando por falta de conocimiento sobre temas como impuestos, contratos o marketing. Este último punto es muy importante, **ya que el 92% de compradores comienzan su búsqueda de casa en línea, y un realtor puede tener un mejor plan de marketing digital y seguidores en línea que tú.**

Un buen *realtor* te puede ayudar a:

- Determinar el precio de venta correcto
- Incrementar la exposición del inmueble
- Reunir la información de venta necesaria y hacer todo el papeleo
- Atraer los clientes más relevantes
- Cerrar la venta y tener en cuenta costos, contratos, asuntos legales y fiscales que el comprador puede no saber

En el último capítulo de este libro, encontrarás información adicional acerca de cómo conseguir la ayuda de expertos. Por último, es importante que el *realtor* y tú estén en la misma página con respecto al valor de tu casa. Lo que nos lleva al segundo punto:

DETERMINA EL PRECIO CORRECTO DE TU CASA

Ponerle el precio correcto a tu casa desde el principio es muy importante, así que es necesario que la mires desde una perspectiva objetiva y siempre teniendo en cuenta la competencia y el mercado, nunca el aspecto emocional, lo que pagaste o lo que tú crees que mereces por ella. Al mercado usualmente no le interesa tu historia o tus sentimientos.

Si la casa tiene un precio demasiado alto desde el principio podría no moverse mucho y permanecer quieta en el mercado durante meses, algo que los compradores experimentados pueden percibir muy bien. Además, con todas las herramientas disponibles en línea los compradores se han vuelto muy conocedores del mercado y sus precios, por lo que pueden pensar que hay algo malo con la propiedad y eliminarla de su lista. Por el contrario, **fijar el precio de mercado ligeramente por debajo del precio promedio puede generar atención de los compradores durante las primeras dos semanas de ponerla a la venta, que es generalmente cuando los vendedores ven la mayor actividad.** Como regla general, si la casa tiene el precio adecuado, un vendedor usualmente recibe una oferta dentro de las primeras 10 visitas por parte de compradores.

Así como los compradores hacen su propio análisis, tú también puedes hacer el tuyo. Visita casas en venta cerca a la tuya y utiliza herramientas en línea para hacerte una mejor idea de los precios de los inmuebles comparables. Así también podrás decidir si el precio que tu *realtor* te ha sugerido se adapta a tu inmueble y a los arreglos que has hecho en él. Un buen lugar para iniciar tu análisis es en:

http://www.homes.com/Home-Prices/ o en
https://www.zillow.com/homes/recently_sold/

ESCOGE EL MEJOR MOMENTO PARA VENDER

Si te puedes dar el lujo de planear con anticipación la venta de tu casa y escoger el periodo del año en el cual sale al mercado, existe mucha información que te puedes ayudar a tomar las mejores decisiones en este aspecto.

Por ejemplo, **los datos muestran que la mejor época del año para vender una casa es desde principios de marzo hasta junio,** ya que éste es un período en el cual muchas familias están tratando de reubicarse para empezar el año escolar o académico en su nueva ciudad o estado. Muchos compradores también reciben sus reembolsos de impuestos durante este período. Adicionalmente, un estudio del sitio de bienes raíces Zillow - publicado en 2016 - encontró que los hogares puestos a la venta entre el 1 y el 15 de mayo fueron vendidos 18,5 días más rápido y a un precio mayor que las propiedades puestas a la venta en otros periodos del año. **El período entre septiembre y octubre también trae otro aumento en las ventas de viviendas.**

Sin embargo, esto puede cambiar de acuerdo con la ciudad. Más gente visita y compra casas cuando el clima es agradable, así que estados con climas cálidos como Florida o California pueden tener una mayor flexibilidad para compra de vivienda a lo largo del año, caso que no sucede en Minnesota o Wisconsin donde las ventas en el invierno son muy pocas. De igual manera, si el mercado inmobiliario en general está lento o saliendo de una crisis, puede mostrar bajas cifras de venta durante todo el año.

TEN EN CUENTA LOS COSTOS DE VENTA Y LOS IMPUESTOS A PAGAR

Muchas personas se preparan para los costos asociados con la compra de una casa, pero no todos saben que su venta también viene con una cuota de gastos. En algunos casos, estos honorarios pueden representar el 10% de la venta de la propiedad, y aunque muchos de ellos son negociables, es prudente que los tengas disponibles. Entre estos costos debes incluir:

- **Comisión de realtor:** estas comisiones pueden sumar entre un 5 y un 6% del costo de venta. Esto significa que una casa que se vende por $250.000 podría terminar costando $15.000 adicionales en comisiones.
- **Reparaciones:** ¿recuerdas las inspecciones mencionadas a la hora de comprar tu casa y cómo buscabas negociar para que el vendedor cubriera la mayor parte de los daños? Ahora es tu turno inspeccionar la casa por posibles averías y negociar con el vendedor cuáles corren por tu cuenta y cuáles no.
- **Remodelaciones:** lo más probable es que hayan remodelaciones que tu

casa necesite o que puedan aumentar su atractivo o incluso su valor (arreglo de jardín, limpieza de alfombra, pintura de paredes etc.).

- **Servicios públicos:** Si planeas mudarte antes de vender tu casa, querrás continuar pagando por su calefacción y electricidad. Una casa sin calor e iluminación puede ser muy difícil de vender.
- **Impuestos:** Es posible que puedas excluir parte o toda la ganancia sobre la venta de tu casa si ésta es menor a $250,000 (o $500,000 por declaraciones conjuntas), pero debes estar atento por si debes reportar la venta al Servicio Interno de Renta. Existen otros impuestos, como el de transferencia o propiedad que debes pagar.
- **Gastos de cierre:** al igual que cuando compraste la casa, los costos de cierre para vender una casa son normalmente responsabilidad del comprador, pero no te sorprendas si se te pide pagar algunos de ellos, especialmente si estás tratando de vender tu casa en un mercado de compradores (donde la oferta de casas supera la demanda.) Algunos de estos costos pueden incluir honorarios HOA (o asociación de propietarios), honorarios de abogados y seguro de título.

PREPARA LA CASA PARA LA VENTA

Cuando se trata de comprar una casa, las primeras impresiones cuentan más que nunca. Pero prepararla para enseñarla a potenciales compradores puede ser un trabajo arduo. La idea es arreglarla de tal manera que el visitante quisiera vivir allí y la vea como una buena opción.

Empieza por sacar buenas fotos y compartirlas con tus familiares y amigos en redes sociales. Probablemente tu *realtor* también sacará algunas de ellas o puedes contratar a un profesional. La fachada es lo primero que el posible comprador va a observar, así que arréglala para que se vea atractiva y acogedora al visitante. Organiza su interior y trata de darle un olor cautivante, pues se ha probado que el olor es un sentido muy importante al momento de la compra. Para esto, controla olores extraños en la cocina, los baños u olores de mascotas. Elimina el desorden y trata de remover elementos demasiado personales. Incluso puedes contratar los servicios de *"stagers"* que se encargan de decorar tu casa temporalmente para que sea vea muy atractiva al momento de venderla.

Además de los *open houses*, habrá llamadas frecuentes de tu *realtor* para mostrar la casa con poco tiempo de antelación. Por eso, es tu responsabilidad mantener la casa impecable 24/7. **En muchos mercados, gran parte de tu competencia serán propiedades en ejecución hipotecaria o venta corta. Como propietario, la mejor forma de competir está en la buena condición de tu casa.**

Por último, toma el proceso con calma. El mercado inmobiliario es desafiante y encontrar al comprador perfecto puede tomar algunos meses, así que ármate de paciencia, trata de llevar a cabo los consejos anteriores y ponle la mejor energía al proceso.

HOME EQUITY LINE Y SEGUNDAS LÍNEAS DE PRÉSTAMO

Si ya estás pagando un *mortgage* sobre tu casa, el sistema financiero te ofrece la posibilidad de sacar un segundo préstamo sobre su valor líquido –la diferencia entre el precio que podrías obtener por su venta y lo que todavía debes sobre tu hipoteca–.

Esta figura es comúnmente llamada un **Préstamo con Garantía Hipotecaria**, o un segundo *mortgage*. Con esta segunda hipoteca, el banco te puede adelantar un dinero para financiar otros gastos que necesites realizar: por ejemplo, una serie de arreglos a la casa, la educación universitaria de tus hijos o una emergencia a afrontar. También lo puedes usar para comprar una propiedad en tu país de origen, aprovechando que los intereses en Estados Unidos son usualmente menores a los que te cobran los bancos allá.

¿CÓMO FUNCIONA ESTE SEGUNDO *MORTGAGE*?

Digamos que tienes una casa de $400,000, con un balance de $150,000 en tu primer *mortgage*. Con un segundo *mortgage*, **tu prestamista usualmente te permite acceder hasta el 85% del patrimonio (*equity*) de tu casa:**

$$\$400,000 \times 85\% = \$340,000$$

$$\$340,000 - \$150,000 = \$190,000$$

$190,000 es el límite máximo en tu línea de crédito o segundo mortgage

Debes tener en cuenta que los intereses sobre un segundo *mortgage* de hasta $100,000 usualmente son deducibles de impuestos. Adicionalmente, la mayoría de segundos *mortgages* tienen tasas de interés variables, lo que afectará la tasa de tu préstamo o línea de crédito.

¿QUÉ SON LOS HELOCS?

Una **"Home Equity Line of Credit"** (HELOC por sus siglas en inglés) es parecida al préstamo con garantía hipotecaria, pero en vez de que el prestamista te entregue la suma global en un solo pago, el HELOC funciona más como una línea de crédito que te va entregando el dinero a medida que lo vayas necesitando, casi como una tarjeta de crédito.

Una HELOC también se diferencia de un segundo *mortgage* en que las opciones de pago pueden variar. Con un préstamo con garantía hay un vencimiento específico, mientras que con una HELOC hay otras opciones de pago. Así mismo, la tasa de interés para una segunda hipoteca suele ser más alta que en la primera hipoteca. En un HELOC, el prestamista ofrece una mayor flexibilidad en las tasas.

LAS DESVENTAJAS DE LOS PRÉSTAMOS CON GARANTÍA Y LAS HELOCS

Para muchos propietarios, los préstamos con garantía y los HELOCs pueden significar un salvavidas oportuno para financiar un gasto importante o una emergencia. Pero también tienen sus desventajas:

- Si te atrasas o incumples con tus pagos, estarías poniendo en riesgo tu bien material más preciado.
- Como explicamos en el capítulo sobre la deuda buena y mala, no se deben utilizar para gastos que no crearán riqueza o aumentarán tu patrimonio, como vacaciones o un nuevo auto.
- Pueden crear una mentalidad equivocada. El hecho de que te presten no significa que debas tomar el dinero. Recuerda siempre endeudarte conforme a tu capacidad de pago.
- El prestamista puede cancelar el HELOC a su discreción si el valor de tu casa disminuye demasiado o tu puntaje de crédito se deteriora, lo cual te puede traer problemas.

Muchas personas también utilizan este tipo de créditos para "liberar" recursos invertidos en su vivienda con el fin de mejorar sus ingresos para la pensión cuando están retirados. **No es necesario que al morir tengas pagada totalmente tu deuda, pero tampoco debes perder tu casa si no puedes realizar los pagos.** Como sabes, para muchos estadounidenses no es "obligatorio" dejar una herencia a sus hijos, por lo suelen aprovechar el patrimonio de su casa en vida. Para los latinos, dejar una herencia a nuestros hijos y no tener deudas suele ser más importante, por lo que no siempre ven con buenos ojos estas opciones. Trata de buscar un equilibrio y disfrutes de tu esfuerzo y trabajo, pero que también le ayudes a tus hijos a acumular riqueza.

¿CUÁNDO ES MEJOR NO SACAR UN SEGUNDO *MORTGAGE* O UNA HELOC?

Hay varios escenarios en los que es mejor no sacar un segundo *mortgage* o una HELOC, ya que su efecto de salvavidas financiero puede terminar siendo contraproducente. Estos escenarios son:

- **Cuando tus ingresos son inestables:** Es posible que haya incertidumbre en tus ingresos y no puedas garantizar el pago de un segundo *mortgage* y sus mayores costos. Si existe la mínima posibilidad de que esto pase, es mejor no sacar otro préstamo, ya que perder tu casa es factible. Tu prestamista también puede congelar tu préstamo si tu vivienda pierde valor dramáticamente o crea que no puedes pagarlo.
- **Cuando no puedas pagar los costos iniciales:** ¿Recuerdas todos los costos iniciales que hay que pagar al sacar tu primer *mortgage*? Bueno, deberás pagar muchos de los mismos cuando quieras sacar un segundo *mortgage* y estos pueden estar entre los cientos de dólares.
- **Cuando la cantidad que buscas no es muy alta:** Si el dinero que buscas no es mucho y no amerita pagar los costos iniciales, sacar una tarjeta de crédito de bajo interés puede ser una mejor alternativa.
- **Cuando no estás dispuesto a afrontar la incertidumbre de las tasas:** Un segundo *mortgage* a tasa fija es muy raro, por lo que seguramente deberás tener la capacidad de enfrentar aumentos en las tasas variables que te darán. ¿Puedes pagar el máximo?
- **Cuando no has encontrado un buen prestamista:** Es muy común encontrar prestamistas inescrupulosos que se aprovechan de personas buscando un segundo *mortgage* –especialmente de personas vulnerables como inmigrantes sin conocimiento y con bajos ingresos o personas de la tercera edad. Si tu prestamista cambia las condiciones durante la marcha o te alienta para que refinancies repetidamente tu préstamo para que tomes más dinero prestado, ponte alerta.

¿CÓMO COMPRAR UNA PROPIEDAD EN TU PAÍS DE ORIGEN?

Son muchas las razones por las cuales los inmigrantes desean comprar vivienda en su país de origen: para el momento del regreso, para tener una casa para sus familiares o como una inversión. Adicionalmente, muchos de ellos no tienen la certeza suficiente de permanecer en Estados Unidos o no cuentan, los ingresos suficientes para adquirir una vivienda acá. O simplemente porque quieren mantener los lazos con su tierra y se sienten más cómodos teniendo su patrimonio en su país.

Si como inmigrante latino en los Estados Unidos has tomado la decisión de comprar vivienda en tu país de origen, existen varias opciones que puedes analizar. La aparición de internet, redes sociales y medios digitales se ha unido a los esfuerzos de compañías inmobiliarias latinas en los Estados Unidos con deseos de ayudar a sus compatriotas a invertir en un mejor futuro en su país de origen. Hace unos 10 años este proceso era muy difícil, pero ahora puedes comprar tu vivienda muchas veces sin la necesidad de viajar o tener resuelta tu situación migratoria.

¿QUÉ SE DEBE TENER EN CUENTA A LA HORA DE COMPRAR UNA PROPIEDAD EN EL PAÍS DE ORIGEN?

En términos generales, para comprar una propiedad en tu país de origen debes tener en cuenta muchos de los factores que consideraste para comprar una vivienda aquí, en los Estados Unidos.

- Presupuesto para la compra
- Historia crediticia, no solo en Estados Unidos sino también en tu país de origen
- Ahorros para la cuota Inicial
- Encontrar un banco o prestamista (normalmente dentro del país de origen que preste este servicio a connacionales viviendo en el exterior)

A esto le puedes añadir otros elementos que te pueden ayudar a facilitar el proceso de compra:

- Empresas y bancos latinos en Estados Unidos que ayudan a compatriotas a obtener créditos en su país de origen
- Apoderado en el país de origen, personas o familiares encargados de la administración del inmueble si no resides allí.

Muchas de estas empresas no te exigen un estatus migratorio definido o un historial de credito impecable, y te pueden guiar durante todo el proceso. Obviamente, este proceso (y el tiempo que tome) variará dependiendo de cada país.

MÉXICO

Para ciudadanos mexicanos que radican en Estados Unidos existen modalidades de créditos ofrecidas por algunos bancos en México. Algunos de los requisitos a cubrir son:

- Tener al menos 6 meses viviendo en el mismo domicilio
- Historial de credito adecuado
- 1 año desempeñando la misma actividad laboral
- Comprobar tu capacidad de pago
- Tener un familiar en México que te representará para realizar los trámites en ese país

Los trámites se harían en forma conjunta, tú en las sucursales en Estados Unidos del banco y tu familiar en las oficinas de México, quien firmaría el Contrato y documentos necesarios.

Por su lado, existen varias compañías inmobiliarias mexicanas que, aliados con bancos e instituciones financieras, te pueden ayudar con el proceso de compra de una casa en México desde Estados Unidos, como Casas ARA, Sadasi y Bancomer. Pueden otorgar el crédito en pesos mexicanos y a una tasa fija.

---

https://ara.com.mx/credito/mexicanos-en-el-extranjero
https://www.bancomer.com/personas/tu-opcion-en-mexico.jsp

ECUADOR

Existen varias compañías que cuentan con alianzas con bancos ecuatorianos y le ofrecen a la comunidad ecuatoriana en los Estados Unidos la posibilidad de comprar una casa en ese país, de una manera fácil y con todas las garantías.

El proceso de compra de estas promociones inmobiliarias es muy fácil. El cliente interesado en adquirir una vivienda en Quito, Guayaquil, Cuenca, Loja, Ambato o Riobamba, entre otras ciudades se puede poner en contacto con estas empresas, donde se le asignará un asesor inmobiliario personal. Estas compañías usualmente tienen presencia en las ciudades más importantes de Estados Unidos, como Nueva York o Miami. Las condiciones que debe cumplir el interesado son[7]:

- Hoja de vida laboral
- Copia de los movimientos de la cuenta
- Contrato de trabajo
- Escoger a un familiar en su ciudad de origen para que sirva de representante. Cuando el cliente recibe la información de la ubicación y características del inmueble por parte del familiar, se realiza la reserva.
- Tras la entrega de la documentación necesaria, la evaluación y obtención del crédito, se realiza la entrega de llaves.

7   https://www.pichincha.com/portal/Banca-tPersonas/Pichincha-Creditos/Bienes-Inmuebles/Vivienda-Migrantes

COLOMBIA

Existen varias empresas inmobiliarias que pueden ayudar a los colombianos residentes en Estados Unidos a comprar una propiedad en su país, sin importar su estatus migratorio o historial de crédito. Por ejemplo, www.viventa.co, bróker autorizado de bancos como Bancolombia o Davivienda, les ofrece a los colombianos un proceso fácil y cómodo: En este proceos el cliente debe:

- Decidir la ciudad y el tipo de propiedad en la que quiere invertir
- Revisar su situación financiera y determinar el presupuesto de la vivienda a comprar
- Tener la cuota inicial (en Colombia es del 30%) o invertir en pre-construcción
- Contar con un apoderado en Colombia que lo represente

Por su parte, Viventa le ayuda al cliente a:

- Analizar su situación financiera y conseguir la pre-aprobación con respuesta en menos de 5 días
- Conseguir la entidad financiera que mejor se adapte a los requerimientos del cliente
- Encontrar diferentes proyectos de preconstrucción para invertir
- Reunir todos los documentos necesarios para conseguir el crédito
- Diligenciar los formularios
- Encontrar la mejor manera de enviar el dinero a Colombia

EL SALVADOR

Los salvadoreños que deseen **comprar casa en su país pueden hacerlo desde el Consulado de El Salvador** en la ciudad de Los Ángeles. Los proyectos que se ofrecen en venta son garantizados por el gobierno de El Salvador a través del Fondo Social para la Vivienda (**FSV**) y del Fondo Nacional de Vivienda Popular (**FONAVIPO**), que ofrecen préstamos a tasas de interés preferenciales. Los requisitos son:

- Ser mayor de 18 años
- Probar capacidad de pago
- Poseer un buen puntaje de crédito
- Contar con un apoderado en El Salvador
- Actualmente se trabaja con los ciudadanos, residentes y los amparados al Programa de Protección Temporal (TPS, por sus siglas en inglés), aunque habrá oportunidad para los salvadoreños que no tengan documentos legales.

LOS PUNTOS CLAVE

- La compra de vivienda siempre ha sido vista como una inversión segura y rentable, además de ser parte integral del sueño americano. Su naturaleza tangible y su relativo bajo riesgo la hacen muy atractiva para el inmigrante latino en Estados Unidos.

- Los propietarios de vivienda en los Estados Unidos tienen derecho a ciertas deducciones fiscales que se pueden traducir en beneficios financieros muy significativos. Los compradores también tienen la posibilidad de utilizar una parte de su fondo de retiro para adquirir vivienda, algo no permitido para otras inversiones.

- Una de las decisiones más trascendentales para los latinos es determinar si deben comprar o rentar una casa. Para tomar la mejor decisión, cada uno debe conocer muy bien su plan de vida y el estado de sus finanzas personales.

- Muchos latinos no tienen la posibilidad de comprar una casa bien sea por falta de crédito, porque no cuentan con el dinero necesario para un *downpayment* o porque no tienen papeles. Sin embargo, estos inconvenientes tienen solución.

- Para comprar una casa es necesario recurrir a los servicios de distintos profesionales en la industria, como *realtors*, tasadores e inspectores. Tomate el tiempo de investigar a cada uno y escoge aquellos que tengan experiencia ayudando a clientes con necesidades parecidas a las tuyas.

- Una segunda hipoteca puede ser un mecanismo muy útil para financiar gastos como el arreglo de la casa o la educación de los hijos. Pero también puede ser una trampa que nos suma aún más en deuda si no la sabemos utilizar.

- Comprar una casa en el país de origen es el sueño de muchos latinos. Gracias al poder de Internet y de servicios financieros dirigidos específicamente a hispanos, en la actualidad este sueño se puede hacer realidad con mucha facilidad.

CONSEJOS Y EXPERIENCIAS DE INMIGRANTES

Camila Maz

Camila es una experta *realtor* ubicada en la ciudad de Miami. Durante años ha ayudado a muchas familias latinas y americanas a comprar la vivienda de sus sueños.

¿Cuéntanos un poco de ti, tu historia y las cosas que te apasionan?

Yo nací en Bogotá, Colombia, estudie en Colombia tanto colegio como Universidad. Soy la mayor de una tradicional familia de cinco, con unos papas "a la antigua". Mi papá aún vive y, con sus 87 años, quisiera todavía que los tres hijos estuviéramos cerca de él en todo momento, con esposos y nietos. Es un patriarcado, mi papá aun quiere ser parte de todo lo que involucre a la familia; en mis años de juventud choqué mucho con esto, pero hoy en día, me siento orgullosa de haber crecido así y trato de pasarle esa cultura familiar a mis hijos. Crecimos viajando mucho, mi papá estaba en el negocio del turismo, así que viajábamos para aprovechar los beneficios. Me casé hace 15 años con un canadiense, quien -al igual que mi papá- es un trabajador empedernido y ama viajar. Me apasiona viajar a sitios de culturas fuertes y arraigadas, me encanta la jardinería, cocinar comida casera y típica, me encantan mis amigos y estar con ellos, me encantan las actividades al aire libre.

¿Cuál es la dificultad más grande que tienen los latinos inmigrantes a la hora de comprar vivienda en los Estados Unidos?

Aunque los latinos tenemos la cultura del ahorro, con los que me he topado en mi trabajo, no ahorran y viven mes a mes. He hecho campañas para ayudar personas de bajos recursos para alquilar vivienda barata y a todos les da el sueldo para pagar la renta mensual, pero ninguno tiene los tres depósitos. Otro impedimento es que los agentes de *real estate* tenemos una muy mala fama (infundada) y a la gente le da miedo que "lo tumben". Y, por último, es un tema muy complicado y los latinos no estamos educados en el tema y esto asusta y más si es en país extranjero. Otra percepción de los inmigrantes por su condición es que la norma es vivir en alquiler: no se "ven" dueños de vivienda.

¿Cuál crees que es el error más común que cometen cuando compran vivienda?

No informarse bien o depender de la ayuda de alguien negligente, perdiendo oportunidades en el mercado inmobiliario y financiero o tomar decisiones equivocadas por culpa de una mala asesoría.

¿Nos podrías contar algo que te sorprendió al llegar a los Estados Unidos?

Mirando atrás, cuando yo llegué, ni se me pasó por la cabeza -de pronto ni sabía que existían - llamar un realtor. Yo manejaba los fines de semana y hacía mis citas, hasta que encontré el apartamento que me gustó y lo alquilé.

¿Qué consejo le darías a alguien que está interesado en comprar vivienda por primera vez?

Asesorarse adecuadamente. Dependiendo de los recursos disponibles, planear con anticipación la compra. Yo tengo clientes que no pueden financiar vivienda, pero tampoco llegan al nivel para que el gobierno les ayude, así que desde ya los reuní con un *mortgage broker* para que les hiciera un plan a algunos a un año - a otros a dos años - para que a futuro cumplan con las condiciones para un préstamo hipotecario para la vivienda que ellos quieren. Para la gente con recursos suficientes, buscar con tiempo y ver muchas propiedades, *muchas*, y siempre preguntar y exigir estar bien informados del proceso antes, durante y después.

TU LEGADO:
LA EDUCACIÓN DE TUS HIJOS Y LAS HERENCIAS

S i los padres pudieran elegir un solo regalo para darles a sus hijos, la mayoría seguramente escogerían una buena educación. Saber que les puedes ofrecer a tus hijos las herramientas necesarias para que empiecen a crear una vida exitosa en los Estados Unidos y cumplan sus propósitos de vida es algo que no tiene precio. De hecho, la tasa de alumnos hispanos que logra asistir a la universidad ha aumentado significativamente durante la última década: en 1993, el 22% de los hispanos entre 18 y 34 años asistió a la universidad. En 2015, este porcentaje subió a 35%.

Sin embargo, como ya debes saber, una educación universitaria de calidad puede llegar a tener un precio monetario bastante alto. Según datos del Departamento de Educación, las matrículas universitarias suben a un ritmo de 10% anual, y el estudiante promedio que comienza la universidad este año podría graduarse con alrededor de $37,000 de deuda estudiantil.

Ante este panorama desolador, la solución no es desalentarse sino saber utilizar las opciones disponibles para costear la educación en este país y preparase financieramente para ayudar a tus hijos a estudiar, recordando que una buena educación empieza en casa y que el tiempo de calidad que pases con tus hijos puede ser tan o más importante que el dinero que les puedas brindar para su educación.

En este capítulo también te mostraremos cómo realizar una proyección de ahorro realista que incluya el gasto educativo y que te permita dejar un legado a tu familia al momento de tu fallecimiento.

AHORRANDO PARA LA EDUCACIÓN UNIVERSITARIA

Si eres padre (o planeas serlo en un futuro) es normal que los posibles gastos asociados con la educación superior de tus hijos te puedan generar ansiedad. De acuerdo con mucha de la información existente sobre los costos asociados a la educación de pregrado y posgrado, si estos costos siguen aumentando a su tasa actual, es probable que debas invertir una suma entre $100,000 y $250,000 (dependiendo de la escuela) por una educación universitaria para tus hijos.

Todo padre cree que ahorrar para esta educación es importante, pero según la Fundación *College Savings* solo la mitad de los padres está apartando algo de dinero para este fin, y de esta mitad, solo el 50% tiene más de $5,000 ahorrados. En una encuesta reciente, solo el 32% de los padres encuestados tiene completa seguridad de poder costear los costos de educación de sus hijos, mientras que el 15% usaría sus fondos de retiro para ese fin y el 55% consideraría enviar a sus hijos a un *community college* para abaratar costos.

Por otra parte, la crisis de deuda estudiantil en los Estados Unidos es tal, que se está convirtiendo en una de las mayores causas de la desaceleración económica, ya que los jóvenes que se están graduando salen tan endeudados de la universidad que no están dispuestos a adquirir vivienda, comprar un auto o empezar un negocio.

Ya sea que estés por empezar un plan de ahorro para la educación de tus hijos o ya hayas comenzado a ahorrar para tal objetivo, **no permitas que las emociones se hagan cargo.** Aunque las proyecciones actuales pueden ser poco esperanzadoras, una educación de calidad para tus hijos no tiene porqué costar tanto, y en todo caso se requerirá una combinación de ahorros y préstamos por parte de los padres, otros préstamos y trabajo a medio tiempo por parte de los hijos y/o becas públicas o privadas para poder financiarla. **Así que no te dejes asustar por los "precios de lista" de las universidades, ya que casi nadie termina pagando el total de esa cifra, salvo personas con muy buenos ingresos.** Lo más importante es saber tus opciones y empezar a estimar los costos de educación.

¿CÓMO ESTIMAR LOS COSTOS DE EDUCACIÓN?

Los gastos universitarios pueden representar un gran costo, no solo para el inmigrante latino en los Estados Unidos sino para todo padre que tenga el sueño de darles una educación universitaria de calidad a sus hijos.

¿Vale la pena este elevado gasto?

Aunque muchos expertos de la educación superior critican la manera como su precio sube mucho más rápido que la inflación y resaltan que es posible ser competitivo en el mercado laboral actual de Estados Unidos sin un diploma universitario, hay que admitir que una educación universitaria de calidad abre muchas puertas. Según las estadísticas, los profesionales ganan más dinero y son más propensos a tener un trabajo que aquellos sin un diploma. En 2015, los licenciados que trabajaron a tiempo completo ganaron $24,600 más en promedio que los trabajadores a tiempo completo que contaban con solo un diploma de escuela secundaria.[8]

Por lo tanto, se puede pensar en la educación como una inversión a largo plazo que genera retornos monetarios importantes (en forma de salarios y mayores ingresos), personales (en forma de conexiones establecidas durante la universidad) e intelectuales (el conocimiento aprendido, la cultura y el dominar un oficio o materia).

Como nota positiva, debido a la grave crisis de endeudamiento actual que sufren los estudiantes universitarios, las universidades están enfrentando también el mismo tipo de competencia que enfrentan las empresas (además de mayores restricciones para que sus estudiantes accedan a préstamos). Como resultado, los costos universitarios se han nivelado un poco y le han dado la oportunidad a más gente de comparar matrículas y currículos para encontrar el mejor balance entre dinero y calidad educativa. http://study.com/articles/How_Much_More_Do_College_Graduates_Earn_Than_Non-College_Graduates.html

Un estudiante no debería elegir una universidad solo por su costo, pero tampoco debería permitir que los altos gastos universitarios lo obliguen a tomar malas decisiones financieras. De igual manera, es importante que sepa balancear entre un programa que le guste y uno que tenga buenas perspectivas de empleo en el futuro.

---

8 http://study.com/articles/How_Much_More_Do_College_Graduates_Earn_Than_Non-College_Graduates.html

Existen 5 gastos principales a tener en cuenta a la hora de estimar un costo aproximado para la educación financiera de los hijos. Estos gastos son:

- **Matrícula**: la matrícula, o *tuition and fees* es lo que se paga por el derecho a recibir clases en una universidad. Este valor puede cambiar de acuerdo con el programa académico, el número de créditos tomados o si el estudiante es de otro estado o no.

- **Alojamiento y alimentación:** o *room and board*, es un servicio que ofrecen las universidades para aquellos estudiantes que viven en el campus. Si el estudiante es de fuera del estado y decide vivir por fuera del campus, deberá buscar otras fuentes de alimentación y renta, por lo que los costos variarán.

- **Libros y materiales:** el costo promedio anual en esta categoría para alumnos que atienden una universidad pública en su mismo estado es de aproximadamente $1.300. Estos costos se pueden bajar si el estudiante utiliza textos usados o los renta.

- **Gastos personales:** estos gastos incluyen seguros, lavandería, teléfono, gastos de salud no incluidos en el seguro, corte de cabello, entretenimiento, salir a comer, etc.

- **Transporte:** estos gastos incluyen desplazamiento de y hacia el campus o viajes a casa. Si se tiene auto, se debe incluir los gastos de gasolina y mantenimiento. v

Estos gastos anuales pueden promediar $50.000 en universidades privadas y $25.000 en universidades públicas. Si la universidad tiene un mayor prestigio (como una *Ivy League*) o está situada fuera de tu estado, estos gastos pueden incrementar considerablemente en un 20 o 30%. Ahora, multiplica esto por los cuatro años que dura una carrera y tendrás un aproximado del costo total.

ESTABLECER METAS DE AHORRO PARA LA EDUCACIÓN

La clave para poder determinar las metas de ahorro destinadas a la educación de tus hijos es ser realista con los gastos totales y tener en cuenta tus demás objetivos financieros, **en especial tu retiro.** De esta manera podrás conocer tu panorama financiero y la forma en que el gasto educativo se puede amoldar a él.

Poder pagar el 100% del gasto universitario sin recurrir a ayudas externas es un privilegio reservado para muy pocos, así que si has decidido ahorrar para la educación universitaria de tus hijos **ponte una meta más aterrizada de pagar un tercio o la mitad del costo total.** El resto se puede obtener con préstamos, ayudas financieras o a través de un empleo de medio tiempo del estudiante. Sigue estos pasos para saber con mayor exactitud una cifra promedio a considerar:

- Ten en cuenta las **5 categorías principales de costos universitarios** y determina el costo total de 4 años de educación superior en una universidad que represente una posibilidad real
- Determina el porcentaje que puedas pagar y multiplícalo por el costo calculado anteriormente. Este valor es el costo total que pagarías hoy.
- Añade una inflación anual del 5% al costo total a pagar. De esta manera podrás saber un aproximado del valor a pagar por la educación superior de 1 hijo.
- Determina el número aproximado de meses que faltan para que tu hijo pueda ir a la universidad y divide el porcentaje a pagar por el número de meses y ese sería el valor mensual que deberías ahorrar. Claro, los intereses que ganes te ayudarán a bajar ese valor.

COSTOS ESTIMADOS DE EDUCACIÓN SUPERIOR

TIPO DE ESCUELA	Promedio de costos totales anuales promedio
4 AÑOS – PRIVADA	$42.500
4 AÑOS - PÚBLICA EN EL ESTADO DE RESIDENCIA	$21.500
4 AÑOS - PÚBLICA FUERA DEL ESTADO DE RESIDENCIA	$34.000
2 AÑOS – PRIVADA	$28.000
2 AÑOS – PÚBLICA	$15.500

CUENTAS DE AHORRO PARA LA EDUCACIÓN

Cuando tengas una mejor idea de las cifras a pagar por la educación universitaria de tus hijos, es hora de crear un plan para conseguir el dinero necesario. Puede que los números se vean un poco altos en este momento, pero entre más pronto empieces a diseñar un plan de ahorro, más dinero podrás acumular.

Para este fin, puedes utilizar cuentas de depósito diseñadas para incrementar tu dinero con el tiempo, entre ellas cuentas de ahorro específicamente diseñadas para la educación superior.

CUENTA DE CUSTODIA TRADICIONAL

Una cuenta de custodia es una cuenta de ahorros a nombre de un tercero (en este caso tu hijo) y controlada por el padre o custodio o guardián asignado, hasta que el hijo alcance la edad adulta legal (18 o 21 años, dependiendo del estado donde resida). Como custodio, tú decides cuánto debe depositarse en la cuenta, cómo se invierte el dinero, cómo se reinvierten los ingresos y cuándo sacar el dinero para gastar en nombre de tu hijo.

En esta cuenta se puede depositar efectivo, bonos de ahorro y otros valores. Cada año, los primeros $1050 de ganancia están libres de impuestos, y los siguientes $1050 se gravan anualmente a la tasa del hijo (generalmente el 10%). Toda ganancia siguiente se grava a la tasa del adulto. Los retiros también están sujetos a impuestos federales.

Aunque una cuenta de custodia tiene algunas ventajas, como la facilidad para crearla y sus pocas restricciones, también tiene ciertas desventajas, especialmente si se utiliza para ahorros universitarios. **Estas cuentas son sujetas a impuestos anuales y a cobros por retiro, por lo que si esperas utilizarla como una cuenta de ahorro el monto a pagar en impuestos muy seguramente sobrepasará el rendimiento del dinero.**

Otra desventaja es que, a diferencia de un plan 529 donde se puede transferir el dinero a otro beneficiario con fines educativos si el titular decide no ir a la escuela, los beneficiarios de una cuenta de custodia no pueden ser cambiados.

Si tu objetivo es poner a un lado un poco de dinero para tu hijo con fines distintos al ahorro universitario, una cuenta de custodia no es una mala idea. **Pero** si tu objetivo principal es la financiación del costo educativo, considera un plan de ahorro 529.

PLAN DE AHORRO 529

Un plan 529 (nombrado así por la sección del Código de Renta Interna en el que se encuentra) es un plan de ahorro educacional que varía según el estado y en el cual uno o ambos padres, un abuelo u otro benefactor pueden depositar una suma de dinero para los propósitos educacionales de un beneficiario. Cada estado tiene sus propios límites de depósito anuales, pero el plan 529 permite depositar un mínimo de $25 y más de $300,000 en depósitos de por vida.

El gran beneficio de una cuenta 529 es que las contribuciones realizadas al plan de ahorro y los rendimientos que el dinero va ganando con el tiempo **no están sujetos a impuestos federales, con la condición de que se utilice únicamente para cubrir gastos relacionados con la educación.** Es posible que se deban pagar algunos impuestos estatales al momento de retirar el dinero, pero a nivel federal la cuenta está completamente protegida de cualquier requerimiento fiscal. Este tipo de cuentas también pueden ser utilizadas para estudios de posgrado.

Vale la pena aclarar que el dinero de una cuenta 529 puede retirarse cuando se desee, obviamente pagando los impuestos requeridos y adicionando una comisión del 10%. También se puede cambiar el beneficiario en cualquier momento.

DESVENTAJAS DE UN PLAN DE AHORRO 529

Una posible desventaja de un plan de ahorros 529 – en especial para familias que buscan algún tipo de ayuda financiera para la educación – es que las universidades clasifican este tipo de cuentas como activos de no jubilación del benefactor, lo que puede perjudicar las opciones del beneficiario del plan para conseguir ayuda financiera más adelante. **Así, es una buena opción solo si tu familia cuenta con medios suficientes y están seguros de que no calificarán para ningún tipo de ayuda.**

También se debe tener en cuenta que en muchos de estos planes **no se puede controlar la manera como el dinero es invertido** (aunque esto también se puede convertir en una ventaja). La mejor manera de superar este obstáculo es conseguir un plan que tenga en cuenta la edad del beneficiario y disminuya el riesgo de inversión a medida que se acerque el momento de ir a la universidad. Por último, algunas de estas cuentas tienen altas comisiones de manejo y no permiten el traslado de fondos a otras cuentas.

PLAN DE MATRÍCULA PREPAGO 529

Estos planes son esencialmente otro tipo de plan 529 con la diferencia que en este plan el estado asume gran parte del riesgo. Estos planes estatales permiten "congelar" el costo de una matrícula a través del tiempo, por lo que, si se adquieren hoy, pueden ser redimibles en 5 o 10 años al costo actual. Esto los hace particularmente atractivos en un mercado en el que las tasas de matrícula universitaria están aumentando alrededor del 10% anual.

Estos planes también traen algunas limitaciones importantes:

- Debes tener la disponibilidad de los fondos en la actualidad para pagar por adelantado.
- Utilizar estos planes puede limitar tu elegibilidad a la hora de pedir ayuda financiera más adelante.
- Los fondos invertidos solo pueden ser utilizados para las matrículas y honorarios (no pueden ser usados para financiar alojamiento y alimentación u otros gastos) y son redimibles solo en universidades públicas del estado. **De esta manera, estarás limitando enormemente la oferta universitaria de tus hijos.**
- Debido a que los fondos se "congelan" para protegerlos de los movimientos del mercado, será más difícil poder garantizarlos si estos movimientos alcanzan una gran volatilidad. Estados como Florida avalan los fondos para la educación, independiente de la inflación. Pero si el estado sufre problemas de presupuesto o tiene dificultad para pagar sus cuentas, como Illinois, puede que los fondos no sean garantizados. Así, está opción no es muy recomendable.
- Cuentas de ahorros para la educación Coverdell

Una cuenta de ahorros para la Educación *Coverdell* (previamente conocida como una IRA educacional) es una cuenta en custodia similar a la cuenta 529, ya que es utilizada únicamente para pagar los gastos de educación del beneficiario de la cuenta. Como tal, tiene varios de los beneficios fiscales de esta cuenta, aunque también presenta varias limitaciones.

Entre las ventajas que tiene una cuenta Coverdell es que, a diferencia del plan 529 que solo puede ser utilizado para gastos universitarios, **esta cuenta puede** ser usada para financiar gastos de educación media. **Adicionalmente, ofrece un mayor rango de inversiones que un plan 529 y permiten un ilimitado número de cambios a la hora de escoger estas inversiones.**

En cuanto a las limitaciones, una gran restricción de la cuenta Coverdell es la contribución anual que se puede realizar. **Este límite es de $2.000 por beneficiario hasta que este cumpla los 18 años. Esta cantidad es bastante menor a los más de $300.000 que se pueden contribuir en un plan 529,** por lo que, si el benefactor tiene la capacidad de contribuir más dinero, un plan 529 es mucho más adecuado.

Otra posible desventaja de una cuenta Coverdell son las limitaciones de contribución que operan. **Si los ingresos anuales del benefactor superan determinada suma, puede que no se le permita contribuir a la cuenta.** La contribución permisible se elimina gradualmente basándose en el Ingreso Bruto Ajustado Modificado, o *Modified Adjusted Gross Income* anual del benefactor.

Otra restricción de la cuenta Coverdell es que no es posible crear una cuenta y realizar contribuciones para beneficiarios mayores a 18 años, a no ser que este beneficiario tenga necesidades especiales. **Esto quiere decir que es imposible seguir contribuyendo después de que el beneficiario haya entrado a la universidad.**

ROTH IRA

Utilizar una cuenta de retiro para financiar los gastos universitarios de los hijos puede traer algo de confusión al principio, pero si se tienen en cuenta algunas de sus características, es posible que se convierta en una buena opción a considerar.

Como lo mencionamos anteriormente, la mayoría de los activos de un benefactor –incluidos los planes 529– se incluyen en el **formulario FAFSA**, que determina la capacidad de pago de una familia y su derecho a pedir ayuda financiera (hablaremos de este formulario más adelante). Esto significa que al hacer lo "correcto" y ahorrar diligentemente para la educación de un niño en un plan 529, **los padres pueden terminar aumentando su capacidad de pago y reducir o eliminar así la cantidad de ayuda financiera a la que este hijo podría calificar.**

Por su parte, una Roth IRA (junto con otras cuentas de jubilación) no se consideran activos en los formularios FAFSA. Tampoco hay límite a la cantidad que se puede ahorrar en estas cuentas, por lo que se pueden acumular sumas significativas y todavía calificar para la ayuda estudiantil del hijo.

Obviamente, utilizar una cuenta Roth IRA para pagar la educación también tiene sus desventajas. Si tenemos en cuenta que existen límites de dinero para contribuir a una cuenta Roth IRA ($5.500 por padre y $11.000 por ambos padres, sin importar el número de hijos que tengan), destinar parte de la cuenta a costear gastos educacionales **automáticamente disminuye el espacio para los gastos del retiro**. Considerando las varias opciones para financiar gastos de educación superior (becas, ayuda financiera) y las pocas alternativas para financiar el retiro, el riesgo puede ser considerable.

De igual manera, mencionamos que una cuenta Roth IRA no es considerada como un activo por parte de un benefactor en el formulario FAFSA. Pero apenas retires dinero de ella (y teniendo en cuenta que este formulario debe ser diligenciado cada año) **el FAFSA pasará a considerarla como un activo el año siguiente. Esto puede obligarte a pagar más dinero si tu hijo o nieto son calificados para recibir ayuda financiera.** Estas cuentas de retiro también imponen límites de ganancia sobre quién puede contribuir a ellas, mientas que un plan 529 no los impone.

FONDOS DE INVERSIÓN PARA EDUCACIÓN

Las compañías financieras gastan muchísimo dinero publicitando productos financieros que prometen incrementar de manera exponencial el dinero que tienes destinado a la educación de tus hijos. Buscan apelar a tul amor y responsabilidad hacia ellos y a la importancia de una buena educación. Y aunque a veces es fácil dejarse llevar por este tipo de promesas, las reglas que aplican para encontrar un buen negocio también aplican para definir una buena inversión con fines educacionales. **El mejor consejo para aquellos que buscan ahorrar para la educación de sus hijos es centrarse en inversiones de bajo riesgo, con bajo costo y con resultados demostrables.**

FONDOS MUTUALES SIN COMISIONES Y ETFS

Como lo hemos discutido anteriormente, los fondos mutuales o los ETFs son herramientas financieras que ofrecen buenas alternativas para un ahorro saludable con retornos confiables a largo plazo. Además, ofrecen un buen nivel de diversificación y la muy oportuna capacidad de graduar el nivel de riesgo de acuerdo con la edad de los hijos. A medida que estos vayan creciendo y se aproxime el momento de ir a la universidad, el riesgo en la inversión va disminuyendo.

Una de estas alternativas es un **fondo mutual sin cargo** (*no-load fund*). Un fondo sin cargo es un fondo mutuo en el que las acciones se venden sin una comisión o cargo de venta. Esto ocurre porque las acciones son distribuidas directamente por la empresa de inversión sin pasar por un intermediario. Lo contrario sucede en un fondo con cargo (*load fund*), que cobra una comisión en el momento de la compra y venta del fondo o una comisión anual durante el tiempo que el inversor posea el fondo.

Varios estudios generalmente muestran que el desempeño de los fondos sin cargo supera al de los fondos con cargo durante un período dado. Estos estudios se basan en una simple premisa: primero, siempre hay un precio a pagar por los servicios adicionales recibidos en un fondo con cargo y segundo, si pagas por un fondo con cargo, este debe proporcionar un valor adicional para compensar por su mayor costo. Algunos fondos con cargo añaden dicho valor adicional, pero muchos otros no.[9] Algunas inversiones no recomendadas para la educación superior

Las pólizas de seguros de vida que ofrecen un valor en efectivo son una de las maneras más comunes para invertir en el financiamiento de los gastos universitarios. Se justifican en el razonamiento de que además de obtener un seguro de vida para proteger a tu familia, es posible obtener un préstamo que pueda ser destinado a la educación de tus hijos. Una de las razones principales por las cuales no deberías tratar de financiar los costos universitarios a través de un seguro de vida con pago en efectivo **es que obtienes un mayor beneficio invirtiendo en una cuenta de retiro que te da una deducción de impuestos inmediata.** Debido a que el seguro de vida que ofrece un valor en efectivo es más costoso (en parte por las comisiones más altas que estas pólizas pagan a los agentes que las venden), es más probable que los padres, al querer adquirirlo, no se aseguren lo suficiente. Si lo que quieres es un seguro de vida, estarás mejor comprando uno más asequible (ver la sección de seguros de este libro). De esta manera, puedes cubrir mejor tu riesgo y concentrarte en los gastos universitarios por otro lado.

Otra mala inversión para los gastos universitarios son las **money market accounts**, de las que hablamos en el capítulo 5. El secreto a la hora de ahorrar

9 http://www.investopedia.com/articles/mutualfund/07/no-load.asp?lgl=rira-baseline-vertical

para gastos futuros – como los universitarios – es permitir que el dinero crezca a un mayor ritmo que la inflación. Este tipo de cuentas no te darán los retornos necesarios para contribuir de la mejor manera a la educación superior de tus hijos. Tu dinero crecerá más rápidamente en otro tipo de cuentas.

OPCIONES DE FINANCIAMIENTO

El sistema de ayuda financiera para la educación en los Estados Unidos es un poco difícil de entender en su totalidad, ya que debe cubrir a miles de centros universitarios y atender las necesidades de millones de estudiantes, cada uno con una situación familiar y financiera específica. Es por esto por lo que cuenta con varias categorías y diferentes pasos a seguir que al final pueden terminar confundiendo a los interesados en de financiar la educación superior.

Para empezar, este sistema de ayuda financiera ofrece varias opciones de financiamiento para la educación superior en los Estados Unidos. Las más importantes son:

- Préstamos Estudiantiles
- Becas y Subsidios
- Planes de Trabajo y Estudio
- Otras Fuentes de Financiamiento

Cada una tiene sus pros y sus contras y está diseñada para un caso específico. Aquí las explicaremos de manera sencilla para que puedas decidir la mejor opción.

PRÉSTAMOS ESTUDIANTILES

Si necesitas más información y las condiciones para aplicar a estos préstamos, puedes visitar la página del gobierno sobre préstamos estudiantiles:

https://studentaid.ed.gov/sa/types

Una manera de categorizar la oferta de préstamos estudiantiles es el prestamista que los ofrece: estos pueden ser tanto **federales** (a través del departamento de educación o de un estado) como **privados** (a través de universidades, organizaciones sin ánimo de lucro, bancos o instituciones crediticias). **Estos últimos usualmente son menos favorables para el estudiante común, ya que no tienen planes de pago o condonaciones de deuda y normalmente cuentan con tasas de interés más altas.**

A su vez, los préstamos federales se subdividen en 2 programas:

- El programa Préstamo Directo (William D. Ford Federal Direct Loan)
- Programa de Préstamo Federal *Perkins*

Si necesitas más información y las condiciones para aplicar a estos préstamos, puedes visitar la página del gobierno sobre préstamos estudiantiles:

https://studentaid.ed.gov/sa/types

PRÉSTAMO FEDERAL	DETALLES	TASA DE INTERÉS	MONTO DEL PRÉSTAMO
DIRECTO CON SUBSIDIO	Estudiantes de pregrado y posgrado. Hay que demostrar necesidad financiera. El gobierno paga los intereses durante la carrera	**4.45%** para préstamos desembolsados entre 1 de Julio de 2017 y 1 de Julio de 2018.	**$5.500** para estudiantes de 1er año. **$6.500** para 2do año y **$7.500** para 3er y 4to año. Monto máx. **$31.000**
DIRECTO SIN SUBSIDIO	Estudiantes de pregrado y posgrado. No hay que demostrar necesidad financiera. El estudiante paga los intereses	**4.45%** para estudiantes de pregrado y **6%** para estudiantes de posgrado.	Hasta **$20.500** (menos cualquier subsidio en el mismo periodo) dependiendo de nivel de grado y dependencia
DIRECT PLUS	Padres de estudiantes de pregrado y estudiantes graduados o profesionales. No hay que demostrar necesidad financiera pero sí buena historia crediticia	**7%** para préstamos desembolsados entre 1 de Julio de 2017 y 1 de Julio de 2018	La universidad determina el monto a pedir basado en otra ayuda financiera recibida
PERKINS	Estudiantes de pregrado y posgrado. Elegibilidad depende de necesidad financiera y disponibilidad de fondos en la universidad	Tasa de interés fija de **5%** durante amortización de 10 años y un período de gracia de 9 meses	**$5.500** para estudiante de pregrado y **$8,000** para posgrado. Monto máximo de **$27.500** por estudiante de pregrado y **$60.000** para posgrado.

Un préstamo de consolidación directa permite a los estudiantes combinar el número de pagos sobre todos sus préstamos en uno solo y con un solo prestamista. La mayoría de los préstamos federales son elegibles para la consolidación, pero los préstamos privados no. Los estudiantes tienen la opción de consolidar sus préstamos al completar la universidad, al retirarse o cuando estén por debajo del estatus de estudiante de medio tiempo. Antes de considerar uno de estos préstamos es importante tener en cuenta cualquier beneficio asociado con los préstamos originales, tales como descuentos en las tasas de interés. Una vez los préstamos se consoliden en uno solo, estos beneficios se pierden. Además, si el nuevo préstamo aumenta el período de amortización, el estudiante puede terminar pagando más intereses.

Préstamos Privados

Los préstamos de educación privada, también conocidos como préstamos de educación alternativa, están dirigidos a estudiantes de pre y posgrado y tienen como fin ayudarles a cerrar la brecha entre el costo real de la educación y la cantidad limitada que el gobierno les permite tomar prestado en sus programas. Los préstamos privados son ofrecidos por prestamistas privados y no hay formularios federales para completar. La tasa de interés es determinada por la historia crediticia del solicitante (y es usualmente variable) y el estudiante debe pagar el préstamo mientras estudia.

Algunas familias recurren a préstamos de educación privada cuando los préstamos federales no proporcionan suficiente dinero o cuando necesitan opciones de reembolso más flexibles. Sin embargo, dado que los préstamos de educación federal son menos costosos y ofrecen mejores condiciones que los préstamos estudiantiles privados, **lo ideal es que agotes tu elegibilidad para préstamos estudiantiles federales antes de recurrir a estos últimos.**

BECAS O SUBSIDIOS

Encontrar becas o subvenciones universitarias no es una tarea fácil. Con los precios de las matrículas a niveles tan altos y un número cada vez mayor de solicitantes, conseguir una beca es un proceso bastante competitivo y demandante que puede quitar mucho tiempo. Además, en algunos casos las becas están reservadas para algunos pocos con una gran necesidad financiera, un sobresaliente desempeño académico o un talento especial. **A pesar de estas dificultades, siempre es recomendado aplicar para una beca.**

Como los préstamos, las becas y los subsidios también pueden tener diferentes orígenes. Pueden ser ofrecidas por el gobierno federal, por el estado en el que vives, por un colegio o universidad o por organizaciones privadas o sin ánimo de lucro. En general, los parámetros que se utilizan para entregar una beca son variados. Por ejemplo, mientras las becas del gobierno suelen estar dirigidas a aquellos estudiantes con la mayor necesidad financiera, las becas privadas suelen basarse en otros parámetros, como los méritos exhibidos. Adicionalmente, otras becas se otorgan en función de la ubicación, edad u ocupación en la que un estudiante se quiera especializar.

Es importante que el estudiante interesado investigue un poco más sobre las becas a las que puede aplicar y lo más importante, que aplique dentro de los plazos requeridos.

BECAS FEDERALES

El departamento de Educación de los Estados Unidos ofrece una gran variedad de subsidios a estudiantes que quieran asistir a una universidad de 4 años, a un *community* o a una escuela técnica. Las condiciones para recibir estas becas se basan en la necesidad financiera del solicitante y en completar el formulario FAFSA de ayuda financiera. Estas becas son:

BECA FEDERAL PELL	BECA FSEOG (FEDERAL SUPPLEMENTAL EDUCATIONAL OPPORTUNITY GRANT)
• Se conceden a estudiantes de pregrado que han demostrado, a través del formulario FAFSA, necesidad financiera • El monto de la beca puede variar anualmente, siendo el monto máximo $5.920.	• Adjudicada por la universidad o establecimiento educativo. Pueden optar estudiantes que han demostrado la mayor necesidad financiera. • La beca entrega un monto de entre $100 y $4,000 al año. No todos los establecimientos educativos hacen parte del programa.

BECAS PRIVADAS

Encontrar y aplicar a una beca privada no es tan difícil y siempre vale la pena. Por ejemplo:

- Existen varias compañías que ofrecen becas a los hijos de sus empleados. También existen organizaciones religiosas o comunitarias que ofrecen becas a sus miembros o familiares de miembros.

- Si tu hija o hijo tiene una carrera específica en mente, se pueden investigar asociaciones profesionales en esa industria.

- Siempre es bueno buscar por áreas o industrias que requieran una mayor mano de obra, como la informática o la electrónica. Estas industrias usualmente ofrecen muchas becas a personas interesadas.

- www.Fastweb.com es un sitio web donde se pueden encontrar becas, pasantías y muchas oportunidades en base a cientos de parámetros. En el capítulo 10 podrás encontrar otros enlaces de instituciones que ofrecen becas a la población latina.

- Por último, puedes buscar en la página de becas del Departamento de Trabajo de los Estados Unidos: https://www.careeronestop.org/toolkit/training/find-scholarships.aspx

PLANES DE TRABAJO Y ESTUDIO

Los planes federales de trabajo y estudio ofrecen trabajos de medio tiempo para estudiantes de pregrado y posgrado y profesionales con necesidades financieras, permitiéndoles ganar dinero para poder costear sus préstamos estudiantiles. **De esta manera, pueden alivianar la carga financiera sobre sus padres y aprender sobre disciplina y responsabilidad.** El programa no solo brinda oportunidades laborales relacionadas con el área de interés del estudiante (cuando sea posible), sino que estimula el trabajo comunitario y el servicio a los demás.

Como en otros programas federales, no todos los establecimientos educativos hacen parte de él, así que es necesario consultar con la oficina de ayuda financiera de la universidad, *community college* o escuela técnica a la que se piensa asistir. El programa ofrece trabajos tanto en el campus como fuera de él y garantiza como mínimo un salario mínimo de remuneración.

OTRAS FUENTES DE FINANCIAMIENTO

Existen otras maneras en las que una familia puede conseguir los recursos económicos necesarios para financiar la educación superior de los hijos. Aunque lo más apropiado es que el inmigrante latino utilice uno de los recursos ya mencionados, como un plan de ahorro o un préstamo estudiantil, si estas opciones no se pueden concretar, es posible que la familia pueda:

- **Enseñar a los hijos a trabajar** desde la secundaria, tener un buen rendimiento escolar y aplicar a becas
- Sacar un segundo *mortgage* sobre la casa
- Que un padre obtenga un préstamo personal, **aunque esto es muy poco recomendado**
- Considerar la posibilidad de **estudiar en el país de origen**, donde los costos educativos y de vida son menores. Algunas carreras incluso pueden validarse en los Estados Unidos cumpliendo con algunos requisitos o estudiando por un tiempo adicional.

¿QUÉ ES EL FAFSA Y CÓMO DETERMINAN LAS UNIVERSIDADES TU CAPACIDAD DE PAGO?

Hemos mencionado el formulario **FAFSA** (*Solicitud Gratuita de Ayuda Federal para Estudiantes*, por sus siglas en inglés) como un requerimiento obligatorio para obtener ayuda financiera federal o universitaria. En realidad, el estudiante debe completar uno o dos formularios de ayuda financiera: el FAFSA y/o el **Perfil CSS**.

El fin de completar el formulario FAFSA es determinar la elegibilidad del estudiante para recibir ayuda financiera federal, mientras que el perfil CSS les permite a las universidades que lo utilizan investigar más a fondo las finanzas de la familia del estudiante y determinar su elegibilidad para recibir ayuda financiera de la institución. La gran mayoría de universidades en los Estados Unidos utiliza el formulario FAFSA como su único método de aplicación para ayuda financiera federal. Sin embargo, existen alrededor de 200 instituciones educativas (entre ellas las de mayor reputación y categoría) que exigen el perfil CSS para sus estudiantes.

APORTE ESPERADO DE LA FAMILIA

Independientemente del tipo de formulario que deba llenar el estudiante, la función de ambos es prácticamente la misma: determinar el **Aporte Esperado de la Familia** (*Expected Family Contribution*, o *EFC*, por sus siglas en inglés) de cada estudiante, o **la cantidad mínima que se espera que el estudiante contribuya para el costo de la universidad.**

Por lo tanto, el EFC representa una cantidad en dólares. ¿Qué tipo de información se analiza en los formularios FAFSA y perfil CSS para llegar a una suma específica?

La información financiera entregada se enfoca principalmente en:

- los activos e ingresos de los padres y el estudiante
- el tamaño de la familia y el número de hijos dependientes matriculados en la universidad en un año determinado.

Si el EFC de un estudiante es menor que el costo de asistencia a una universidad, el estudiante es apto para recibir ayuda financiera.

Las universidades esperan que los padres contribuyan hasta con el 47% de sus ingresos netos al costo de la universidad de sus hijos cada año. Para determinar este 47%, se utiliza el siguiente método:

- Se toma el ingreso bruto ajustado (*Adjusted Gross Income*, por sus siglas en inglés) de la línea 37 de la forma 1040 de los Impuestos Federales de los padres del solicitante.
- A esto se añade cualquier contribución del plan de jubilación que se haya realizado, contribuciones HSA, manutención de hijos recibida y otros ingresos no gravables.
- Luego se resta el subsidio de protección de ingresos y lo que se pague en impuestos federales, estatales e impuestos FICA.
- Esta cifra final es el ingreso neto disponible. Si tu ingreso neto disponible es de $50,000, una universidad esperará que pagues aproximadamente $23,500 por año para el costo de la universidad.[10]

También debes tener en cuenta que las universidades no solo toman en cuenta tus ingresos, sino tus activos de no retiro y que un formulario FAFSA tiene en cuenta distintos activos a un perfil CSS. Entre tanta confusión, lo más importante para tener mayor claridad a la hora de saber cuánto deberás pagar por la educación superior de tus hijos, es que puedas responder estas 3 preguntas:

- ¿Qué universidades utilizan qué formulario?

---

10   https://www.forbes.com/sites/troyonink/2017/01/08/2017-guide-to-college-financial-aid-the-fafsa-and-css-profile/#686a6c384cd4

- ¿Cómo se evaluarán las finanzas de mi familia bajo cada formulario?
- ¿Mis ingresos pueden dejar a mi hijo fuera de la consideración para recibir ayuda basada en la necesidad, independientemente del tipo de cuentas o a nombre de quién se encuentren mis bienes?

HERENCIA Y LEGADO (TESTAMENTO Y TRANSFERENCIA DE RIQUEZA)

La herencia, el testamento y la transferencia de riqueza entre generaciones es un tema que siempre tendrá una especial preponderancia en la unidad familiar. Esta riqueza acumulada, sin importar su tamaño, es el fruto de muchos años de esfuerzo y de aventuras llenas de incertidumbre, como venir a un país extraño para poder garantizar un mejor futuro a nuestros hijos. A medida que transcurren las generaciones y hay transmisión de bienes, las familias comienzan su vida con menores necesidades y al cabo de algunos años puede pasarse de la pobreza a la riqueza.

Un **testamento final** es un documento legal que determina el destino de las posesiones y bienes del redactor una vez este fallece. Un **testador** (la persona que busca cumplir su voluntad a través del testamento) debe asegurarse de que el documento cumpla con una serie de requisitos legales para evitar problemas de sucesión y riñas familiares en un futuro. En el caso de una sucesión complicada y con muchas variables a tener en cuenta, **lo mejor es contar con la ayuda profesional de un abogado que ayude a resolver dudas y redactar el documento final.** Si tu situación es relativamente sencilla, tú mismo puedes redactar tu propio testamento y evitar los honorarios de abogados.

ASPECTOS PARA TENER EN CUENTA ANTES DE REDACTAR UN TESTAMENTO

Son muchos los factores a considerar al momento de redactar un testamento final para lograr una repartición justa de nuestros bienes. Estos son los más importantes:

DISTRIBUCIÓN DE BIENES Y BENEFICIARIOS

El primer paso para determinar la distribución de bienes es realizar un inventario de todos los que quieras dejar a tus **beneficiarios**. El beneficiario es cualquier familiar, amigo, institución, organización o incluso mascota a la que estás transfiriendo un bien en tu testamento. Al momento de incluir un bien dentro del testamento y de adjudicarle un beneficiario, te estás asegurando de que no vayan a haber discusiones posteriores a tu fallecimiento entre los herederos de los bienes.

¿Qué tipo de bienes se pueden incluir en una herencia?

- Propiedades de finca raíz, lotes, edificios etc.
- Dinero en efectivo o en cuentas
- Propiedad personal intangible, como acciones, bonos, instrumentos financieros, propiedad intelectual, regalías, derechos de autor, patentes, etc.
- Otro tipo de propiedad, como autos, joyas, arte, muebles, etc.
- También se puede incluir propiedad residual, la cual no es heredada específicamente a alguien. Se puede elegir un beneficiario específico para esta propiedad

Existen otro tipo de bienes que no se pueden incluir en un testamento:

- Bienes que son propiedad de 2 o más personas, como una casa. En este caso, la propiedad pasa a ser del co-propietario en vida
- Fideicomisos, planes de retiro o pólizas de seguro que ya tienen un claro beneficiario
- Acciones o bonos con cláusulas de transferencia en el momento de la muerte del propietario

Ten mucho cuidado al dejar una propiedad a múltiples beneficiarios. Por ejemplo, si dejas una casa a varios hijos con participaciones iguales, piensa en lo que puede suceder si uno de tus hijos quiere vender la propiedad y otro no. En tal caso, puede ser una buena idea consultar a un abogado que te ayude a solucionar este tipo de situaciones.

Por otro lado, la ley aún no ha podido determinar con claridad la **trasferencia de bienes digitales**, como perfiles de redes sociales, contraseñas de correos electrónicos, fotos o videos. La transferencia de este contenido debe ser aprobada por el dueño y en caso de que este fallezca sin dar aprobación, la ley no permite acceso a su familia, exceptuando casos específicos. En este caso, cada estado tiene una regulación diferente.

Si ya has nombrado un beneficiario para ciertos activos – incluso bienes que tienen un beneficiario asignado al momento de tu fallecimiento como fideicomisos, planes de retiro, seguros o acciones – pero deseas dejar esa propiedad a otra persona, normalmente la ley te permite cambiar al beneficiario designado.

ASIGNACIÓN DE EJECUTOR, GUARDIÁN Y TESTIGOS

Un **ejecutor**, o albacea es la persona encargada de supervisar la liquidación de tu herencia, pagar cualquier deuda o impuestos en nombre de tu patrimonio y asegurarse de que los beneficiarios reciban sus respectivos bienes. Es un rol muy importante**, así que debes escoger a alguien que tenga tu entera confianza, conocimiento sobre procesos financieros y legales y atención al detalle.** Es probable que el mejor ejecutor no sea un familiar o amigo, sino otra persona que esté mejor calificada para hacer el trabajo. También puedes buscar a un profesional entrenados en este tipo de labores. Las únicas personas que no pueden actuar como ejecutores son menores de edad, los testigos del testamento y en algunos estados, ex-convictos.

Un **guardián** es la persona responsable de criar a tus hijos si falleces y de garantizar su seguridad general y crecimiento físico y emocional hasta que sean mayores de edad. Si el otro padre natural de los niños está vivo y presenta buenas condiciones físicas y mentales, él o ella probablemente serán nombrados como guardián. Sin embargo, es una buena idea hacer arreglos para un escenario en el que falten ambos padres. Con el fin de ser lo más claro y organizado posible, puedes también nombrar un guardián sucesor, quien se convertirá en el guardián de los niños (o de un adulto dependiente) en caso de que el guardián primario no pueda ejercer la función.

Existe otro tipo de guardián: el **guardián de los bienes.** La responsabilidad de este guardián es la de administrar el dinero que hayas dejado en nombre de un menor de edad y garantizar su bienestar financiero. Si no nombras un guardián de bienes en tu testamento, un tribunal determinará quién lo debe hacer.

En muchos casos, la ley exige que el testamento sea firmado con uno o más **testigos,** quienes pueden asegurar que la información incluida en el testamento es veraz. Cada estado tiene distintas reglas sobre los derechos y deberes de un testigo, así que infórmate más sobre las reglas del tuyo.

ABOGADOS

Como lo hemos visto anteriormente, un testamento es un documento con mucha importancia para el testador y su familia y muy abundante en términos y escenarios legales. No es obligatoria la presencia de un abogado en la creación de un testamento, pero puede ser muy útil. Un abogado te puede explicar detalladamente las implicaciones de cualquier decisión, diseñar un plan para transferir un bien sin pagar tantos impuestos y redactar el tipo de testamento más apropiado de una manera clara y concisa.

TIPOS DE TESTAMENTO

Dado que los estados difieren en los tipos de testamentos a utilizar, consulta con tu abogado para asegurarte cuál debes realizar según tu caso específico:

- **Testamento simple**: se utiliza cuando las finanzas del testador son sencillas y cumplir la distribución de bienes entre los beneficiarios no requiere demasiado trabajo.
- **Fideicomiso testamentario**: pone al menos parte de tu propiedad en un fideicomiso, o *trust*, para que pueda ser administrado por un tercero que distribuye la propiedad al beneficiario.
- **Testamento conjunto:** es creado por dos testadores que dejan su propiedad el uno al otro. Además, especifica cómo se distribuirá la herencia cuando fallece el segundo testador. Un testamento conjunto no puede ser revocado sin el consentimiento de ambos testadores, lo que significa que es irrevocable tan pronto como uno de los testadores muera.
- **Testamento ológrafo:** es un testamento escrito a mano. La ley permite estos testamentos, pero tienen varios inconvenientes, entre ellos la posibilidad de falsificación y su poco peso legal en una corte.
- **Testamento vital:** no distribuye bienes después de la muerte del testador, sino que le permite a este expresar su voluntad en caso de que una enfermedad terminal o irreversible no le permita comunicarse. Por ejemplo, el testamento vital podría decir que no deseas estar enganchado a un tubo de alimentación, incluso si pudieras morir sin él.

¿CÓMO SE REDACTA UN TESTAMENTO?

Es importante que te informes sobre las condiciones y requisitos legales que debe incluir un testamento en tu estado. Ten en cuenta que estas condiciones pueden cambiar cada año, así que la ayuda de un abogado puede ser muy beneficiosa. Si decides seguir adelante con la redacción de tu propio testamento sin un abogado, existen programas de computador que te pueden ayudar a crearlo. Entre estos programas se incluyen Quicken WillMaker, Rocker Lawyer, Legal Zoom y Law Depot, entre otros.

El testamento debe ser **completamente identificable**. Esto quiere decir que debe tener incluido factores de identificación exclusivamente tuyos para que no exista peligro de confusión con el testamento de un homónimo. Estos factores son tu nombre completo, número de identificación o de seguridad social, el lugar y la fecha de tu nacimiento y tu dirección.

También debes incluir una **declaración jurada en el testamento**. Esta declaración sirve para que puedas dar fe de tus buenas facultades mentales y dejar en claro que lo expuesto en el testamento es tu última voluntad. Un testamento es algo que puede ser muy sensible para muchos familiares y amigos, por lo que pueden aparecer cuestionamientos sobre la salud mental del testador y su capacidad intelectual para entender lo que el testamento refleja. Sin este paso, la validez legal del testamento puede entrar en duda, desencadenando todo un proceso legal que puede dejar secuelas emocionales y financieras dentro de la familia. Debido a esto, tu abogado te puede recomendar incluir información que certifique tu competencia mental, como exámenes médicos o un video con una declaración tuya.

Los continuos cambios en las leyes que regulan los testamentos y la transferencia de riqueza entre generaciones hacen necesario **incluir cláusulas que anulen testamentos anteriores**, si es que ya has redactado testamentos o introducido cambios en el testamento actual.

Es también necesario nombrar los beneficiarios, ejecutores, guardianes y testigos muy claramente en el testamento, introducir cláusulas que autoricen su labor e incluir detalles que los puedan describir. **Adicionalmente, debes tomar en consideración otro tipo de eventualidades, como el fallecimiento de un beneficiario antes del propio.** Explica claramente quién recibe la herencia del pariente fallecido. Por otro lado, en el testamento también puedes determinar cómo quieres que tus familiares dispongan de tus restos.

Cuando te hayas asegurado – posterior a una consulta con tu abogado – de que todo está incluido, **firma el testamento con tu nombre, fecha y ubicación de la firma.** La firma puede requerir ciertas condiciones legales dependiendo del estado en el que te encuentres, entre ellas la presencia de tus testigos, quienes luego deben firmar para aseverar tu mayoría de edad, tu salud mental y tu firma del documento final. Si necesitas realizar cambios al testamento después de la firma, lo puedes hacer a través de un **codicilo**, el cual es un documento que te permite realizar modificaciones al testamento después de firmado.

Finalmente, guarda tu testamento en un lugar seguro, como una caja fuerte, o un depósito en un banco. También se lo puedes entregar a tu abogado. Asegúrate de entregarle una copia a tu ejecutor para preservar el documento, y si lo vas a guardar, que exista acceso al documento final después de tu fallecimiento.

El *Living Revocable Trust*

En los últimos años esta opción se ha vuelto muy popular. Consiste en transferir en vida los bienes que conforman tu patrimonio a un fideicomiso, el cuál será el dueño de los bienes de ahora en adelante. Esta figura cuenta con un fideicomisario, o *trustee*, quién será el encargado de la administración de los bienes; este puede ser una persona o una institución como un banco. La ventaja es que se pueden disponer de los bienes a la hora del fallecimiento sin tener que pasar por el proceso judicial en una corte (*probate*) para la adjudicación de los bienes. También puede ser útil en caso de enfermedades o pérdida de la capacidad para la persona que establece el *trust*. Al ser revocable, se puede cambiar en cualquier momento. Esta estrategia permite ahorrar los costos del proceso judicial, entregar los bienes de forma más expedita a los beneficiarios y puede tener ventajas tributarias. Aunque lo puedes hacer tú mismo, consulta a tu abogado o asesor financiero para obtener más información.

CLAVES PARA EDUCAR FINANCIERAMENTE A LOS HIJOS

Uno de los resultados del colapso económico de 2008 en las familias fue el conocimiento financiero que los padres empezaron a transmitir a sus hijos para que no cometieran los mismos errores que llevaron a millones de personas a perder todo lo que habían construido en años. De repente, términos como "puntajes FICO" o "tasas de interés" se hicieron parte de un lenguaje común dentro de muchos hogares.

Sin embargo, en muchas otras familias el dinero y las finanzas son aún temas tabúes. Muchos padres no logran ser directos y honestos con sus hijos acerca de la importancia del dinero, de llevar un simple presupuesto o de poner en práctica la famosa máxima **nunca gastes lo que no tienes.** Estos padres no solo enseñan con el ejemplo –uno que no siempre es el mejor– sino que consideran el dinero como un tema de adultos que debe mantenerse completamente alejado de los niños. Su razonamiento es que sus hijos "deben ser niños" y que "más adelante tendrán el tiempo necesario para aprender todo sobre el dinero."

Ésta es una mentalidad muy equivocada por varias razones. Primero, estos padres están aislando a sus hijos de un tema que va a ser trascendental a lo largo de su vida y el cual deberían conocer más a fondo. Segundo, están condicionando a sus hijos para que no sepan tomar buenas decisiones financieras, **convirtiéndolos así en víctimas de un sistema financiero al que le importa más las ganancias que las personas.** Y tercero, los están obligando a enterarse sobre el dinero a través de las típicas discusiones que siempre tienen los padres sobre las cuentas y los gastos.

Es así como se origina un círculo vicioso bastante peligroso, en el cual niños y jóvenes empiezan a asociar el dinero con experiencias negativas, discusiones y peleas. El tema del dinero se trae a colación solo en una discusión familiar o para quejarse de lo escaso que es.

Sin mencionar que es bastante común que los padres, muchos de ellos con las mejores intenciones, pero igual de ignorantes en cuestiones de finanzas, trasladen sus malos hábitos financieros a sus hijos. Es posible que tú mismo hayas aprendido de tus padres a consumir para sentirte mejor, pagar una tarjeta de crédito con otra o poner el dinero en un pedestal y seguir todo tipo de artimañas para hacerte rico fácilmente. Los niños absorben todo, incluida la relación de sus padres con el dinero.

LOS BENEFICIOS DE LA EDUCACIÓN FINANCIERA A LOS NIÑOS

Una buena educación financiera puede traer muchos beneficios a tus hijos. Quizás no quieras que cometan los mismos errores que tú, o desees un mejor futuro económico para ellos. Lo cierto es que enseñarles el valor del dinero y su influencia en la vida diaria es una excelente manera de equiparlos con las herramientas necesarias para que ellos mismos empiecen a labrarse un futuro mejor.

Una de estas primeras herramientas es la **preparación**. Tarde o temprano tus hijos tendrán que tomar decisiones financieras por ellos mismos, y deberán prepararse para tomar las mejores. Por lo mismo, entre más temprano empieces a inculcarles responsabilidad en temas financieros, **mejores oportunidades tendrán para enriquecer su calidad de vida y será más difícil que el sistema financiero se aproveche de ellos.**

Sembrar buenas semillas financieras a tus hijos desde pequeños también tiene varias ventajas:

- Brindarles la capacidad de establecer y conseguir metas importantes en su vida, como ahorrar para un hito importante
- Enseñarles el valor del trabajo arduo y el esfuerzo y no depender de otros para conseguir las cosas que quieren
- Demostrarles el gran impacto que el dinero y las finanzas tienen en una relación de pareja o familiar
- Formar adultos responsables e independientes que viven para sí mismos y no para mantener apariencias

Ahora, ¿en qué momento puedes enseñarles todo esto a tus hijos? A veces no te alcanza el día para hacer tus cosas, mucho menos dispones del tiempo para sentarte con ellos y discutir estos temas. Existen varios enfoques que puedes utilizar para que la educación financiera de tus hijos no se convierta en una obligación. Uno de ellos es utilizar **momentos de enseñanza.** En vez de sentarte con ellos y darles información sobre el dinero (algo que seguramente también los aburrirá a ellos), puedes hacer uso de momentos oportunos para enseñar con el buen ejemplo y darles una lección.

Por ejemplo, si vas de compras con ellos y pagas con tu tarjeta de crédito, utiliza ese momento **para explicarles porqué estás pagando con ella y aclárales en qué situaciones una tarjeta de crédito no es la mejor opción.** Si usualmente les das una mesada, enséñales a diferenciar entre gasto y ahorro y anímalos a poner el 10% de su mesada en una cuenta de ahorros. **Recuerda que los niños aprenden más con el ejemplo que con los sermones.**

Existen otros principios básicos que te pueden ayudar a darles la mejor educación financiera a tus hijos:

- **No tienes que ser un experto en finanzas para criar hijos con conciencia financiera.** Aprender junto a ellos puede ser igual de eficaz, ya que también les estarás inculcando la intención de aprender sin importar la edad.

- **Jamás les metas en la cabeza que el dinero o los mercados financieros son malos.** El dinero no es el culpable de la manera cómo la gente irresponsable o codiciosa lo utiliza. De igual manera, trata de no vincular el dinero con emociones negativas, como miedo o culpa.

- **Vivir lo que enseñas es esencial.** Si la familia no tiene un hábito activo de ahorrar o de trabajar, los niños no internalizarán el ahorro o el trabajo duro por sí mismos.

- **La educación financiera no es solo sobre el dinero**. Se trata de criar hijos independientes, sensatos y responsables de sí mismos. Las familias que se concentran en los valores fundamentales (ahorrar para un día lluvioso, compartir, ser responsable con las deudas, vivir dentro de las posibilidades, etc.) tienden a criar buenas personas que *también* tienen buenos hábitos financieros.

LOS PUNTOS CLAVE

- La tasa de alumnos hispanos que logra asistir a la universidad ha aumentado significativamente durante la última década. Sin embargo, las matrículas suben a un ritmo de 10% anual, y el estudiante promedio este año podría graduarse con alrededor de $37,000 de deuda estudiantil.
- No existe una única solución para financiar la educación de los hijos. Se requiere una combinación de ahorros, préstamos, trabajo de medio tiempo por parte del estudiante y becas públicas o privadas.
- Muchos expertos aseguran que es posible ser competitivo en el mercado laboral de Estados Unidos sin un diploma universitario, pero una educación universitaria abre muchas puertas y es una inversión a largo plazo que genera retornos monetarios, personales e intelectuales.
- Es importante que un estudiante sepa escoger una carrera que esté relacionada con su vocación pero que también tenga buenas perspectivas de empleo en el futuro.
- Una de las mejores opciones es el plan de ahorro 529, exclusivamente diseñado para el ahorro educativo y exento del cobro de impuestos hasta que se retire el dinero. Otra opción es una cuenta de retiro, pero su gran inconveniente es que limita el ahorro para la vejez.
- Los préstamos federales, las becas y los subsidios son excelentes maneras que tienen las familias sin recursos de financiar los altos costos de la educación superior en Estados Unidos.
- El formulario FAFSA determina la capacidad de pago de una familia y es el medio más común que tienen la gran mayoría de instituciones educativas para definir el financiamiento que puede recibir un estudiante.
- Es necesario conocer los pormenores de un testamento para distribuir adecuadamente los bienes adquiridos en vida y poder dejar un legado a la familia.
- Enseñarles a tus hijos el valor del dinero es una excelente manera de equiparlos con las herramientas para que empiecen a labrarse un futuro mejor.

TUS SEGUROS:
PROTEGE TU VIDA, TU SALUD Y TUS ACTIVOS

Los seguros son, probablemente, el área de las finanzas personales menos comprendida por todos. Varios estudios demuestran que más del 90% de la población en los Estados Unidos no entiende muy bien la cobertura que adquiere y la terminología que se utiliza para redactarla y venderla, lo que la lleva a obtener seguros equivocados y a pagar sumas demasiado altas por ellos. A esto debemos añadir que los latinos so uno de los grupos poblacionales con menor cobertura en los Estados Unidos, ya que estar asegurado no es común en la cultura hispana y usualmente si tenemos algún tipo de seguro es porque es obligatorio (como el de salud, auto o vivienda si tenemos hipoteca) o porque nos lo ofrece nuestro empleador.

Nadie quiere pensar en los riesgos normales de la vida, sobre todo cuando somos jóvenes o no tenemos dinero para pagar un seguro. Pero es un grave error ignorar el inmenso valor que nos ofrece una buena cobertura, más aún cuando enfrentamos una catástrofe que nos pueda arrebatar a un ser querido, destruir todo por lo que hemos trabajado o dejarnos sumidos en interminables deudas. Por esto mismo, detectar los riesgos a los que estamos expuestos y obtener una cobertura adecuada se hace fundamental para proteger nuestro patrimonio y asegurar nuestro futuro en los Estados Unidos.

En este capítulo te explicaremos en detalle todos los seguros que necesitas en este país, y te mostraremos lo que puedes hacer en caso de que una aseguradora te niegue la cobertura.

ABC DE LOS SEGUROS

A menos que trabajes en la industria financiera, puede que encuentres el tema de los seguros aburrido o tedioso. La gran mayoría de las personas asocia los seguros con pólizas interminables y confusas, circunstancias desafortunadas en las que prefieren no pensar (como accidentes o desastres naturales) o compañías aseguradoras que siempre buscan cualquier tipo de excusa para evitar pagar los siniestros.

Sin embargo, nadie desea cargar con toda la responsabilidad que conlleva enfrentar una catástrofe; por eso un seguro se convierte en un instrumento financiero muy necesario y conveniente a la hora de protegerte a ti mismo y a tu familia de riesgos demasiados altos que no podrías enfrentar por ti solo.

¿QUÉ ES UN SEGURO?

Un seguro es un contrato legal a través del cual se conviene que una **compañía aseguradora** asuma el riesgo parcial que corre un **asegurado** a cambio de un precio, en este caso una **prima,** o *premium*. Este asegurado puede ser un individuo, negocio, empresa, institución, corporación o el mismo gobierno de un país. Una vez ocurre el siniestro cubierto en el contrato, la aseguradora contribuye a que el asegurado se reponga de las pérdidas o daños sufridos mediante el pago de una **indemnización**, siempre y cuando el asegurado cumpla con las condiciones estipuladas en el contrato.

Los seguros te pueden ayudar a:

- **Comprar y mantener una vivienda**: los prestamistas hipotecarios necesitan saber que tu hogar está protegido para aprobar tu préstamo, y con un seguro puedes defender tu vivienda de desastres naturales, robos o cualquier otro tipo de siniestros.
- **Conducir un vehículo:** es obligatorio tener un seguro de auto al momento

de conducir en los Estados Unidos, ya que te puede ayudar a asumir los costos de atención médica, gastos legales en caso de una demanda o lesión sin cobertura y las reparaciones de tu vehículo.

- **Proveer por tu familia:** en caso de tu fallecimiento, un seguro de vida puede dar tranquilidad financiera a tus familiares al reemplazar tu ingreso por el beneficio pagado por la aseguradora.
- **Cubrir los costos de salud:** un seguro te puede ayudar a cubrir los costos básicos de salud, como cirugías, hospitalizaciones, medicamentos recetados, cuidado dental y cuidado a largo plazo.
- **Mantener tu nivel de vida actual:** en caso de que sufras una discapacidad o adquieras una enfermedad crítica, un seguro te puede ayudar a costear gastos médicos y mantener un estilo de vida digno si no puedes valerte por ti mismo.
- **Administrar un negocio:** un seguro te puede ayudar a gestionar los riesgos y obligaciones asociadas con la administración de un negocio

Casi todas las pólizas de seguro tienen un "límite de cobertura". Esta es la cantidad máxima que la aseguradora pagará por cualquier pérdida cubierta, independientemente del costo real del siniestro.

¿CÓMO FUNCIONAN LOS SEGUROS?

Los seguros se pueden pagar de varias maneras. Es común pagar el seguro médico de manera trimestral o semestral, mientras que un seguro hipotecario es más factible pagarlo mensualmente y un seguro de auto de manera anual. Obviamente un pago anual te puede resultar más económico a largo plazo, pero es probable que no tengas todo el dinero disponible de manera inmediata.

Para decidir si te ofrecen cobertura, las aseguradoras evalúan todos los factores de riesgo que puedan influir en tu caso específico y estiman la probabilidad estadística de que sufras una pérdida y presentes un reclamo. **Cuanto más alto sea el riesgo, más altas serán tus primas** (ya que la compañía cree que es más probable que tenga que pagarte). Si tus factores de riesgo son demasiado altos, una aseguradora puede negarse a venderte una póliza. Hay que tener en cuenta que cada compañía de seguros utiliza sus propias estimaciones para evaluar los factores de riesgo de cada persona, por lo que, si una de ellas te rechaza, no bajes los brazos y sigue buscando, otra puede estar dispuesta a cubrirte.

Estos factores de riesgo varían según el tipo de seguro que estás buscando. Por ejemplo, para un seguro de automóvil, las aseguradoras analizarán factores como tu auto, la ciudad donde vives, tu género, edad, condenas previas y tu historial detrás del volante, ya que las estadísticas han mostrado que estas variables son las más determinantes a la hora de valorar las principales causas de accidentes. Tus primas también pueden variar dependiendo de si calificas para recibir descuentos, el alcance de la cobertura que decides comprar y los deducibles que elijas.

> Cada tipo de seguro tiene sus propios factores de riesgo, y que tu historial a la hora de comprar un seguro funciona de manera muy parecida a tu historial de credito a la hora de adquirir un préstamo. Entre mejor sea tu historial, más fácil será obtener cobertura y beneficios.

¿QUÉ ES EL DEDUCIBLE?

Casi todos los tipos de pólizas de seguro traen un **deducible**. Este deducible es la cantidad que el asegurado debe pagar antes de que la compañía empiece a entregar la cobertura prometida y tiene como función repartir el riesgo entre ambas partes (si debes compartir una parte del pago del reclamo es probable que seas más cuidadoso y no presentes tantos, sobre todo los de bajo costo). Con este pago se anula el *riesgo moral* que se puede presentar en una reclamación por parte del asegurado.

Si, por ejemplo, tienes una póliza de automóvil con un deducible de $1.000 y sufres un accidente que resulta en daños equivalentes a $5.000, tendrás que pagar $1.000 para que la compañía de seguros desembolse los $4,000 restantes. Normalmente tú escoges el deducible que viene con la póliza, el cual puede ser una cifra en dólares o un porcentaje del monto total del seguro contratado.

Por lo general, cuanto más alto sea el deducible, menor será la prima por pagar. Por lo mismo, debes tener mucho cuidado a la hora de elegirlo. Un deducible alto puede ser una gran manera de ahorrar dinero, pero si crees que va a ser difícil contar con toda la suma necesaria de manera inmediata, es mejor que no te arriesgues y escojas una proporción prima-deducible más razonable para ti.

Un buen consejo es comprar una póliza con el deducible más alto que te puedas permitir, de esta manera ahorrarás dinero y te evitarás hacer reclamos por montos pequeños. Cubre lo que es realmente catastrófico.

> **!** Ten en cuenta que **los deducibles generalmente no aplican para la parte de responsabilidad civil en un seguro de vivienda, arriendo o automóvil.** Por ejemplo, en una póliza de vivienda los deducibles se aplican a los daños a la estructura de la casa o a las posesiones personales, pero no en caso de que el propietario sea demandado con una reclamación médica hecha por algún herido en el inmueble. Como resulta obvio, el seguro de vida tampoco cuenta con un deducible.

Debido a que los seguros son regulados a nivel estatal, los deducibles siempre dependerán de las condiciones que los estados impongan sobre las pólizas. Por ejemplo, los estados donde se presentan muchos desastres naturales regulan de una manera diferente el monto y las condiciones de los deducibles.

SEGUROS OBLIGATORIOS VERSUS SEGUROS OPCIONALES

Aunque no estás obligado por ley a tener un **seguro de hogar** *(home ownership insurance)*, los bancos usualmente lo solicitan antes de aprobar la hipoteca. También requieren que los propietarios de viviendas en zonas propensas a incendios o inundaciones obtengan cierta cobertura especial.

Adicionalmente, si eres dueño de un **condominio o una co-operativa**, la asociación de inquilinos podría exigirte un seguro, ya que si algo le sucede a tu condominio los otros inquilinos podrían verse afectados, aunque usualmente es la asociación quien compra el seguro para todo el conjunto de viviendas.

Por otra parte, las leyes estatales obligan a los conductores a llevar un **seguro de automóvil contra daños a terceros y a propiedad ajena.** Este por lo menos es el caso para 48 estados de la unión americana; en New Hampshire y Virginia los conductores solo deben probar que son financieramente aptos para cubrir los daños materiales y de responsabilidad en un eventual accidente de tránsito.

En cuanto al seguro de salud y de acuerdo con la ley *Obamacare (aún vigente a la hora de escribir este libro)*, **debes pagar una multa si decides no adquirirlo por cualquier mes en que tú, tu cónyuge o tus dependientes no tengan la cobertura de salud mínima calificada.** Hablaremos más de este tema en la sección sobre seguro de salud.

Otros tipos de seguros son opcionales. Nadie te puede obligar a comprar un seguro de vida, de invalidez a corto o largo plazo o un seguro tipo paraguas de responsabilidad personal.

CONSEJOS A LA HORA DE COMPRAR SEGUROS

Como cualquier otro producto financiero, comprar seguros puede resultar algo abrumador al principio. Por esto, los expertos en finanzas personales usualmente dan 3 consejos que todos pueden seguir para adquirir la protección necesaria:

1. PROTEGE LAS COSAS MÁS IMPORTANTES.

La finalidad de un seguro es que te protejas frente a pérdidas que puedan significar una catástrofe financiera para ti y tu familia, no para evitar hasta el más mínimo problema que se presenta en la vida. Por lo mismo, es necesario que pienses en tus bienes más preciados a la hora de buscar la protección adecuada. Si perder este bien implica una pérdida emocional o financiera de la cual va a ser muy difícil reponerte, entonces vale la pena asegurarlo. Comúnmente, entre este grupo de bienes preciados se encuentran:

- **Tu vivienda:** Ya te has dado cuenta lo difícil que es ahorrar para una cuota inicial y seguir todo el proceso para que un banco te apruebe un crédito. Una casa tiene un valor altísimo financiero y emocional y no vale la pena correr ningún tipo de riesgo cuando se trata de protegerla, incluso si ya la pagaste en su totalidad.

- **Tus ingresos futuros:** Durante tus años laborales, tu bien más preciado puede ser tu capacidad de generar ingresos futuros. **Si te accidentas y sufres una incapacidad, ¿de qué vivirás tú y tu familia?** Un seguro por incapacidad a largo plazo te puede ayudar a sortear una situación semejante. Un seguro de vida podría proteger a tu familia en caso de tu fallecimiento.

- **Tu negocio:** ¿Qué pasaría si, como dueño de un negocio, fueras demandado por cientos de miles o millones de dólares a causa de un producto defectuoso o una negligencia ocurrida en tus instalaciones? ¿Estarías dispuesto a exponer tu patrimonio para responder legalmente? Un seguro de responsabilidad civil te puede proteger en este caso.

- **Tu salud:** No es ningún secreto que en los EE. UU. los costos médicos son desorbitantes. **Una corta estadía en un hospital puede llegar a costar decenas de miles de dólares** y un buen seguro de salud puede ayudarte a costear este tipo de gastos.

2. ESCOGE UN CUBRIMIENTO AMPLIO

Otro gran error que comete el ciudadano común al comprar seguros es adquirir una cobertura limitada. Este tipo de pólizas limitadas funcionan como maneras para apaciguar tus miedos (u obligaciones) a bajo costo, lo cual no es siempre lo más recomendable. Por ejemplo, en vez de comprar un seguro de vida muchas personas prefieren comprar un seguro de vuelo, ignorando que existen más probabilidades de morir en un accidente de auto que en uno de avión. Si fallecen durante el vuelo, los beneficiarios reciben el seguro, pero si al día siguiente fallecen en un accidente en la autopista, los beneficiarios no obtienen nada. Ocurre lo mismo con seguros contra el cáncer. Muchas personas, en especial de edad avanzada, adquieren estos seguros por miedo a perder todos sus ahorros enfrentando esta temible enfermedad. Pero ¿no sería mejor cubrirse de otras enfermedades también a través de un seguro de salud integral?

3. COMPARA PRECIOS Y COMPRA DIRECTAMENTE DE LA ASEGURADORA

Puede existir una gran disparidad en el mercado cuando se trata de los precios de los seguros. Una aseguradora puede cobrar 2 o 3 veces más por el mismo tipo de cubrimiento que otra y no necesariamente ofrecer un mejor servicio o mayor rapidez a la hora de resolver los reclamos.

La mayor parte de los seguros son vendidos a través de agentes y brókeres que trabajan por comisiones basadas en sus ventas. Aquí sucede algo parecido al *realtor* que trabaja también con base en comisiones: **puede que sus intereses vayan en contra de los tuyos.** Por lo tanto, no es sorpresa que las pólizas que pagan las mejores comisiones sean también las más costosas y las más ofrecidas por los vendedores. De hecho, las aseguradoras compiten por los mejores agentes ofreciendo las comisiones más altas, lo que puede llevar a todo tipo de malas prácticas en las que el agente trata de vender la póliza que mayores comisiones le brinde, sin importar si es o no la más indicada para el cliente. Existen varias maneras en las que puedes superar estos obstáculos y adquirir un buen plan de cubrimiento sin tener que pagar los sobrecostos que surgen de la codicia de algunos agentes por ganar mayores comisiones:

Planes de empleados: Cuando compras un seguro como parte de un grupo mayor, usualmente obtienes un menor precio. La mayoría de pólizas de salud e incapacidad que te ofrece tu empleador son menos costosas que la póliza equivalente que adquieres por ti mismo. Hay que aclarar que los seguros de vida son la excepción a esta situación: los planes de seguro de vida grupales usualmente no son más económicos que una cobertura de vida individual y en el caso de que pierdas tu empleo puede que tengas que buscar un seguro de vida con un costo mayor. Sin embargo, las pólizas grupales ofrecen mayor facilidad de inscripción y otras ventajas.

Seguros sin intermediarios: Cada vez un mayor número de aseguradoras venden sus productos directamente al público, lo cual es una gran opción para conseguir un buen producto a un precio razonable. Así como puedes participar en un fondo mutual sin comisión, también puedes evitar la larga fila de agentes e intermediarios que siempre terminan incrementando el precio del seguro. Sin embargo, no hay que olvidar que un buen bróker también te puede ayudar a conseguir la cobertura que necesitas a un muy buen precio.

LOS PROBLEMAS MÁS COMUNES CON LOS SEGUROS

Cuando lidias con aseguradoras y pólizas de seguro, tarde o temprano te enfrentarás con algún problema. Y aunque estos problemas pueden llegar a ser frustrantes, en esta sección te explicaremos cómo lidiar con ellos.

COBERTURA DENEGADA

Así como un banco te puede negar el préstamo de una hipoteca, una aseguradora también puede negarte el cubrimiento. Por ejemplo, si tienes un problema médico preexistente, la aseguradora puede negarte un seguro de vida o de incapacidad, ya que la probabilidad de que hagas un reclamo es mayor. Si por el contrario tu casa está en un lugar considerado de "alto riesgo", es muy probable que la aseguradora también te niegue la cobertura o te cobre primas mucho más altas. Si esto te ocurre, existen varias cosas que puedes hacer:

- Determina si la información sobre la cual la aseguradora tomó la decisión de no asegurarte es verídica al 100%. Si no lo es, aclara la información con ellos e intenta pedir la cobertura nuevamente.

- Si a pesar de tu intento por aclarar la información en tu historial de credito o médico una aseguradora decide no asegurarte, intenta en otras compañías de seguros. Estas empresas tienen distintos métodos para evaluar tu riesgo personal, así que una enfermedad específica que sea demasiado riesgosa para una aseguradora puede que no lo sea para otra. También puedes contactar a un agente independiente, quien se encarga de vender pólizas de varias aseguradoras, ofreciéndote el mejor precio y las mejores condiciones.
- Para seguro de salud, averigua sobre los fondos estatales de alto riesgo. Antes de que existiera la Ley *Obamacare*, la mayoría de los estados actuaban como el "asegurador de último recurso", y proporcionaba cobertura a personas que no conseguían seguros a través de aseguradoras convencionales. Debido a que las compañías de seguro médico ya no pueden rechazar cobertura debido a problemas médicos preexistentes, muchos de estos fondos estatales han sido clausurados. En este sitio web podrás encontrar links a todos los fondos estatales de riesgo aún en funcionamiento: www.healthinsurance.org/obamacare/risk-pools/

PAGO DENEGADO POR PARTE DE LA ASEGURADORA

El otro gran problema (y uno más común de lo esperado que pueden enfrentar los asegurados) es que la compañía aseguradora decida no responder por el reclamo instaurado o pague un monto muy inferior al esperado.

Las razones por las cuales una aseguradora pueda tomar esta actitud son variadas. Es posible que no hayas leído la letra pequeña en tu póliza de seguro y tu reclamo no esté cubierto o que clientes anteriores con reclamos similares a los tuyos han tratado de engañar a la aseguradora y ésta tome una postura tajante frente a nuevos reclamos, aun cuando el tuyo sea completamente honesto.

La verdad es que las aseguradoras siempre toman los reclamos de sus clientes como una negociación, ya que su interés siempre es pagar lo menos posible. Por lo mismo, pensar en que estas compañías te van a atender de la mejor manera y van cubrir tus reclamos con un precio justo es una equivocación.

Cuando debas hacer un reclamo frente a tu aseguradora, ten en cuenta estos consejos para aumentar las probabilidades de que tu reclamo tenga éxito y tus daños sean cubiertos:

- **Lleva registros y documenta todo**: si quieres asegurar un activo, como tu casa y las posesiones que hay en ella, es recomendable llevar un registro organizado de todas ellas para que puedas probar su existencia y determinar su valor. Un video o una lista detallada pueden ser los mejores métodos para este fin. Recuerda guardar esta documentación en un lugar aparte, ya que si algo le sucede a tu casa puedes perder también la documentación.

- **Prepara tu caso:** Preparar un reclamo puede ser visto de igual manera a presentar un caso en una corte o a recibir una auditoria del IRS. Cualquier información que presentes puede ser utilizada para desvirtuar tu reclamo. Por eso, debes conocer bien las condiciones de tu póliza – la cual muy seguramente es difícil de leer –. Busca ayuda de alguien que te pueda ayudar a entenderla o llama a tu aseguradora y, sin revelar tu nombre, pregunta por las condiciones de una póliza específica igual o similar a la tuya. Es también necesario organizar toda la documentación relacionada con el reclamo que vas a interponer para contar con la información relevante más adelante. Si vas a reclamar por daños a la propiedad, consigue al menos dos estimados adicionales; demuéstrale a la aseguradora que buscas los mejores precios pero que no estás dispuesto a conformarte con el menor si es que el arreglo no va a ser satisfactorio.

- **Trata tu reclamo como una negociación:** Como lo dijimos antes, al hacer un reclamo vas a lidiar con poca cooperación por parte de la aseguradora, y entre más alto sea el valor del reclamo, menor cooperación y cordialidad encontrarás. Es muy común encontrar a ajustadores de reclamos muy amables al principio de una conversación pero que se convierte en ogros cuando empiezas a describir los daños sufridos. No lo tomes personal, es su trabajo. La mejor opción que tienes en un momento así es adoptar una actitud tranquila, pero asertiva. Nunca es prudente que te exaltes, pero es necesario que el ajustador se dé cuenta de que estás preparado para defender tus derechos. Así como tú has pagado todas tus primas a tiempo y has sido un buen asegurado, la compañía de seguros debe honrar su parte y cubrir los daños.

- **Sé persistente:** No aceptes la primera oferta de tu aseguradora, mucho menos si después de haber hecho tus investigaciones has descubierto que esa oferta no se acerca al monto real de la reparación o la cobertura contratada. La aseguradora, sabiendo muy bien cómo funcionan las cosas, te dará todo tipo de excusas para pagar menos. Si les presentas un estimado de un profesional para realizar un arreglo, te pueden argumentar cosas como "lo siento, pero los reparadores siempre suben sus precios cuando saben que los clientes están asegurados". Si crees estar en lo cierto, no des tu brazo a torcer, esa es su manera de negociar.

- **Contacta a autoridades superiores:** Si tienes problemas para obtener un acuerdo justo en tu reclamo, siempre puedes pedirle al ajustador que quieres hablar con su superior. Esto puede hacer que el ajustador ceda y acepte tu reclamo o que puedas hablar con un supervisor que te ofrezca una solución. Si por el contrario has agotado todas las vías posibles para llegar a un acuerdo satisfactorio, puedes contactar al departamento de seguros de tu estado (información de contacto en tu póliza de seguros o a través de una búsqueda en Google) quienes podrán ayudarte en ciertos casos. Una última opción puede ser contratar a un abogado especializado, aunque debes esperar pagar por lo menos $100 dólares por hora. No es la opción más recomendable, teniendo en cuenta que lo que quieres es ahorrar dinero, pero realiza tus cálculos y determina si vale la pena contratar a uno. Puedes pagar los $100 dólares para conocer su opinión, aunque no contrates sus servicios.

SEGUROS DE VIDA, INCAPACIDAD Y SALUD

Cuando hablamos de seguros de vida, incapacidad y salud, hablamos de proteger lo más preciado que tenemos: nuestra vida y la calidad de vida de nuestros seres queridos. Ningún bien material puede reemplazar la repentina pérdida de un ser querido o el dolor que causa una discapacidad o enfermedad debilitante que restringe nuestra habilidad para trabajar, proveer por nuestra familia y disfrutar de nuestra existencia.

En esta sección te queremos dar la información más importante sobre este tipo de seguros y la manera cómo puedes obtener la mejor cobertura para garantizar una adecuada protección para ti y tu familia.

SEGURO DE VIDA

En un seguro de vida la compañía aseguradora paga una cierta cantidad al beneficiario en el momento en que el titular fallezca, a cambio del pago mensual de las primas.

Una de las razones más comunes para adquirir un seguro de vida es **reempla-zar la pérdida de ingresos** que se produciría en el caso de tu muerte para tus dependientes. Cuando falleces y tus cheques de salario dejan de llegar, tu familia puede afrontar un panorama financiero muy incierto (sobre todo si no están en capacidad o edad de trabajar), por lo que la póliza de un seguro de vida les ofrece beneficios en efectivo casi de manera inmediata para apoyarlos en ese duro momento.

Un seguro de vida también puede utilizarse para **pagar cualquier deuda que hayas dejado en vida** como hipotecas, préstamos para automóviles o deudas de tarjetas de crédito, dejando los demás activos de tu familia intactos. Adicionalmente, estos beneficios se pueden extender al pago de los gastos asociados con tu entierro e impuestos sobre bienes. Por último, un seguro de vida puede crear un patrimonio para tus herederos que les puede poner en una buena condición para prosperar y cumplir sus metas.

El seguro de vida se hace necesario cuando una persona tiene dependientes, pero hay casos en donde su compra no es necesaria, por ejemplo: solteros, parejas sin hijos o retirados viviendo de su jubilación. Por el contrario, si tienes hijos menores o discapacitados, el no contar con un seguro de vida puede ser catastrófico si falleces.

¿CUÁNTO SEGURO DE VIDA DEBES ADQUIRIR?

Tus necesidades de seguro de vida dependerán de varios factores, incluyendo si eres casado, el tamaño de tu familia, la naturaleza de tus obligaciones financieras, tu etapa profesional y el salario devengado. En el nivel más básico, puedes determinar la cantidad de cobertura de seguro de vida que necesitas mediante estas preguntas:

- ¿Cuáles son los gastos financieros inmediatos (por ejemplo, el pago de deudas o los gastos de funeral) que tu familia enfrentaría después de tu muerte?
- ¿Por cuánto tiempo tus dependientes necesitarían apoyo si fallecieras y cuantos años de ingresos te gustaría reemplazar?
- ¿Cuánto de tu salario se destina a gastos corrientes y a necesidades futuras?
- ¿Cuánto dinero te gustaría dejar para situaciones especiales después de tu muerte, como financiar la educación de tus hijos, regalos a organizaciones benéficas o una herencia para tus descendientes?

- ¿Es posible cubrir esos ingresos faltantes con ayudas de familiares o por medio del trabajo de tu pareja?

La siguiente tabla te ofrece una manera muy simple de determinar la cantidad de seguro de vida que debes adquirir. Multiplica tu Ingreso anual después de impuestos por el número en la hilera derecha y obtendrás el número de años de ingreso que deberías reemplazar. A este número le debes restas los todos los impuestos a pagar.

NÚMERO DE AÑOS A REEMPLAZAR	MULTIPLICA TU INGRESO ANUAL DESPUÉS DE IMPUESTOS POR:
5	4.5
10	8.5
20	15
30	20

Como lo comentamos en la sección del Seguro Social, si estas cubierto por el Seguro Social tus beneficios pueden cubrir a tu familia en caso de fallecimiento, a no ser que el cónyuge sobreviviente trabaje y gane una suma incluso modesta; en ese caso estos beneficios se pueden reducir.

SEGURO DE VIDA A TÉRMINO VS. SEGURO DE VIDA PERMANENTE

Existen dos tipos básicos de seguro de vida: **seguro de vida a término** (*term life insurance*) y **seguro de vida permanente** (*whole o permanent life insurance.*) Cada tipo tiene diferentes características y va dirigido a diferentes personas.

El seguro de vida a término es una póliza que proporciona cobertura durante un período específico de tiempo. Esto significa que si no falleces dentro del plazo especificado el beneficiario no obtiene el beneficio por muerte y la póliza expira. Puedes seleccionar el término que mejor funcione para ti, siendo los más comunes los de 10, 20 o 30 años. Uno de los desafíos para las personas que compran este seguro de vida es decidir la duración de la póliza. Es posible que desees que dure hasta que te jubiles o mientras tu dependiente más joven necesite apoyo financiero. Ésta es la opción de seguro más económica y la más común a la hora de cubrir este riesgo.

El seguro de vida permanente, también llamado de valor efectivo, a su vez se divide en varias subcategorías:

- **Seguro de vida permanente tradicional** (*traditional whole life*)
- **Seguro de vida variable** (*variable whole life*)
- **Seguro de vida universal** (*universal life*)

Este seguro proporciona cobertura para toda tu vida, siempre y cuando continúes pagando las primas. Esta prima permanente es generalmente más costosa que la prima en el seguro de vida a término, pero usualmente no aumenta a medida que vas envejeciendo. Este seguro de vida se considera a menudo una inversión financiera, ya que parte de las primas que pagas son invertidas por la aseguradora para hacer que parte de tu dinero vaya creciendo con el tiempo. Adicionalmente, es posible retirar parte de esta inversión (de ahí el nombre de valor efectivo) o pedir un préstamo respaldado por este seguro de vida de acuerdo con ciertas condiciones.

El gran problema con el seguro de vida permanente es su precio. Por una cobertura de por ejemplo $100,000 en tu seguro de vida a término, la prima de seguro permanente tradicional te puede costar alrededor de 8 veces esa cantidad, y la universal mucho más. Ten en cuenta que es probable que cuando finalice el plazo del seguro de vida a término ya no necesites pagar un seguro de vida, pues la única persona que dependerá de ti en ese momento (tu cónyuge) puede recibir los beneficios del Seguro Social y disfrutar del dinero que hayan ahorrado para el retiro.

Además, debes tener en cuenta que vas a ser penalizado si quieres retirar el dinero de tu póliza de vida permanente antes de determinado tiempo, ya que la aseguradora necesita tener ese dinero los primeros años para invertirlo y pagar las altas comisiones de los agentes que logran venderla. Por otro lado, la inversión en la póliza de vida permanente no es tan eficaz o eficiente como en varios otros vehículos de inversión, como tu 401k, IRA o Roth IRA.

En últimas, un seguro de vida permanente puede ser una herramienta valiosa para unos pocos, así que a menos que tengas ingresos de más de $250.000 anualmente o más de $1 millón en activos, **tus necesidades de seguro de vida se cubrirán mejor con un seguro de vida a término.**

Cuando un agente vende un seguro de vida permanente se llevará una comisión mucho más alta que con un seguro de vida a término, por lo que tratará de venderte uno, aunque no lo necesites. Infórmate bien y toma la mejor decisión a la hora de comprar un seguro de vida.

Otro tipo de seguro son los *annuities*, los cuales ofrecen una renta permanente después de un periodo de acumulación. De estas hablamos con anterioridad en el capítulo de inversiones.

FACTORES PARA TENER EN CUENTA AL MOMENTO DE ADQUIRIR UN SEGURO DE VIDA A TÉRMINO

Existen varios factores a considerar a la hora de comprar un seguro de vida a término:

LOS AJUSTES DE LA PRIMA

Usualmente, en un seguro de vida a término las primas se van ajustando con el tiempo, ya que a medida que vas envejeciendo hay mayor probabilidad de un fallecimiento. Por este motivo puedes elegir el tiempo de este ajuste, que puede ser de manera anual o después de 5, 10, 15 o 20 años. Debes tener en cuenta que entre menos frecuente sea este ajuste, mayor será el monto de la prima y de los incrementos.

La ventaja de una prima que se ajusta, por ejemplo, después de 15 años es que sabes con seguridad lo que vas a pagar anualmente durante ese tiempo. Tampoco vas a tener que pasar revisiones médicas tan frecuentemente para calificar para la tarifa más baja. Su desventaja es que debido a que el ajuste no ocurrirá por 15 años, el precio que deberás pagar inicialmente sobre la póliza será mayor que en una póliza que se ajusta con mayor frecuencia. De igual manera, es posible que a medida que tus circunstancias de vida van cambiando también quieras cambiar el monto que pagas en seguro de vida, por lo que puedes perder dinero si quieres ajustar la frecuencia de tu póliza. Las pólizas que se ajustan cada 5 o 10 años usualmente ofrecen un buen balance entre el precio y la predictibilidad.

RENOVACIÓN GARANTIZADA

La renovación garantizada en un seguro de vida te asegura que la póliza no pueda ser cancelada por problemas de salud del titular. Es recomendado no adquirir un seguro sin esta renovación, a no ser que tu necesidad por este seguro vaya a desaparecer al momento que necesites renovarlo.

EL LUGAR DONDE COMPRARLO

Existen varias maneras en las que puedes adquirir tu seguro de vida a término. Puedes hacerlo a través de un agente de seguros que ya conozcas y te inspire confianza o un agente independiente que te ofrezca varias opciones de diferentes aseguradoras. También puedes hacerlo a través de la aseguradora como tal, caso en el cual es necesario utilizar una compañía que tu o algún familiar o amigo conozcan o que tenga una buena reputación. Sin embargo, es importante que tú mismo compares distintos precios a través de los servicios de cotización en línea. Con esta opción, puedes organizar la oferta de seguros de acuerdo con el precio, duración de la póliza, ajustes y a otras variables. Recuerda que un servicio de cotización de confianza no te pedirá información privada para darte una cotización en línea.

Algunos de estos servicios en línea son:

* www.accuquote.com/
* www.reliaquote.com
* www.term4sale.com

SEGURO POR INCAPACIDAD (DISABILITY)

Un seguro de discapacidad está diseñado para reemplazar parte de tus ingresos si no puedes continuar trabajando debido a una enfermedad o lesión. Aunque la mayoría de las pólizas solo pagan una porción de tu ingreso mensual bruto

– generalmente alrededor del 45% al 65% – este dinero puede significar la diferencia entre poder pagar la hipoteca, el automóvil y otras responsabilidades financieras y no pagar en absoluto. Un seguro de incapacidad es usualmente ofrecido por:

- Empleadores a través de planes de grupo
- Asociaciones profesionales o gremios
- Autoridades federales y estatales
- Empleado o individuo por sus propios medios

Es común que las grandes compañías ofrezcan cobertura por incapacidad a sus empleados, pero la pequeña y mediana empresa o los trabajadores independientes usualmente no se protegen de posibles lesiones o enfermedades que los puedan alejar de su empleo e ingresos. La verdad es que para la gran mayoría de las personas descartar este tipo de seguro es fácil. Según su razonamiento, las probabilidades de sufrir de una incapacidad a largo plazo son bastante remotas, **pero las cifras indican que más de un tercio de estas incapacidades ocurren en personas menores de 45 años y que la salud general de los adultos en los Estados Unidos, con enfermedades como obesidad, diabetes o cáncer, va en deterioro.** Así que considerar este seguro como parte de tu cobertura total no es mala idea, teniendo en cuenta que los beneficios que ofrecen los programas federales, estatales o laborales no son suficientes para garantizar una protección debida. El Seguro Social solo paga beneficios por incapacidad si no puedes llevar a cabo la actividad que te genera ingresos por más de un año. Además, estos beneficios son muy bajos, ya que están destinados a proveer gastos básicos de subsistencia.

> **!** La compensación del trabajador (si es que tu empleador la ofrece) solo cubre accidentes ocurridos en el lugar del trabajo, más no aquellos ocurridos por fuera.

TIPOS DE SEGURO DE INCAPACIDAD

El seguro por incapacidad se divide en dos categorías: **incapacidad a corto y a largo plazo**. Cada una tiene sus propias condiciones, plazos y precios y se puede decir que son complementarios.

SEGURO DE DISCAPACIDAD A CORTO PLAZO (SHORT TERM DISABILITY)	SEGURO DE DISCAPACIDAD A LARGO PLAZO (LONG TERM DISABILITY)
Se activa cuando tu licencia o permiso renumerado concluye, licencia que usualmente dura de dos a tres semanas.	**Se activa** una vez los beneficios a corto plazo expiran, generalmente después de tres a seis meses
Muchos planes **pagan** hasta el 100% de tu salario inicialmente y 60% del ingreso después.	**Paga** usualmente de 50 al 70% del salario. Si tu ingreso es muy alto, paga entre el 30 al 50%.
La **vigencia** de la póliza varía dependiendo del plan, pero la mayoría solo cubre discapacidades por seis meses o menos.	La mayoría de los planes **se extienden** de 5 a 10 años o incluso hasta que el incapacitado llegue a los 65 años.
Generalmente es **cubierta** por el empleador, aunque hay empresas en donde son los empleados quienes las pagan.	Muchos más empleadores **ofrecen** un programa de discapacidad a largo plazo financiado a través de un administrador externo.
Cuando el empleador cubre la póliza los beneficios son gravables, pero cuando el empleado lo hace con su ingreso después de impuestos **estos beneficios son libres de impuestos.**	Es determinado en parte por la ocupación, ya que algunas labores son más riesgosas que otras. Los empleados también deben tener cierta antigüedad o trabajar *full time*.

¿CUÁNTO SEGURO POR INCAPACIDAD ADQUIRIR?

Como regla general, necesitas la cobertura por incapacidad suficiente para que puedas seguir viviendo hasta que otros recursos financieros estén disponibles. En caso de que estos recursos no existan, no tengas muchos ahorros) y desees seguir teniendo un nivel de vida similar al que tenías antes de la incapacidad, debes adquirir un seguro que cubra todos tus ingresos mensuales después de impuestos. Recuerda que si tú pagas por tu seguro de incapacidad los beneficios no están sujetos a impuestos, pero si es tu empleador el que paga por ellos estos beneficios deben gravarse, por lo que deberás cubrir una cantidad mayor.

Adicionalmente, debes seleccionar la duración por la cual recibirás los beneficios. En este caso, necesitas una póliza que te cubra hasta que seas financieramente autosuficiente, algo que para la mayoría de los trabajadores ocurre cuando su Seguro Social empieza a pagarles los beneficios de jubilación, desde los 62 hasta los 70 años. Es recomendable que analices bien el número de años que te faltan para empezar a recibir tus beneficios de retiro y así puedas escoger la póliza que mejor se adapte a tu realidad laboral y financiera. Como ya lo mencionamos, existen pólizas que te cubren por periodos de 5 o 10 años.

ASPECTOS CLAVES DE LAS PÓLIZAS DE SEGURO POR INCAPACIDAD

Las pólizas de seguro por incapacidad pueden traer condiciones y términos bastante confusos para el asegurado. He aquí algunos conceptos para tener en cuenta al momento de adquirir una de estas pólizas:

- **Período de eliminación o espera** o *waiting period*, funciona como el deducible en otros seguros, y es el período de tiempo que debes esperar después de quedar discapacitado para comenzar a recibir los beneficios. Este periodo puede ir de 30 días hasta uno o dos años.
- **Beneficios residuales** o *residual benefits*, esta opción te paga un beneficio parcial si sufres una discapacidad que no te permite trabajar tiempo completo.
- **Cláusula de ajuste del costo de vida** o *cost of living adjustament clause,* esta opción te permite mantener tu beneficio a la misma tasa de inflación mediante el pago de una mayor prima
- **No cancelable y renovación garantizada** o *non-cancelable and guaranteed renewable*, estas condiciones te garantizan que tu póliza no puede ser cancelada ni sus condiciones cambiadas si tu estado de salud llega a empeorar
- **Definición de discapacidad**: Las aseguradoras pueden definir una discapacidad de acuerdo con muchas variables. Por ejemplo, los trabajadores

usualmente se categorizan de acuerdo con la cantidad de tiempo que hayan ejercido su ocupación y su capacidad para encontrar otra labor. Con una póliza de propia ocupación o **true occupation** se cubre a un trabajador que no puede realizar el trabajo para el cual fue entrenado y que estaba realizando al momento de incapacitarse. Por el contrario, una póliza de cualquier ocupación, o **any occupation** cubre a un trabajador que no puede realizar cualquier otra ocupación, no solo su especialidad. Por supuesto, el trabajador debe sufrir una incapacidad muy grave que le impida realizar casi toda actividad.

¿DÓNDE COMPRAR SEGURO POR INCAPACIDAD?

La mejor manera de comprar este tipo de seguro es a través del plan de tu empleador o de la asociación profesional, si es que lo ofrecen. Los planes grupales generalmente tienen un menor precio que los planes individuales que puedas comprar por tu cuenta.

Comprar un seguro por incapacidad a través de un agente siempre tendrá sus pros y contras. Primero, no esperes que un agente te recomiende un plan grupal, ya que usualmente no ganan comisiones a través de ellos. Segundo, y como ya lo sabes, algunos agentes tratarán de venderte cosas que quizás no necesites con tal de incrementar su comisión. Si conoces un agente de confianza infórmate con él, o de lo contrario considera un *list billing*, una opción a través de la cual compras el seguro junto a otras personas y eres facturado junto a ellas.

SEGURO DE SALUD

Teniendo en cuenta los altos costos médicos en los Estados Unidos, Un seguro de salud te ofrece protección frente a la extrema carga financiera que implica pagar el 100% de tu cobertura. Al igual que otro tipo de seguros, eliges un plan y pagas una prima mensual, trimestral o anual. A cambio, tu aseguradora de salud paga una porción de los costos médicos que estén cubiertos en tu plan específico.

El panorama de seguros médicos en los Estados Unidos puede ser un poco difícil de entender, teniendo en cuenta las muchas opciones disponibles y los miles de factores a considerar. En esta guía puedes conocer todos los pasos a seguir para que escojas el mejor plan médico para ti y tu familia de una manera fácil y sencilla.

ENCUENTRA UN *MARKETPLACE* (MERCADO DE SEGUROS DE SALUD)

En los Estados Unidos la mayoría de personas obtiene cobertura médica a través de su empleador. Pero en caso de que tu empleador no ofrezca este servicio o quieres adquirir un plan adicional, puedes recurrir a un mercado federal o estatal de seguros médicos, o *health marketplace,* en donde comparas entre distintas coberturas y precios y compras la mejor para tu situación. Obtener un seguro a través de un empleador es usualmente más asequible que a través de un mercado de seguros –ya que tu empleador comparte los costos contigo– pero este seguro generalmente es el más básico, y puede que no cubra todas tus necesidades y las de tu familia. Por esta razón, tienes derecho a comprar un plan alternativo en el mercado de seguros de tu estado, o si no hay uno disponible, a través del mercado federal en este link:

https://www.cuidadodesalud.gov/es/

También puedes comprar un seguro médico a través de un intercambio privado de seguros o directamente con una aseguradora, pero con estas opciones no eres elegible para recibir algunos subsidios disponibles para los más necesitados. Puedes buscar tu elegibilidad para recibir estos subsidios en este link:

https://www.healthcare.gov/lower-costs/qualifying-for-lower-costs/

Hay otros tipos de cobertura de salud disponibles que te pueden ayudar en tu caso específico:

- **Planes de salud para estudiantes**: Muchos colegios y universidades ofrecen un plan de grupo para los estudiantes, además de sus miembros de la facultad y el personal.
- **Cobertura bajo el plan parental:** Si eres un adulto joven menor de 26 años, puedes ser elegible para la cobertura de atención médica bajo el plan de tus padres. Si eres un estudiante que vive lejos de casa mientras estudias, debes comprobar si el plan cubre médicos y hospitales cercanos a ti. Una vez que cumplas 26 años, tendrás que comprar tu propio plan de seguro médico.
- **Medicare:** Como ya lo hemos mencionado, las personas de 65 años o más o con ciertas discapacidades son elegibles para Medicare.
- **COBRA:** Si recientemente perdiste tu trabajo, la cobertura de atención

médica a través de COBRA (Ley Consolidada de Reconciliación Presupuestaria Omnibus, por sus siglas en inglés) puede ser una opción para ti. COBRA te permite mantener temporalmente los mismos beneficios de salud que tenías con tu empleador. Puedes conocer más sobre esta cobertura aquí: https://www. dol.gov/es/agencies/ebsa/about-ebsa/ask-a-question/hace-una-pregunta

- Puede que necesites comprar planes adicionales para cubrir todas sus necesidades. Entre estos planes se encuentran los medicamentos recetados, seguro de visión y servicios dentales.

COMPARA LOS DIFERENTES TIPOS DE PLANES MÉDICOS

Cuando ya tengas una mejor idea de cómo conseguir un seguro, debes escoger el plan médico que mejor se adapte a tus necesidades y las de tu familia. Los planes disponibles pueden ser un poco confusos al principio, pero es necesario que los sepas diferenciar:

- **HMO:** Organización de Mantenimiento de Salud
- **PPO:** Organización de Proveedores Preferidos
- **EPO:** Organización Exclusiva de Proveedores
- **POS:** Plan de Punto de Servicio

Estos planes tienen varias diferencias y determinan varias cosas para ti, entre ellas si debes consultar a un médico general antes de recibir atención especializada, los gastos que salen de tu bolsillo y la red de doctores y hospitales a la que tienes acceso.

Por ejemplo, debido a que una *HMO* tiene una red de doctores y hospitales con la cual ya se ha negociado un precio específico, los gastos pueden ser menores en este plan, aunque no puedas ver doctores fuera de esa red. Por otro lado, si tu familia ha tenido el mismo doctor por varios años, pero no se encuentra en la red y no quieres que otro médico primario determine tu especialista, puedes escoger una PPO que te ofrece ambas opciones, aunque a un precio más alto. Ten muy claras las características y beneficios de cada plan para conseguir la mejor cobertura:

TIPO DE PLAN	REMISIÓN DE MÉDICO GENERAL PARA SERVICIO ESPECIALIZADO	ACCESO MÉDICO FUERA DE LA RED	PRE-AUTORIZACIÓN PARA ALGUNOS EXÁMEN	LA MEJOR OPCIÓN PARA TI SI:
HMO	SI	No, a excepción de emergencias	Usualmente no. Si se requiere, el médico general la realiza	No tienes red de doctores previa y buscas un médico general que coordine otros servicios, menores gastos de bolsillo y menor papeleo
PPO	NO	Si, pagando una suma adicional	SI	Buscas más opciones de doctores u hospitales sin un médico general que coordine tu servicio especializado
EPO	NO	No, a excepción de emergencias	SI	No quieres que un médico general coordine tu servicio especializado, pero buscas gastos de bolsillo más bajos
POS	SI	Si, aunque la atención dentro de la red es más barata	Usualmente no. Si se requiere, el médico general la realiza, aunque servicio fuera de red sí puede requerir	Quieres más opciones afuera de la cobertura estándar y también un médico primario que coordine tu servicio especializado

Si ya tienes un médico de confianza o prefieres elegir a tus propios médicos, puede ser que una PPO o una EPO te convengan más. Muchas personas prefieren estos planes ya que no quieren consultar a un médico primario que coordine su cobertura y elija especialistas por ellos, aunque paguen un poco más de dinero y necesiten pre-autorización para exámenes especializados. Otras personas recién llegadas al país o a un estado y que no tienen un médico de cabecera ni tampoco mucho dinero pueden elegir una HMO o un POS, ya que pueden tener acceso a una red amplia de servicio que preste cobertura tanto en ciudades como en pueblos pequeños sin tener que lidiar con demasiado papeleo. El médico primario se encarga de todo.

DETERMINA SI NECESITAS OTROS SEGUROS COMPLEMENTARIOS

- **Medicamentos con receta:** Muchos planes de salud cubren los medicamentos recetados, pero si no lo hacen, ésta es la cobertura que debes comprar incluso si no los tomas con regularidad. Al igual que la cobertura de salud, la cobertura de medicamentos recetados cubre una parte de tus costos para que sean más asequibles.

- **Seguro de visión:** El cuidado de la vista no debe ser una opción solo para aquellos que utilizan anteojos o lentes de contacto, sino también para quienes tienen una visión perfecta. Los exámenes de la vista regulares te pueden ayudar a detectar condiciones más graves, como diabetes, presión arterial alta y enfermedades del corazón.
- **Seguro dental:** Es recomendable hacerte revisar los dientes dos veces al año. La mala salud oral se ha relacionado con enfermedades del corazón, diabetes, osteoporosis y enfermedad de Alzheimer.

COMPARA GASTOS DE BOLSILLO (OUT OF POCKET EXPENSES)

Debido a que compartes tus costos médicos con la aseguradora, tu plan específico también determina los costos que tienen que salir de tu bolsillo al momento de recibir el servicio. Además de la prima que pagas anualmente, los costos de tu bolsillo son:

- **El deducible,** que funciona de manera similar que en otros seguros
- **El copago,** que es una tarifa fija que pagas cuando visitas un médico o recibes otros servicios. Por ejemplo, puedes pagar un copago de $20 para ver a un médico o de $100 para ir a la sala de emergencias
  - **El coaseguro,** que es un porcentaje que pagas por algunos servicios médicos. Si tu coaseguro es del 20%, tu aseguradora paga el 80% restante. Esta cantidad que pagas generalmente no se basa en el precio total del servicio, sino en una tasa de descuento negociada por tu aseguradora.

Es crucial que llegues a un buen balance entre lo que estás dispuesto a pagar y una buena cobertura para tu caso específico.

Algunos planes te pueden cobrar una prima más alta y ofrecer menores gastos de bolsillo, mientras que otros te pueden cobrar una prima menor, pero aumenta el costo de los otros 3 gastos. Si, por ejemplo:

- Vas al consultorio o al hospital con frecuencia
- Tomas medicamentos recetados con regularidad
- Tu o alguien de tu familia han sido diagnosticados una enfermedad crónica
- Tienes hijos, estás esperando o planeas tenerlos
- Debes someterte a una cirugía en el tiempo cercano

Entonces el mejor balance vendrá de pagar una prima alta, así cada vez que vayas al médico (lo cual sucede con frecuencia) pagarás gastos de bolsillo más bajos. Si no visitas al médico con frecuencia por tu buena salud o porque no puedes costear primas mayores, una prima baja y un alto deducible pueden ser tu mejor opción.

COMPARA BENEFICIOS SEGÚN TU SITUACIÓN ESPECÍFICA

Cuando ya hayas reducido tu búsqueda y tengas claras tus opciones, puede ser una buena idea hablar con un representante de la organización de salud en la que estás interesado y hacerle algunas preguntas concretas sobre tu historia médica. Por ejemplo:

- Si tomas un medicamento recetado, ¿está cubierto por el plan?
- ¿Qué pasa si tienes una enfermedad específica?
- ¿Qué servicios de maternidad están cubiertos?
- ¿Cuánto se demora en promedio obtener una cita médica?
- ¿Qué sucede si te enfermas en un viaje al exterior?
- ¿Qué documentos hay que entregar para inscribirse?

Es recomendable que tengas en cuenta algunas ventajas que te ofrece la Ley Obamacare y que tu plan de salud no te puede negar:

- **Beneficios esenciales:** Cualquier plan que compres, deberá ofrecerte como mínimo 10 beneficios de salud esenciales. Los puedes revisar aquí: https://www.cuidadodesalud.gov/es/blog/10-health-care-benefits-covered-in-the-health-insurance-marketplace/
- **Beneficios máximos de por vida y preexistencias:** la Ley Obamacare eliminó los beneficios máximos de por vida que una aseguradora podía pagar para costear los servicios médicos no esenciales de un paciente –beneficios máximos que tenían un límite de $1 millón–. De igual manera, esta ley prohibió rechazar la cobertura de salud a una persona que presente una condición preexistente.
- **Renovación garantizada:** Tu plan médico debe seguir garantizando su cobertura a ti y a tu familia sin que tengas que estar demostrando buena salud cada vez que quieras renovarlo. La ley Obamacare obliga a las aseguradoras a continuar prestando el seguro médico sin importar los cambios en tu salud.

Recuerda que bajo la ley Obamacare, todos los ciudadanos y residentes que paguen impuestos deben tener un plan de seguro médico o deberán pagar una multa anual.

COMPRANDO UN SEGURO MÉDICO

La inscripción abierta para la cobertura de salud para 2017 terminó el 31 de enero de 2017, aunque todavía puedes obtener el seguro de salud para el resto de 2017 de varias maneras:

- Si calificas para un Período de Inscripción Especial debido a un evento específico como perder tu cobertura existente, casarte o tener un bebé
- Si calificas para Medicaid o el Programa de Seguro de Salud para Niños (CHIP)

También puedes obtener un seguro médico a corto plazo, que no te ayudará a evitar la multa a personas sin seguro médico, pero te puede ayudar a obtener cobertura mientras empieza el próximo periodo de inscripción.

Para obtener un seguro médico para 2018, **el periodo abierto de inscripción se extiende desde el 1 de noviembre de 2017 hasta el 15 de diciembre del mismo año.** Ya inscrito, tu plan empieza a funcionar desde el 1 de enero de 2018. Recuerda que bajo la ley *Obamacare*, cualquier persona que esté por encima del umbral de declaración de impuestos debe obtener y mantener un seguro de salud a lo largo de cada año, excepto en los siguientes casos:

- Si tienes Medicare porque sufres de una incapacidad o tienes 65 años o más, no debes adquirir un seguro adicional. Si tienes 65 años o más y no tienes cobertura de Medicare, debes obtener un seguro.
- Si calificas para una exención de cobertura médica no debes pagar una multa. Aquí puedes ver toda la lista de condiciones para calificar para una exención médica: https://www.cuidadodesalud.gov/es/health-coverage-exemptions/forms-how-to-apply/

Son muchas las variables que debes tener en cuenta a la hora de escoger un plan médico, así que analiza muy bien tus necesidades, la oferta de planes y las categorías. Si te sientes abrumado, siempre puedes pedir ayuda, ya sea a un conocido, a tu aseguradora o a las instituciones federales dispuestas a ayudarte:

Cuidado de salud en los Estados Unidos:

https://www.cuidadodesalud.gov/es/contact-us/

Ayuda local y telefónica:

1-800-318-2596
https://ayudalocal.cuidadodesalud.gov/es/

Cuentas de ahorros para salud (HSA – *Health Saving Account*)

Estas cuentas se han popularizado en los últimos años ya que te permiten ahorrar dinero para gastos médicos con beneficios tributarios ya que el aporte que realices lo puedes deducir de tus *Income Taxes* y los rendimientos ganados crecen libres de impuestos. Sin embargo, requiere un plan de salud con un deducible alto (HDHP): $1.300 individual o $2.600 para familias. El límite de contribución es de $3.400 para una persona y de $6.750 para una familia y si tu plan no lo ofrece puedes abrir uno separado en la mayoría de entidades financieras. Si utilizas el dinero para los fines estipulados (Gastos médicos, pero no pago de premiums de pólizas de salud), es posible que tampoco tengas que pagar impuestos a la hora de utilizarlo. Un beneficio extra es que el dinero que aportes también se descuenta del cálculo de impuestos de seguridad social. Teniendo en cuenta los elevados costos de salud en este país no es una mala idea y aunque no puedes seguir ahorrando después de los 65 años, si puedes usar este dinero para pagar costos de bolsillo. Si los usas para otros fines, debes pagar los impuestos y una multa si los usas antes de los 65 años.

PROTECCIÓN DE TUS ACTIVOS

Cuando ya tengas asegurada la protección de tu vida y tu salud, es hora de preservar la integridad de tus bienes materiales. A continuación, te explicamos los seguros más importantes para proteger tu patrimonio y te damos algunos consejos para que puedas obtener la mejor cobertura.

SEGURO DE VIVIENDA

Cuando vas al banco a pedir un préstamo hipotecario, la gran mayoría de los prestamistas te exigen un seguro de vivienda para poder comprar la casa (*Home*

Owner Insurance). Pero incluso si un seguro de vivienda no es un requerimiento del banco, es algo con lo que siempre debes contar, ya que tu vivienda y todos los bienes personales en ella tienen un valor financiero y personal demasiado alto y sería muy difícil reemplazarlos en caso de que sucediera una calamidad.

Una póliza de seguro de vivienda estándar incluye cuatro tipos esenciales de cobertura. Esta cobertura se divide de la siguiente manera:

DAÑOS EN EL INTERIOR O EXTERIOR DE TU CASA (DWELLING COVERAGE)

En caso de daños causados por incendios, huracanes, rayos, vandalismo u otros desastres, tu aseguradora te compensará con el dinero necesario para que puedas reparar o incluso reconstruir completamente tu casa. **Los daños que son el resultado de inundaciones, terremotos o un deficiente mantenimiento del hogar generalmente no están cubiertos en una póliza estándar** y requerirás cobertura adicional para obtenerlos. Cabe añadir que los garajes independientes, cobertizos y otras estructuras de la propiedad también deben ser cubiertos por separado.

Asegúrate de que tu póliza de seguro de vivienda incluya **una cláusula de costo de reemplazo garantizado (*guaranteed replacement cost*)**, con la cual la aseguradora se compromete a pagar la reconstrucción de tu casa incluso si este costo excede la cobertura de la póliza. Desafortunadamente, cada aseguradora define esta cláusula de manera distinta. Por ejemplo, algunas compañías de seguros pueden pagar todo el costo de la reconstrucción, mientras que otras solo pagan hasta el 25% adicional sobre tu seguro de vivienda.

Es importante aclarar que el costo para reconstruir la vivienda se debe basar en el tamaño (pies cuadrados) de la casa, no en el precio de compra o en el valor de la hipoteca.

Si eres propietario de un inmueble antiguo que no cumple con las normas actuales de edificación, considera comprar un *rider*, que es una cláusula de cobertura suplementaria a la póliza principal. Esta cláusula cubre el costo de reconstrucción de tu vivienda para que pueda cumplir con las normas actuales de edificación.

Es muy importante que estés enterado de todas las condiciones que trae tu seguro de vivienda. Por ejemplo, siempre habrá límites y condiciones en la cantidad de dinero que tu asegurador te reembolsará. De acuerdo con el Instituto de Información de Seguros, **la mayoría de las aseguradoras proporciona cobertura por 50-70% sobre la cantidad de seguro que tienes sobre la estructura de tu hogar.** Si, por ejemplo, tu casa está asegurada por $200,000, tendrás hasta alrededor de $140,000 de cobertura sobre tus posesiones. Por lo mismo, si posees bienes de alto precio, es posible que necesites adquirir seguro complementario para asegurarlos por su valor completo. Por último, es posible que también necesites cobertura adicional sobre tu hogar **si operas un negocio en él.**

PÉRDIDA O DAÑO A TUS PERTENENCIAS PERSONALES

La cantidad de cobertura que aplica para tus bienes personales usualmente deriva de tu seguro de vivienda, y equivale al 50-75% de este. Esta cobertura protege objetos como tu ropa, muebles, electrodomésticos y la mayoría de los demás bienes de tu casa que sean destruidos en un siniestro estipulado en la póliza. Cuando se trata de objetos como joyas, computadores, colecciones de arte y otros bienes costosos, es posible que la póliza básica no los cubra, así que la aseguradora te puede cobrar un monto adicional para protegerlos. Estos objetos personales también pueden ser cubiertos por la cláusula de costo de reemplazo garantizado, la cual cubre el costo real de la posesión que debe ser reemplazada. También puedes obtener un tipo de cobertura fuera de las instalaciones u *off premise*, que ter permite presentar un reclamo por objetos que hayas perdido en cualquier lugar del mundo, como por ejemplo joyas o equipaje.

Es importante que realices una lista de todas tus pertenencias – como lo sugerimos en la sección de bienes raíces – ya que la necesitarás a la hora de hacer un reclamo. Toma fotos y video de todos los objetos que quieres asegurar y reúne las facturas para determinar su costo estimado.

RESPONSABILIDAD PERSONAL POR DAÑOS O LESIONES CAUSADOS A TERCEROS

La cobertura por responsabilidad te protege de demandas presentadas por otros en caso de que alguien se accidente o lesione en tu propiedad. Esta cobertura también incluye daños causados por algún miembro de tu familia o tus mascotas en tu propiedad o en cualquier otra. Por ejemplo, si tu perro muerde a tu vecina en tu casa o en la de ella o tu hijo rompe algún objeto de valor en una casa ajena, tu seguro debe responder por los daños, incluyendo cualquier reclamo de la vecina por salario perdido o incapacidad. **La probabilidad de este tipo de demandas es baja, pero vivimos en una sociedad bastante litigante, por lo que si algo ocurre y no estás protegido puedes perder mucho dinero.** Las pólizas comienzan en el rango de cobertura de $100,000, pero los expertos recomiendan tener por lo menos $300,000 de cobertura.

INUNDACIONES Y TERREMOTOS

Uno de los problemas con las pólizas básicas de vivienda es que no incluyen daños o pérdidas causadas por inundaciones o terremotos, por lo que la cobertura para estos desastres naturales debe ser comprada por separado. La verdad es que sin una buena cobertura frente a desastres naturales estarías arriesgándote a pagar cientos de miles de dólares en arreglos, más en un país como los Estados Unidos que está tan expuesto a la furia de la madre naturaleza.

En el caso de los terremotos, la gente piensa que solo ocurren en California, pero ésta es una suposición bastante equivocada. El costo de cobertura para terremotos se basa en la evaluación por parte de la aseguradora del riesgo presente en el área donde vives, así como tu tipo de propiedad. Por lo mismo, tu decisión de comprar seguro no debe basarse en el riesgo presente, ya que este riesgo está incluido en el precio del seguro. Vale la pena aclarar que los deducibles de terremotos no son una cantidad en dólares como las pólizas de seguro de hogar regulares. En esta póliza, los deducibles pueden oscilar entre el 2 y el 20% del límite de cobertura de la vivienda dependiendo del riesgo.

Como los terremotos, las inundaciones tampoco están cubiertas en las pólizas estándar de vivienda, aunque más de 20.000 comunidades alrededor del país están en riesgo. Sin embargo, muchas personas deciden no cubrirse frente a estos siniestros ya que creen que el gobierno debe responder por los daños o piensan que abandonar la propiedad si no tienen demasiada equidad en ella es una buena opción. Ambas ideas son equivocadas, y la segunda puede arruinar tu crédito, ya que también estás dejando de pagar el préstamo.

Puedes ver el mapa de inundaciones para tu área escribiendo tu dirección en la página del **Mapa del Centro de Servicio de Inundaciones de FEMA**

DONDE COMPRAR UN SEGURO DE VIVIENDA

Como se mencionó anteriormente, las pólizas de seguro vienen en muchas formas y tamaños. Lo mismo es cierto para las compañías de seguros y agentes, que pueden cobrar tarifas muy diferentes para esencialmente la misma cobertura. Por lo tanto, siempre está en tu mejor interés comparar precios, historiales y atención al cliente para saber realmente lo que estás comprando. Tampoco está de más realizarte algunas preguntas clave para escoger la mejor póliza para proteger tu casa:

- ¿Cuál es el historial de reclamos de la casa que estoy considerando?
- Si presento una reclamación, ¿cómo afectará mi prima al renovar la póliza?
- ¿Cómo afectará mi historial de crédito a mi prima?
- ¿Qué cubre la póliza? ¿Qué no cubre? ¿Cuáles son los límites de las coberturas?
- ¿Cuál será mi deducible?
- ¿Cuánta cobertura necesito para mi propiedad personal?
- ¿Cuánta cobertura por responsabilidad debo comprar?
- ¿Debo comprar seguro contra inundaciones o terremotos?
- ¿Qué tipos de daños por agua no están cubiertos? ¿Está cubierto el daño por moho?

Existen varias aseguradoras que históricamente han ofrecido bajos costos y buena cobertura de vivienda o renta. También puedes preguntar por el seguro de vivienda que ofrece la compañía que te proporciona tus otros seguros, comprar un combo auto + vivienda es a veces más económico.

Amica: www.amica.com 800-242-6422
GEICO: www.geico.com 800-841-2964
Liberty Mutual: www.libertymutual.com 800-837-5254
Nationwide Mutual: www.nationwide.com 877-669-6877
State Farm: www.statefarm.com 844-803-1573

¿CÓMO AHORRAR EN SEGURO DE VIVIENDA?

Pregunta a tu aseguradora por los requerimientos para calificar para descuentos en tu póliza de seguro. Además, puedes reducir la probabilidad de reclamos teniendo en cuenta estos consejos:

- Instala un detector de humo aprobado por la certificadora de seguridad UL en cada piso. También instala un detector de monóxido de carbono
- Instala un extintor de incendios químico seco aprobado por la UL en la cocina

para detectar quemaduras de grasa y comprueba su estado periódicamente

- Limpia regularmente tu chimenea para evitar incendios y el daño del humo interior
- Instala alarmas contra robo, incendio y detector de movimiento, ya que puedes lograr ahorros en tu prima de entre 10 y 20%
- Instala cerraduras con pestillo en todas las puertas de acceso
- Instala una bomba de sumidero para evitar daños causados por las aguas subterráneas
- Si tienes una piscina, pon una cerca y retira el trampolín, que es donde la mayor parte de los accidentes ocurren
- Para el caso de protección contra huracanes, contar con *shutters* o ventanas resistentes a impactos te pueden ahorrar muchos dólares.

SEGURO DE ARRENDATARIO (*RENTER'S INSURANCE*)

La mayoría de los propietarios a menudo son obligados por las compañías hipotecarias a tener un seguro de vivienda y proteger así sus propiedades, posesiones y resguardarse de cualquier lesión sufrida por un visitante. Pero ¿qué pasa con las personas que rentan el espacio donde viven?

Si eres una de estas personas, un seguro de arrendatario te protege contra la pérdida o daño a tus pertenencias personales y contra la responsabilidad que pueda recaer sobre ti si alguien, como en el caso de la vecina que se accidenta o es atacada por tu mascota, se lesiona en tu propiedad. Sin embargo, de acuerdo con el Instituto de Información de Seguros, solo el 37% de los inquilinos cuenta con un seguro.

Muchos inquilinos asumen que el seguro del propietario cubrirá sus pertenencias después de una catástrofe, pero esto es incorrecto. De hecho, algunos contratos de arrendamiento requieren que los inquilinos adquieran un seguro de arrendamiento. Si el inquilino daña las instalaciones, el propietario y otros inquilinos pueden recuperarse del daño a través del seguro.

¿QUÉ CUBRE UN SEGURO DE ARRENDAMIENTO?

En su póliza más básica, este seguro cubre el contenido de tu vivienda alquilada. Los peligros típicos incluidos en estas pólizas son:

- Incendio y daños por viento o nieve
- Robo o vandalismo,

- Explosiones y daños causados por aviones o vehículos
- Fallas de plomería y eléctricas y daños por descarga accidental o desbordamiento de agua
- Daños por calefacción, aire acondicionado y sistemas de rociadores

Algunas cláusulas especiales pueden cubrir los costos asociados con hoteles, comidas, lavandería y otros gastos en los que el inquilino incurrió mientras su apartamento era reparado. También pueden cubrir los costos asociados con la mudanza si el apartamento no es habitable por un período prolongado de tiempo. **Es importante recordar que el seguro de arrendatario tampoco cubre inundaciones o daños por terremoto.** De igual manera, si tienes bienes inusualmente costosos como equipos electrónicos de gama alta, computadores, joyería fina, instrumentos musicales o una colección importante de arte y antigüedades, vas a necesitar protección complementaria.

En cuanto a la protección por responsabilidad civil, esta póliza tiene un cubrimiento similar al de un seguro de vivienda y depende de ti el alcance de la protección. Los límites de responsabilidad para el seguro de arrendatario por lo general comienzan alrededor de $100.000 hasta $ 500.000, y siempre se recomienda partir por la mitad y asegurarse por $300.000.

> Al igual que en un seguro de vivienda, en un seguro de arrendatario tendrás que elegir entre una póliza de costo de reemplazo y una de valor real en efectivo. La póliza de costo de reemplazo cubre el costo real de la posesión que debe ser reemplazada, mientras que en la póliza de valor real en efectivo la aseguradora toma en cuenta la depreciación al calcular el valor de las posesiones. Obviamente, la póliza de reemplazo es más costosa, porque con ella consigues el valor de la posesión como si fuera nueva.

EL COSTO DEL SEGURO DE ARRENDATARIO

Las primas de un seguro de arrendatario son generalmente de bajo costo, en el rango de $10 a $20 al mes, **a menos que tengas muchos objetos de valor o vivas en un área de mucha delincuencia.** Usualmente, estos precios cubren en promedio $25,000 en propiedad personal, $5,000 por pérdida de uso y $100,000 por responsabilidad. En esta tabla podrás conocer el costo promedio de un seguro de arrendatario por estado en 2017:

https://www.valuepenguin.com/average-cost-renters-insurance

También puede obtener una buena tarifa si ya tienes seguro de auto, y agrupas las pólizas con la misma aseguradora. Si no tienes un seguro, hay sitios web como http://www.rentersinsurance.net/ que te permiten comparar los costos de diferentes aseguradoras.

COMPARTIR EL SEGURO CON UN COMPAÑERO DE VIVIENDA

Si tienes un compañero de vivienda, es probable que compartan muchas de las facturas del apartamento. Sin embargo, **la mayoría de los expertos no recomienda compartir una póliza de seguro de arrendatario.** Aunque puede haber un beneficio en compartir los costos de la póliza, todos los reclamos terminarán registrados en el historial de uno de los compañeros, afectando su puntaje de seguro e impactando las tarifas en un futuro. Además, si tus posesiones tienen un valor más alto que las de tu compañero, una división 50/50 en la factura puede no ser justa. En este caso, puedes hablar con él o ella y determinar una distribución de pago más equitativa.

¿CÓMO COMPRAR UN SEGURO DE ARRENDATARIO?

La cobertura por daños o pérdida de propiedad personal es probablemente la razón principal para comprar una póliza de arrendatario, así que empieza por determinar un presupuesto para invertir en tu seguro y posteriormente realiza el inventario de los bienes que quieres asegurar. Recuerda que también debes tener en cuenta la cobertura por responsabilidad civil, los deducibles y la diferencia en valor entre las pólizas de costo de reemplazo de valor real de efectivo. Una vez tengas un valor aproximado para asegurar y lo compares con tu presupuesto, ya puedes contactar a la aseguradora para comprar la póliza.

Si tu presupuesto lo permite, nunca compres la póliza más barata, ya que la cobertura que ésta ofrece no es la mejor. SI por el contrario estás un poco corto de dinero, puedes considerar una prima anual en vez de una mensual. Por último, y como lo mencionamos en la sección de seguro de vivienda, si has comprado otros seguros anteriormente puedes recibir una cobertura especial si adquieres tu seguro de arrendatario con la misma aseguradora.

SEGUROS DE VEHÍCULO

Un seguro de vehículo brinda protección financiera a automóviles, camiones, motocicletas y otros vehículos de carretera contra daños físicos o lesiones corporales y daños a propiedad resultantes de colisiones de tráfico así como la responsabilidad civil que pueda surgir de ellos. En menor grado, un seguro de vehículo también puede ofrecer protección financiera contra el robo del vehículo y daños causados por otras circunstancias que no sean colisiones de tráfico, como golpes y daños sufridos al chocar con objetos estacionarios.

En los Estados Unidos, cada estado tiene sus propios requisitos mínimos obligatorios de seguro de vehículo. De los 50 estados de la unión, 48 requieren que los conductores tengan cobertura de seguro por lesiones corporales y daños a la propiedad, aunque la cantidad mínima de cobertura varía según el estado (el distrito de Columbia también requiere seguro). Los otros dos estados (New Hampshire y Virginia) requieren que el conductor pruebe su capacidad financiera para afrontar los costos equivalentes de un seguro de vehículo.

TIPOS DE COBERTURA

El primer paso para comprender una póliza de seguro de vehículo es aprender los diversos tipos de cobertura que las aseguradoras ofrecen. **Ten en cuenta que parte de esta cobertura es obligatoria y parte puede ser opcional.** Como lo mencionamos anteriormente, casi todos los estados requieren que los dueños de un vehículo carguen con la siguiente protección:

- **Responsabilidad por lesiones corporales:** esta póliza cubre los costos asociados con lesiones y/o la muerte que tú u otro conductor puedan causar al conducir su automóvil
- **Responsabilidad por daños a la propiedad:** esta póliza reembolsará a otros por los daños que tú u otro conductor le causen a otro vehículo o propiedad (como una valla, edifico o un poste público) mientras manejan su vehículo.

Por su parte, varios estados requieren que los dueños de un vehículo cuenten con la siguiente protección. Aun si tu estado no la requiere, puedes considerar comprarla:

- **Pagos médicos o protección contra lesiones personales (*PIP*, por sus siglas en inglés):** esta cobertura proporciona reembolso por gastos médicos por lesiones a ti o a tus pasajeros. También cubre salarios perdidos y otros gastos relacionados.

- **Cobertura por automovilista no asegurado:** esta cobertura te reembolsa cuando un accidente es causado por un automovilista no asegurado, o si alguien te causa un accidente y huye (*hit and run*). También puedes comprar cobertura de automovilista con seguro insuficiente, que cubrirá los costos cuando otro conductor carece de cobertura adecuada para pagar los gastos de un accidente grave.

Aunque un seguro de automóvil básico y obligatorio cubre el costo de los daños que puedas causar a otras personas, vehículos o propiedad mientras conduces, **no cubre el daño a tu propio auto. Para cubrir esto, necesitas comprar la siguiente cobertura opcional:**

- **Colisión:** esta cobertura opcional te reembolsa por daños a tu automóvil que ocurren como resultado de una colisión con otro vehículo u objeto (un árbol o barandilla) cuando tienes la culpa. Mientras que esta cobertura no te reembolsará por fallas mecánicas o el desgaste normal en su auto, sí cubrirá el daño de baches o si tu auto se voltea en una maniobra.
- **Completo**: esta cobertura te protege contra robo y daños causados por un incidente que no sea una colisión, como incendios, inundaciones, vandalismo, granizo, rocas o árboles caídos y otros peligros.
- **Cobertura de cristal:** el daño en el parabrisas es común, y algunas pólizas incluyen cobertura de cristal no deducible, que también incluye ventanas laterales, ventanas traseras y techos corredizos.

> Muchas pólizas de seguro ofrecen una combinación de varias de estas coberturas, así que el primer paso para elegir el seguro de vehículo necesario **es conocer las leyes de tu estado.** Esto te dará una idea del seguro mínimo que necesitas. Puede que tu estado no exija un seguro amplio, pero esto no significa que no lo debas tener.

Tu póliza básica de vehículo no te protege si utilizas tu automóvil con fines comerciales, por ejemplo, si entregas pizzas o haces domicilios. Tampoco si proporcionas transporte a otros a través de Uber o Lyft. Algunas aseguradoras de automóviles ya ofrecen protección adicional para estas situaciones.

EL COSTO DE UN SEGURO DE VEHÍCULO

EL costo de este seguro puede variar de acuerdo con la aseguradora, los deducibles o si tienes un paquete de seguros, pero también es determinado por otros factores:

El tipo de vehículo	El tipo de vehículo que conduces y su valor de mercado afectan tus primas. Es más costoso asegurar un auto deportivo que un sedán familiar, ya que el valor, la reparación y reemplazo del primero cuesta más. Las aseguradoras también tienen en cuenta aspectos como la suspensión, bolsas de aire y la carrocería, ya que un auto más seguro es menos propenso a sufrir accidentes. Si compras un auto que tenga una tasa de robo demasiado alta, su cobertura será más cara.
La zona en la que vives	Si vives en un área donde hay una alta incidencia de accidentes, vandalismo o reclamos, el seguro costará más dinero. Por ejemplo, dado que ocurren más accidentes en zonas urbanas que en las rurales, probablemente pagues más por un seguro si vive en la ciudad.
La frecuencia con la que manejas	Cuanto más conduzcas, más altas serán las probabilidades de que te accidentes. Los conductores que viajan largas distancias en su vehículo tendrán primas más altas que las personas que viven cerca de su lugar de trabajo o que casi no conducen. Si solo utilizas tu coche durante los fines de semana, tus tarifas de seguro probablemente serán más bajas.
Tu historial de conducción	Si has recibido un boleto de tránsito por exceso de velocidad u otra infracción o tienes un cierto número de reclamos en tu seguro de vehículo, pagarás primas más altas. De igual manera, existe una correlación directa entre tu historial de crédito y tu riesgo como conductor.
Tus datos personales	Tu edad, género y estado civil se tienen muy en cuenta al comprar una póliza de seguro. Las tasas de accidentes son más altas para los conductores menores de 25 años, por lo que si eres joven, espera pagar un poco más. Además, los hombres solteros presentan mayor incidencia en estas tasas de accidentes.

Si estos factores de costo están empezando a asustarte, no te preocupes. Hay cuatro factores principales que pueden ayudarte a mantener las tasas de seguro de vehículo a bajo precio.

- Si estás buscando comprar un auto, **considera la posibilidad de adquirir uno que sea fácil de asegurar.** Por ejemplo, las compañías de seguros saben qué tipos de autos son más propensos a los problemas técnicos, a los accidentes y a los robos, por lo que puede ser buena idea comprar uno que sea más aceptable para las aseguradoras.
- La mayoría de las compañías de seguros **ofrecen descuentos** por una variedad de razones. Por ejemplo, tener más de un seguro de automóvil o tener pocos reclamos te pueden calificar para un descuento.

- Compraste tu auto para utilizarlo, pero entre más lo conduzcas más terminarás pagando. Considera la posibilidad de hacer **carpooling, o compartir un auto** con otras personas para ir al trabajo u otro destino. Si te planteas utilizar el transporte público 2 o 3 días a la semana, puedes ver una buena reducción en tus primas.
- Finalmente, **conduce con cuidado**. Hazle mantenimiento regular a tu auto, respeta las reglas de tráfico y utiliza el cinturón de seguridad. Entre más cuidado tengas, menos tendrá que pagar en seguro.

¿QUÉ PASA SI ESTÁS EN UN ACCIDENTE?

Ten en cuenta estas consideraciones si debes enfrentar un accidente:

- Lo primero que van a realizar tanto la policía como los ajustadores de las aseguradoras es **determinar la culpa**. Si no estás muy seguro de lo que ocurrió, no admitas culpa sin un abogado presente.
- Muchas veces la adrenalina del momento no te permite sentir alguna lesión causada por el accidente sino hasta algunos días después. **Nunca admitas que saliste ileso del accidente sino hasta dos o tres días después del mismo.**
- Tampoco permitas que el ajustador del otro involucrado te apresure a dar información o a responder más preguntas de las necesarias. **Mantén la calma en todo momento y espera a que tu abogado y/o ajustador lleguen a la escena.**

Cuando sufres un accidente automovilístico es fácil olvidar la información necesaria para que tu aseguradora te ofrezca la mejor protección. Esta es la información más importante para agilizar el reclamo:

- Fecha, hora y ubicación del accidente. Toma fotos si tienes celular.
- Nombre, dirección, número de teléfono y número de licencia de conducir del conductor/es del otro vehículo/s
- Lesiones (para cada persona)
- Nombre, dirección y número de teléfono de cada testigo
- Departamento de Policía que atiende el accidente y nombre del oficial que lleva el caso.
- Tickets (multas) emitidos (si los hubiera)
- La compañía y el agente de seguros (nombre y número de teléfono) y el número de póliza del conductor del otro vehículo (o del propietario si es diferente)

Resolver un reclamo post-accidente puede ser demorado y hasta intimidante para ti, incluso si no fuiste culpable del mismo. No solo porque tu propia aseguradora tratará de desembolsar la menor cantidad posible (si es que desembolsa dinero del todo), sino porque el ajustador de la aseguradora del otro involucrado en el accidente también verá por los intereses de su cliente y evadirá la culpa hasta donde sea necesario, incluso llegando a responsabilizarte a ti por lo sucedido. Por lo mismo, muchas personas envueltas en accidentes adquieren los servicios de un abogado que los defienda ante un panorama tan confuso.

SEGUROS EN EL PAÍS DE ORIGEN

Como inmigrante latino en los Estados Unidos, existen situaciones en las que puede resultar beneficioso para ti adquirir un seguro pensando en tu familia en el país de origen. Estas son algunas de esas situaciones:

SEGURO DE VIDA

Es posible que un ciudadano o residente permanente en los Estados Unidos adquiera una póliza de seguro de vida y ponga como beneficiario a un familiar en su país de origen.

De igual manera, una persona con un número ITIN o no residente en los Estados Unidos también puede adquirir un seguro de vida en el país, aunque para eso la aseguradora debe tener muy claro el estatus migratorio del solicitante y el tiempo que espera permanecer en los Estados Unidos. Por el lado del solicitante, este debe tener algún tipo de nexo con el país, como un negocio, propiedad o cuenta bancaria (esta última es importante ya que el pago del seguro se debe hacer desde una cuenta en los Estados Unidos). Además, debe estar en el país para realizar los exámenes médicos y esperar la aprobación de la póliza. La mayoría de aseguradoras requieren que estas personas compren una póliza de mínimo $250,000 dólares.

Es importante que los ciudadanos estadounidenses o residentes permanentes en el país que viajen al exterior puedan disfrutar de la cobertura de su seguro de vida cuando salgan de los Estados Unidos, ya sea de vacaciones o para vivir por fuera. Para esto es necesario que pregunten a su aseguradora por su cobertura en estos casos.

Es también necesario mencionar que la mayoría de los países latinos prohíbe a sus ciudadanos adquirir seguros de cualquier tipo de aseguradoras que no estén legalmente establecidas en su país. Adicionalmente, existen otros países que prohíben a sus ciudadanos adquirir pólizas de países extranjeros.

SEGURO DE VIVIENDA

Si adquieres un préstamo de vivienda en tu país de origen **es muy posible que el banco en el país de origen te exija este seguro para desembolsar el préstamo hipotecario.** En muchos casos (como México o Colombia), es el banco quien se encarga de contratar este seguro (además de la póliza de vida deudores que cubre el saldo de la deuda en caso de tu fallecimiento). Este seguro hará parte de tu cuota mensual, por lo que su contratación estará incluida dentro del trámite para sacar el crédito.

En Estados Unidos seremos usualmente nosotros los encargados de contratarlo, pero es posible que también lo paguemos con la cuota del crédito. La gran diferencia es que aquí no es obligatorio el seguro de vida deudores, por lo que si fallecemos, la deuda hipotecaria seguirá vigente sobre la propiedad. Un seguro de vida a término puede ser de gran ayuda para esta situación y así puedes dejar el dinero suficiente a tu familia para pagar el préstamo.

Si no cuentas no un crédito de vivienda, puedes adquirir un seguro de vivienda en el mercado financiero local de tu país sin ningún problema.

SEGURO DE COSTOS FUNERARIOS

En caso de que fallezcas mientras vives en los Estados Unidos, un **seguro de costos funerarios** le permite a tu familia en tu país de origen afrontar esta muerte inesperada sin tener que asumir gastos enormes, teniendo en cuenta que los costos funerarios en los Estados Unidos pueden alcanzar los $20,000.

Este seguro ofrece asistencia funeraria internacional con servicio de repatriación desde Estados Unidos hacia América Latina, con las únicas excepciones de Cuba y Haití. Este servicio incluye el traslado del fallecido a la funeraria local, la preparación del cuerpo (embalsamiento) y un cofre estándar o una urna para cenizas, además de los trámites legales (consulado, licencia de salud pública, certificado de defunción) y un tiquete aéreo en clase económica para el titular del plan desde EE. UU. con el fin de acompañar a su protegido durante el proceso.

El costo de este seguro es bajo y usualmente puedes asegurar a varias personas en la misma póliza. Si ya tienes un seguro de vida, no es importante que tengas este seguro, pero si lo puedes adquirir para tus familiares que no estén amparados.

SEGUROS DE SALUD PARA VIAJEROS

Hay que distinguir dos situaciones bastantes diferentes, cuando tú estás de viaje en tu país de origen y cuándo te visita por una temporada algún familiar.

- Debes revisar con tu seguro de salud, si este cubre gastos médicos en el extranjero. Una simple llamada basta para que te expliquen si cubren enfermedad y accidentes y si debes pagar y luego serás reembolsado o como es el proceso para hacer un reclamo. Usualmente, tu seguro de salud cubre emergencias, pero tú debes pagar y luego presentar el reclamo para recibir el reembolso; sin embargo, recuerda que Medicare no te cubre en el exterior. Si no cuentas con cobertura, revisa el seguro ofrecido por tus tarjetas de crédito, muchas tienen cobertura por accidentes mientras estés de viaje. Si no tienes ninguna cobertura, considera la opción de comprar un seguro de viajero (*Travel medical insurance*) que por un precio bajo te puede ofrecer beneficios de evacuación, pérdida de equipaje, cancelación de viaje y por supuesto de salud.
- Si un familiar viene a visitarte a Estados Unidos, es conveniente que consideres la posibilidad de comprar seguro de salud de viajero para esta persona (*visitor health insurance*). De no hacerlo, esta persona puede enfrentar altos costos en caso de que se presente un accidente o enfermedad y puede que no reciba la atención médica que desea. Es muy posible que sea atendido en uno de los hospitales de caridad de la ciudad, pero eso no siempre es lo más conveniente

A la fecha de publicación de este libro, el gobierno y el congreso de los Estados Unidos han planteado cambios importantes al Sistema de Salud. Consulta www.finanzasparainmigrantes.com para enterarte de cambios en la legislación.

LOS PUNTOS CLAVE

- Los latinos son uno de los grupos poblacionales con menor cobertura en los Estados Unidos, ya que estar asegurado no es común en la cultura hispana. Sin embargo, un seguro es necesario para protegerte a ti y a tu familia de riesgos que no podrías enfrentar por ti solo.

- Tener un seguro en los Estados Unidos es necesario para comprar una casa, conducir un auto, proveer por tu familia, cubrir costos de salud y mantener un negocio.

- Una aseguradora puede negarte la cobertura o a negarse a pagar por un reclamo. Es importante estar preparado para estas situaciones ya que las compañías de seguro siempre tratarán de no pagar o pagar lo menos posible.

- En los Estados Unidos la mayoría de personas obtiene cobertura médica a través de su empleador. En caso de que tu empleador no ofrezca este servicio o quieras adquirir un plan adicional, puedes recurrir a un mercado federal o estatal de seguros médicos.

- Tener seguro médico es obligatorio, y si no te aseguras a ti y a tu familia deberás pagar una multa. Tener seguro de vehículo también es obligatorio en la mayoría de estados.

- La gran mayoría de los prestamistas te exigen un seguro de vivienda para poder aprobar tu crédito. Pero incluso si no es obligatorio, es necesario para proteger tus bienes personales.

- Existen otros seguros que pueden ser importantes para los inmigrantes, como los seguros básicos si tienen propiedad en su país de origen, seguros de costos funerarios y de salud para viajeros.

TUS IMPUESTOS:
PARTE INEVITABLE DE TU PLAN

Los impuestos, tal como lo dijo Benjamín Franklin alguna vez, son una de las pocas cosas seguras en la vida. Son el precio que pagar por vivir en una sociedad civilizada, y es tal su importancia y trascendencia que son un constante tema de debate político entre congresistas, y un verdadero dolor de cabeza para los millones de personas que los pagan año tras año.

Durante la última campaña presidencial se pintó un panorama bastante injusto sobre la realidad fiscal de los inmigrantes latinos en los Estados Unidos –especialmente de aquellos que aún no tienen definido su estatus migratorio– acusándolos de ser una carga para el sistema.

Sin embargo, este panorama está muy alejado de la realidad. Según el *Institute on Taxation and Economic Policy,* se estima que los inmigrantes indocumentados contribuyen con un estimado de $11,740 millones a las arcas federales y estatales del país. No obstante, muchos de ellos no van a recibir reembolsos o beneficios de este sistema, aunque aporten más de lo que reciben de él. Vale la pena recordar que la revolución americana comenzó por el famoso *"Taxation without representation"*, situación que viven miles de indocumentados en los Estados Unidos, por no hablar de la deficiente representación política que tenemos los latinos en este país.

Por esta razón es importante educarse sobre los temas de impuestos más relevantes ya que estos son parte fundamental de la planeación financiera y su conocimiento nos puede ahorrar miles de dólares y ayudarnos a tomar mejores decisiones financieras. En este capítulo te explicaremos los conceptos más básicos sobre ellos y su importancia en una buena planificación financiera en los Estados Unidos.

¿QUÉ SON Y PARA QUÉ SIRVEN LOS IMPUESTOS?

Un impuesto es una tasa obligatoria aplicada tanto a individuos –ciudadanos y residentes– como a organizaciones económicas por una autoridad gubernamental con el fin de financiar su funcionamiento y el sostenimiento de la población en general. Entre los gastos que financian se incluyen educación, salud, infraestructura, defensa militar y subsidios para los más pobres.

El congreso y el presidente de los Estados Unidos son los responsables de planear, redactar y aprobar el presupuesto general de la nación y las reglas de recaudación del dinero. A estas reglas se les conoce como el Código de Renta Interna (*IRC*, por sus siglas en inglés), el cual es aplicado por el Servicio de Impuestos Interno (el famoso y temido *IRS*, por sus siglas en inglés). El IRS recauda los impuestos, emite las restituciones correspondientes y entrega todo el dinero recaudado al Departamento del Tesoro de los Estados Unidos. El Tesoro, por su parte, reparte este dinero y paga los gastos gubernamentales de acuerdo con el presupuesto de la nación.

Aparte de financiar los gastos operacionales del gobierno, la tributación también se utiliza como una herramienta para llevar a cabo objetivos nacionales de desarrollo social y económico, por ejemplo:

- Fortalecer emprendimientos débiles o de importancia estratégica para el país, concediéndoles exenciones fiscales e incentivos para su crecimiento (por ejemplo, subsidios a empresas de energía solar para disminuir la dependencia del país al petróleo, subsidios a la agricultura o a sectores considerados estratégicos)
- Direccionar el flujo de dinero hacia ciertas actividades por medio de estímulos (incentivar a los ciudadanos o empresas a invertir en un sector determinado, aumentar exportaciones, ahorrar o pedir un préstamo)

- Proteger las industrias locales contra la competencia extranjera mediante el aumento de los impuestos de importación.
- Reducir las desigualdades mediante la distribución de la riqueza creando oportunidades para que haya una conveniente movilidad social de sus ciudadanos y todos podamos prosperar.
- Crear fondos de emergencia para ayudar a poblaciones vulnerables en caso de desastres naturales.
- Invertir en infraestructura para el país, estado o condado como es el caso de carreteras, puentes, muelles, transporte público y otros.

CARACTERÍSTICAS IMPORTANTES DE LOS IMPUESTOS EN LOS ESTADOS UNIDOS

Los impuestos en los Estados Unidos tienen ciertas características:

- **Son obligatorios:** toda persona, empresa y organización con o sin fines de lucro está sujeta a informar sobre sus ingresos y activos y calcular sus impuestos sobre ellos, aunque estas últimas usualmente no pagan impuestos (al igual que ciertas organizaciones religiosas). El incumplimiento deliberado del pago de la totalidad de las obligaciones tributarias da como resultado la evasión fiscal, que es castigada por la ley.
- **Son progresivos:** el sistema fiscal de los Estados Unidos es en términos generales **progresivo;** esto significa que las personas que ganan más dinero tienen una tasa impositiva más alta y las que ganan menos una más baja. Tu tasa de impuestos federal en un año varía dependiendo de la cantidad de dinero que hayas ganado ese año.
- **Distintas autoridades imponen distintos impuestos:** por ejemplo, el *income tax* constituye la mayor fuente de ingresos para el gobierno federal. Por su parte, los ingresos a nivel estatal tienen un origen más variado. Mientras que algunos estados dependen en gran medida del *income tax* estatal, otros dependen principalmente de los impuestos sobre las ventas o a la propiedad. Los condados y las ciudades también cobran impuestos para recaudar fondos. Los impuestos a la propiedad generalmente se cobran a nivel local para financiar servicios como escuelas, hospitales, policía y bomberos.
- **Se cobran en diferentes momentos:** por ejemplo, cada vez que recibes tu cheque de pagos mensual el gobierno retiene varios impuestos sobre tu

nómina, mientras que el impuesto sobre tu auto o el de propiedad sobre tu casa se pagan de manera anual. **Los trabajadores independientes deben estimar los ingresos de sus negocios y pagarlos trimestralmente,** y el impuesto sobre las ventas lo pagas al momento de cancelar el valor de un producto o servicio en el establecimiento comercial.

TIPOS DE IMPUESTOS Y PAGOS

En general, la mayoría de los impuestos que se pagan en los Estados Unidos se puede clasificar en tres categorías:

IMPUESTOS SOBRE LOS INGRESOS

El gobierno federal, 43 estados y muchas municipalidades locales imponen impuestos sobre los ingresos, intereses y utilidades que toda persona, empresa, corporación u organización recibe a lo largo del año. En promedio, el *IRS* recoge aproximadamente $2,4 trillones a través de 234 millones de declaraciones de impuestos sobre la renta anuales (¡Seguramente tú ya has presentado más de una!). Las tasas federales para el año tributario de 2017 son siete y van desde 10% a 39,6%.

Entre estas cargas tributarias sobre los ingresos se incluyen el *income tax* (del cual hablaremos más adelante), los **impuestos sobre la nómina** (*payroll taxes*), utilizados para financiar el Seguro Social y Medicare, los impuestos **sobre las ganancias** (*capital gain taxes*), que gravan cualquier ganancia de capital que obtengas de la venta de un activo como una acción, bono o inmueble y el impuesto **sobre las herencias** (*estate and inheritance taxes*) que tributa la transferencia de patrimonio entre generaciones de una familia.

Un impuesto relacionado con el impuesto sobre la herencia es el **impuesto de donación** (*gift tax*), que afecta la transferencia de riqueza (los primeros $14,000 de un regalo) durante la vida de una persona. Las tasas estatales y locales sobre los impuestos a los ingresos son generalmente mucho más bajas y se pueden deducir de tus impuestos federales.

IMPUESTOS SOBRE LA PROPIEDAD

El impuesto de propiedad es un impuesto que se impone sobre el valor de cualquier propiedad que tengas, e incluye tanto los **impuestos de bienes raíces**

como los de **propiedad personal**. La tasa del impuesto se calcula dependiendo del valor de la propiedad y es generalmente cobrado por los gobiernos locales. Los propietarios generalmente pagan los impuestos una vez al año (recolectados a veces como una cuota mensual como parte de su hipoteca).

> Muchas veces las personas utilizan los términos "impuesto de propiedad" (*property tax*) e "impuesto de bienes raíces" (*real estate tax*) de manera intercambiable, pero no significan lo mismo. Mientras que un impuesto de bienes raíces es la carga fiscal sobre una propiedad inmóvil atada al suelo, como una casa, edificio o lote, un impuesto de propiedad se impone también sobre otro tipo de pertenencias movibles, como por ejemplo un auto, un bote o los computadores y muebles de tu oficina.

IMPUESTOS SOBRE LOS BIENES Y SERVICIOS

Los impuestos sobre los bienes y servicios son imposiciones fiscales sobre la producción, venta, transferencia, alquiler y entrega de ciertos productos y servicios. Entre estos tributos se cuenta el **impuesto sobre las ventas** (*Value Added Tax*), el cual pagas cada vez que los compras. (Este es similar al IVA que pagabas en tu país de origen, aunque acá las tasas son muchísimo menores).

Dentro de esta categoría también podemos incluir los **impuestos especiales** (*excise taxes*), o "impuestos al pecado", los cuales se imponen sobre productos que pueden ser considerados como superfluos o no indispensables para vivir, como los cigarrillos, el licor o los juegos de azar (aunque la gasolina también es gravada con este impuesto). Este impuesto se puede cobrar tanto a nivel federal como estatal y usualmente se utiliza para financiar programas sociales y como una manera de reducir su consumo entre la población. Las tarifas u **honorarios de usuarios** (*user fees*) son impuestos que se cobran en una amplia variedad de servicios, incluyendo boletos aéreos, alquiler de vehículos, carreteras de peaje, servicios públicos, habitaciones de hotel, licencias, transacciones financieras y muchos otros. Dependiendo del lugar, un servicio de telefonía celular puede cobrar hasta seis tarifas diferente, aumentando la factura mensual hasta en un 20%.

EL INCOME TAX

Además de su imposición a nivel federal, la mayoría de los estados y algunas municipalidades también cobran el *income tax*, aunque a una tasa más baja.

Los únicos estados que no lo cobran son Alaska, Florida, Nevada, Dakota del Sur, Texas, Wyoming y Washington.

¿QUIÉNES DEBEN PAGAR *INCOME TAX*?

El income tax se aplica de manera federal a:

- Individuos asalariados e independientes
- Negocios, como empresas unipersonales, compañías, sociedades o corporaciones
- Patrimonios, fideicomisos y herencias

A nivel individual, los **ciudadanos estadounidenses** y los **residentes extranjeros en los Estados Unidos** (*resident aliens*) deben declarar sus ingresos *dentro y fuera* del país y pagar *income tax* sobre ellos. Por ejemplo, si un ciudadano o residente extranjero en el país tiene propiedades en el exterior de las cuales recibe un ingreso, debe reportarlas y pagar impuestos sobre ellas.

Para propósitos de impuestos, el IRS considera residente a cualquier persona que tenga una Green Card y que haya pasado el test de residencia. Esta prueba requiere que el contribuyente extranjero resida en los Estados Unidos durante al menos 31 días durante el año, y debe haber estado en los Estados Unidos por al menos 183 días de los últimos tres años (incluido el año en curso).

Los **extranjeros no residentes** (*non-resident aliens*) que reciban ingresos en los Estados Unidos también deben declararlos, aunque existen acuerdos entre países para no pagar doble tributación sobre el mismo ingreso. Si no existe tal acuerdo, tendrán que pagarlo.

Los **inmigrantes indocumentados** también están obligados a presentar una declaración y pagar el impuesto sobre la renta cuando hayan pasado al menos 183 días en el año de la declaración y sus ingresos estén por encima del umbral permitido. **Pagar impuestos como indocumentado tiene ventajas y desventajas:**

- Como indocumentado **no eres elegible para la deducción estándar y pagas una tasa fija, no progresiva,** por lo que puedes pagar más dinero que alguien documentado con un ingreso similar.
- Por otro lado, pagar impuestos **puede ser favorable si buscas obtener estatus legal.** Para declarar impuestos, las personas sin un número de seguridad social deben obtener primero el número de identificación individual de contribuyente (*ITIN*) del IRS, usando el formulario W-7.

En este link puedes encontrar más información sobre tu estatus migratorio y sus responsabilidades fiscales:

---

https://www.irs.gov/spanish

Muchas personas no califican para pagar *income tax* en los Estados Unidos debido a que sus ingresos no sobrepasan el umbral requerido. De hecho, según varios estudios, más de la mitad de los ciudadanos no lo paga. (Esto no quiere decir que no paguen otros impuestos). Como regla general, **en caso de que tu ingreso total sea igual o menor a la deducción estándar más una exención y no dependas financieramente de otra persona que deba pagar impuestos, no tendrás que pagar.**

Sin embargo, el hecho de que no tengas que pagar no significa que no tengas que presentar una declaración de impuestos. Para empleados independientes, es casi que obligatorio presentar declaración ya que el mínimo es $400 al año en ingresos.

> Al presentar tu declaración, es posible que tengas un saldo a tu favor, el cuál te devolverá el IRS. Este reembolso es importante para muchos latinos, quienes no ven la hora de presentar la declaración de impuestos para obtener su devolución de impuestos. Si estás por debajo de los ingresos requeridos, pero te han hecho una retención, es importante que hagas tu declaración para que te reembolsen lo retenido.

¿Cuándo y cómo se paga?

El income tax federal en los Estados Unidos se declara el 15 de abril de cada año (a veces se mueve la fecha si cae en feriado o fin de semana) y se paga sobre el año fiscal que va del 1 de enero al 31 de diciembre del año anterior. Para 2018, el impuesto se pagará el 17 de abril. El IRS ofrece una extensión de hasta 6 meses para presentar los impuestos, aunque esta extensión es de tiempo y no de pago del dinero. La extensión se pide a través del formulario 4868. Los formularios para presentar el impuesto sobre la renta se pueden encontrar en oficinas postales, bancos y librerías o descargarlos en la página web del IRS:

HTTPS://WWW.IRS.GOV/SPANISH/FORMULARIOS-PARA-CONTRIBUYENTES

La manera más común para pagar este impuesto es electrónicamente, ya que todo el proceso, incluido el reembolso, es más rápido y seguro.

PARA REALIZAR EL PAGO DEL IMPUESTO, TIENES VARIAS OPCIONES:

- Hacerlo a través del servicio *Direct Pay* - *https://www.irs.gov/payments/direct-pay*
- Incluir un cheque o giro con tu declaración impresa
- Si estás preparando tu declaración con un programa de computador, consulta las instrucciones del software para efectuar el pago por medio del mismo. Si quieres pagar con una tarjeta de crédito o débito, otro tipo de pago electrónico o dinero en efectivo, visita la página de pagos del IRS aquí: *https://www.irs.gov/spanish/haga-un-pago*
- Si no tienes el dinero suficiente para pagar el impuesto, el IRS te puede ayudar a diseñar un plan de pagos. Más información en *https://www.irs.gov/spanish/tema-202-opciones-para-el-pago-de-impuestos*

CÓMO PEDIR AYUDA

Llenar los formularios de impuestos puede ser un verdadero dolor de cabeza para muchas personas, y la verdad es que un código fiscal de cerca de 75,000 páginas no está diseñado para ser sencillo o fácil de entender. Un simple error puede obligarte a presentar la declaración de nuevo, con los gastos de tiempo y dinero que eso implica.

Si el formulario que debes llenar es lo suficientemente sencillo, puedes hacerlo tú mismo utilizando las guías que ofrece el IRS, ya sea las instrucciones que vienen con la declaración o algunos folletos como la publicación 17 o la guía para los pequeños negocios.

También existe software especializado con precios razonables que te pueden dar una mano al momento de preparar tus impuestos:

- Free File, el programa del IRS te ayuda a presentar la declaración gratuitamente.
- Algunas compañías de impuestos como HR Block o de software como Turbotax ofrecen opciones gratuitas para casos muy sencillos y cobros "extra" por casos especiales como si eres independiente.
- Si no tienes muchos recursos **hay ONG's (NGO's en inglés) que te pueden ayudar sin ningún costo.** La verdad es que si solo tienes ingresos por tu W2 y deducciones estándar el proceso es fácil de realizar. Muchos americanos lo hacen por sí mismos y es parte de la cultura.

Otra opción es contratar a un experto en impuestos. Un experto no solo tiene la experiencia para llenar los formularios sino el conocimiento en estrategias para reducir el monto a pagar. Entre estos expertos se incluyen:

- **Preparador de impuestos:** tienen la menor experiencia y es común que trabajen a medio tiempo. Son económicos y pueden ayudarte a organizar tus documentos y recibos y completar tus impuestos por más o menos $100. La desventaja es que puede que sepan menos acerca de temas fiscales que tú. Si tus impuestos son fáciles de hacer, pero no tienes el tiempo o las ganas, un preparador puede ser una buena opción.
- **Agente Tramitador** (*EA*, por sus siglas en inglés). Ester agente debe pasar una prueba del IRS para convertirse en un tramitador y te puede representar en caso de una auditoría. También te puede ayudar a completar los anexos más comunes. Su costo puede rondar los $200-$300.
- **Contador Público Certificado** (*CPA*, por sus siglas en inglés). Los contadores certificados deben pasar pruebas extensivas para poder recibir su credencial y educación continuada para poder mantenerla. Si tienes tu propio negocio y debes completar varios anexos en tu declaración, puedes contratar a un CPA, aunque no es necesario hacerlo cada año. Su costo puede variar entre $100 la hora o más, dependiendo de la zona donde residas.
- **Abogado de Impuestos**: los abogados de impuestos están entrenados para lidiar con los casos fiscales más complejos o que requieren una asesoría especial. Su costo puede estar entre $200 y $300 por hora. Otros factores para tener en cuenta al momento de hacer tus impuestos

DETERMINA TUS INGRESOS Y LA PARTE DE ELLOS QUE ES GRAVABLE

Como contribuyente, tienes derecho a una serie de deducciones y exenciones por ley. Para poder determinar exactamente qué partes de tus ingresos son gravables, debes entender 3 conceptos básicos: *ingreso bruto, ingreso bruto ajustado* e *ingreso imponible.*

De acuerdo con el IRS, tu ingreso bruto, o *gross income* es el total de todas tus ganancias e ingresos a lo largo del año. Si eres empleado, tu ingreso bruto incluye los sueldos y salarios del formulario W-2, así como toda comisión o bonificación pagada por tu empleador. Si eres el propietario de un negocio o independiente, tu ingreso bruto incluye los ingresos totales del negocio menos sus gastos.

Cuando a tu ingreso bruto le restas ajustes al ingreso disponibles como aportes a tus cuentas de retiro, gastos de pensión alimenticia, gastos de mudanza relacionados con tu empleo o intereses sobre tus préstamos de educación, **el resultado es el ingreso bruto ajustado**, o *adjusted gross income*, (AGI). El mismo formulario te dará una idea de las deducciones a las que puedes aplicar para llegar a tu AGI.

Cuando tengas tu AGI, ya puedes aplicar la deducción estándar o las deducciones detalladas y las exenciones a las que todo contribuyente tiene derecho para llegar a tu ingreso imponible, o *taxable income*, el cual es la cifra que el IRS toma en cuenta para calcular el *income tax* que debes pagar. En este punto debes tener en cuenta algunas cosas importantes:

- Las deducciones se refieren a **gastos** que has hecho durante el año y que puedes deducir
- Las exenciones se refieren a **personas** que dependan de tu ingreso y las cuales también puedes deducir
- Las **asignaciones**, o *allowances* son las deducciones que el gobierno te permite hacer sobre el impuesto a tu salario. Solicitar más asignaciones resulta en un menor cheque mensual pero aumenta las posibilidades de un reembolso final.

- Los **créditos de impuestos**, como el crédito fiscal por hijo (*child tax credit*), te permiten descontar hasta $1000 por hijo de tu pago si cumples ciertos requisitos.

> Dependiendo del número de descuentos totales, tu ingreso imponible puede ser bastante menor que tu ingreso bruto. **Es por esto que el propósito principal de la mayoría de las personas al realizar sus impuestos es reducir su ingreso bruto hasta el monto más bajo posible de ingreso imponible.** Si tenemos en cuenta que los impuestos están diseñados para estimular un comportamiento deseado entre los contribuyentes a través de incentivos, lo más razonable es aprovechar estos incentivos para tributar la menor cantidad de dinero posible. Por ejemplo, **ahorrar para el retiro** es considerado un comportamiento deseado ya que estimula a las personas a guardar dinero para la vejez (y canaliza dinero hacia la inversión). Ésta es la razón por la cual el código de renta ofrece deducciones a quienes hagan contribuciones a una cuenta de retiros, permitiéndoles reducir su ingreso imponible. Más adelante profundizaremos sobre el tema de las deducciones y la manera de aumentarlas.

DETERMINA TU ESTATUS DE DECLARACIÓN DE IMPUESTOS

Tu estatus familiar determina el monto de los impuestos y cuáles deducciones y créditos son aplicables en tu caso:

- **Soltero**: un contribuyente que no está casado o está separado legalmente
- **Casado con declaración conjunta:** todos los ingresos, exenciones y deducciones deben ser incluidos para ambos cónyuges
- **Casado con declaración separada:** cada cónyuge presenta una declaración, pero ambos deben reclamar la deducción estándar o desglosar las deducciones correspondientes (este estado tiene la tasa impositiva más alta)
- **Jefe de Hogar:** el declarante debe ser soltero o haber vivido separado de su cónyuge durante los últimos seis meses del año fiscal y haber pagado más de la mitad del costo de mantenimiento del hogar y del mantenimiento de los dependientes.
- **Viudo/a calificado/a con hijo dependiente:** el solicitante debe haber sido elegible para presentar una declaración conjunta con su cónyuge el año en que este murió y no puede haberse vuelto a casar. También debe poder reclamar un hijo como una exención y haber pagado más de la mitad del costo de mantenimiento del hogar

DETERMINA SI DEBES PRESENTAR EL INCOME TAX

Como ya lo comentamos, aquellos individuos cuyos ingresos están por debajo del umbral determinado no tienen la obligación de declarar el *income tax*. Esta tabla te puede dar un mejor panorama de los umbrales que te pueden eximir de declarar impuestos:

SI TU ESTATUS DE DECLARACIÓN ES	Y AL FINAL DE 2016 TIENES	ENTONCES DEBES DECLARAR SI TU INGRESO BRUTO ES AL MENOS[11]
Soltero	Menos de 65 años	$10,350
	65 o más años	$11,900
Casado con declaración conjunta	Menos de 65 años (ambos cónyuges)	$20,700
	65 o más años (un cónyuge)	$21,950
	65 o más años (ambos cónyuges)	$23,200
Casado con declaración separada	Cualquier edad	$4,050
Jefe de hogar	Menos de 65 años	$13,350
	65 o más años	$14,900
Viudo con hijo dependiente	Menos de 65 años	$16,650
	65 o más años	$17,900
Independiente (Self-employed)	Cualquier edad	$400

Incluso si no tienes que pagar el impuesto, **debes presentar una declaración para obtener un reembolso de cualquier impuesto federal sobre la renta si te han hecho alguna retención.** También debes presentar una si eres elegible para cualquiera de los siguientes créditos:

---

11 Estos umbrales son válidos para el año 2017 y cambian anualmente. Las cifras válidas para la presentación de impuestos para 2018 seguramente variarán.

- Crédito por ingreso del trabajo EITC
- Crédito fiscal por hijos adicionales
- Crédito de oportunidad estadounidense
- Crédito por el impuesto federal sobre los combustibles
- Crédito tributario de prima
- Crédito tributario por cobertura de salud

DETERMINA TU CATEGORÍA TRIBUTARIA Y TASA MARGINAL

Todos tus ingresos no son gravados de la misma manera. La realidad es que pagas menos impuestos sobre tus primeras ganancias y más sobre las últimas. Por ejemplo, si tu ingreso imponible llega a $60,000 durante 2017, pagas un impuesto de renta federal así:

INGRESO DECLARANTE SOLTERO	INGRESO DE CÓNYUGES DECLARANDO EN CONJUNTO	CATEGORÍA TRIBUTARIA
$0 - $9,275	$0 - $18,550	10%
$9,276 – $37,650	$18,551 - $75,300	15%
$37,651 - $91,150	$75,301 - $$151,900	25%

Para un soltero con un ingreso imponible de $60.000 la tasa marginal es 25%, mientras que para una pareja de cónyuges declarando en conjunto con el mismo salario la tasa marginal es 15%. Esta tasa te permite calcular rápidamente los impuestos adicionales que tendrías que pagar sobre cualquier ingreso adicional. De igual manera, puedes calcular la cantidad de impuestos que ahorras al reducir tu ingreso imponible, ya sea disminuyendo tu ingreso o incrementando tus deducciones.

DETERMINA LOS FORMULARIOS A USAR

FORMULARIO	¿QUIÉN LO DEBE USAR?
1040	Es el formulario usado para declarar el *income tax*. Utilizado cuando ya tienes casa con hipoteca, familia, trabajo y tu nivel de gastos y responsabilidades se va haciendo más complejo.

1040A	Utilizado por personas con familia y trabajo que quieran reclamar exenciones por dependientes y deducciones por gastos. No te permite detallar deducciones de una hipoteca o contribuciones hechas a una caridad.
1040EZ	Es el formulario más simple y corto de los tres. Es usualmente la primera declaración de impuestos para la mayoría de contribuyentes. Lo utilizan personas solteras o casadas sin dependientes y que no planean desglosar sus deducciones. Alguien con estatus de "jefe de familia" o "viudo" no puede utilizar este formulario, ya que no permite incluir dependientes, deducciones o créditos.
1040NR	Es el formulario que deben utilizar los indocumentados.

Conoce los detalles específicos de cada formulario en este link:

https://www.irs.gov/spanish/tema-352-cual-formulario-debe-utilizar-1040-1040a-o-1040ez

OTROS FORMULARIOS POR LLENAR

Hay otros formularios y anexos que complementan al 1040 y te permiten deducir ciertos impuestos o ser clasificado bajo cierto régimen. Estos formularios son:

- **Formulario W-2:** Éste es el comprobante de ingresos que obtienes de tu empleador. Debes tener un formulario por cada trabajo que hayas tenido durante el año.
- **Formulario W-4:** En este formulario tu empleador puede conocer y deducir correctamente de tus ingresos de nómina todas las deducciones a las que tienes derecho. Si no se deduce el monto correcto, puedes deber dinero o ser elegible para un reembolso. Si eres independiente, debes estimar tu ingreso anual y realizar los pagos de impuestos sobre los ingresos estimados cada tres meses.
- **Formulario 1099:** Si eres independiente, has obtenido intereses o ganan-

cias sobre transacciones en bolsa o has realizado trabajo por contrato y has ganado más de $400, debes utilizar este formulario.

- **Formulario 1098:** si planeas reclamar una deducción por interés hipotecario necesitarás el formulario 1098 de tu prestamista. También puedes reclamar cualquier interés de préstamo estudiantil que hayas pagado durante el año.
- **Formulario 1095-A:** Si tú, tu cónyuge o un dependiente compró un seguro médico a través del gobierno, obtendrás esta declaración del mercado de seguros de salud. Con la información de este documento, puede calcular correctamente la cantidad de crédito tributario en el Formulario 8962.

> Una de las primeras cosas que los inmigrantes latinos deben aprender sobre los impuestos en los Estados Unidos es el propósito del formulario W-4 del IRS. **Éste es el formulario que le ayuda a los empleadores a determinar las retenciones sobre el impuesto al salario y los reembolsos disponibles.** Lamentablemente, son mucho los inmigrantes que pagan sus impuestos y sin embargo nunca los declaran, por lo que pierden mucho dinero al no reclamar algunas deducciones a las que tienen derecho.

ALGUNOS CONSEJOS PARA REDUCIR TUS IMPUESTOS

REDUCIR TUS IMPUESTOS SOBRE INGRESOS DE NÓMINA

Como ya lo sabes, con las **cuentas 401(k) o 403(b) (o una SEP-IRA** si eres independiente) puedes reducir tu ingreso imponible invirtiendo en ellas parte de tus ingresos de empleo para el retiro.

Utilizar un plan de retiro para reducir los impuestos puede ser difícil para muchos inmigrantes que tienen más gastos que ingresos, pero contribuir a estos planes es siempre una buena manera de reducir el monto de impuestos y asegurar el futuro en los Estados Unidos.

Los **créditos fiscales** son otra manera de reducir tu ingreso imponible a través de las cuentas de retiro. Por ejemplo, parejas de cónyuges que declaren conjuntamente y tengan un ingreso bruto ajustado menor a $61,500 (o contribuyentes solteros con uno menor a $30,750) pueden tener derecho a un crédito fiscal por cada hijo que declaren como dependientes. Este crédito puede ser de hasta $1,000 por hijo.

Por otro lado, **si tienes la opción de controlar el momento en que recibes un pago, puedes recibirlo cuando vayas a pagar menos impuestos sobre él.** Por ejemplo, si eres independiente y sabes que vas a pagar menos impuestos el próximo año, puedes enviar facturas de cobro a finales del año presente para que tus clientes te paguen solo hasta el año próximo, pagando un menor valor sobre estos cobros realizados.

AUMENTAR TUS DEDUCCIONES

Como lo vimos anteriormente, las deducciones se sustraen de tu ingreso bruto para poder calcular el AGI y el ingreso imponible sobre el que pagarás tu *income tax*. Existen dos tipos de deducciones:

- la **deducción estándar** de $6,300 para la cual califica todo contribuyente soltero (la deducción aumenta a $12,600 para cónyuges que declaran en conjunto)
- la **deducción detallada**, un método en el cual desglosas cada uno de los gastos elegibles de deducción realizados durante el año. Estas deducciones comúnmente las hacen los trabajadores independientes o empresas que tienen varios gastos relacionados con su labor. El desglose de las deducciones se hace en el anexo A del formulario 1040 y aunque es un proceso más complicado de realizar, puede significar mayores ahorros si el valor de estas supera el valor de la deducción estándar.

Incluso si vas a usar la deducción estándar, es bueno que te familiarices con las deducciones detalladas, ya que puedes enterarte sobre todas las posibles deducciones que puedes hacer y que pueden significar un mayor ahorro.

Si por el contrario la suma de las deducciones detalladas es menor que la deducción estándar, **debes escoger esta última, ya que te dará el mayor beneficio tributario.** De todas maneras, vale la pena revisar la lista de deducciones permitidas y tus gastos personales año tras año, ya que puede haber años en los que tengas derecho a reclamar deducciones especiales.

Por ejemplo, supongamos que este año hiciste uso de la deducción estándar porque no tenías deducciones para detallar, pero el próximo año tienes planes de adquirir una vivienda. **Teniendo en cuenta que los intereses sobre la hipoteca y los impuestos de bienes raíces se pueden deducir, ya tienes dos poderosas razones para que el próximo año desgloses tus deducciones.** Si además haces donaciones en épocas decembrinas, es buena idea que las hagas en enero (al igual que otro tipo de deducción elegible), ya que al sumarlas todas, incluidas las deducciones por intereses e impuestos de bienes raíces, el monto puedes superar la deducción estándar, permitiéndote ahorrar más dinero.

COMPRAR BIENES RAÍCES

Cuando compras una casa, puedes desglosar dos grandes deducciones en tu declaración de impuestos: **los impuestos sobre los bienes raíces y los intereses sobre la hipoteca.** Sobre los primeros, no hay un límite sobre las deducciones que se pueden reclamar. Sobre los segundos, puedes reclamar deducciones de intereses en una, varias hipotecas o refinanciaciones sobre un préstamo inicial, con la condición de que la deuda total hipotecaria totalice $1 millón o menos.

INTERCAMBIAR DEUDA

Si eres propietario de bienes raíces, no pediste prestado el monto máximo y tienes una deuda de consumo con altos intereses, **podrías intercambiar tu deuda de consumo por tu deuda hipotecaria.** Es posible que puedas ahorrar en cargos por intereses refinanciando tu hipoteca o tomando un préstamo sobre tu casa y utilizando el dinero extra para pagar tarjetas de crédito, el préstamo del auto u otras costosas líneas de crédito. Por lo general puedes pedir prestado a una tasa de interés más baja para una hipoteca y obtener una deducción como un añadido, lo que reduce el costo del préstamo aún más. Recuerda que las deudas de consumo, como la de préstamos para automóviles y las tarjetas de crédito no son deducibles de impuestos. De todas maneras, **este proceso es muy riesgoso, ya que es muy común encontrarse con personas que tienen tantas deudas de consumo que han refinanciado sus propiedades cuatro, o cinco veces.** Por más que tu casa se haya apreciado con el tiempo, un refinanciamiento con líneas de crédito alternas lo único que hace es aumentar el monto total de deuda que debes pagar al final.

Por último, si pagaste **puntos** para conseguir una mejor tasa de financiación sobre tu hipoteca, el IRS te permite deducirlos en el año en que los pagaste, si entre otras cosas el préstamo fue utilizado para comprar o construir tu casa principal, el pago de puntos es una práctica de negocios establecida en tu área y los puntos estaban dentro del rango habitual.

CONTRIBUIR A LA CARIDAD

También puedes deducir las **contribuciones hechas a la caridad** si las detallas en tu declaración de impuestos. Por ejemplo, si pagas $50 a tu causa favorita puedes deducir esta contribución en tu formulario (si pagas $250 o más debes pedir un recibo para poder hacerlo.) También puedes deducir los gastos de transporte en los que incurres cuando haces esta labor y el precio de mercado de donaciones de ropa, electrodomésticos, muebles y otros artículos que entregas a la caridad. Sin embargo, es importante que mantengas documentación firmada o fotos de las donaciones hechas para que te sirvan de prueba de la donación.

MATRÍCULAS DE VEHÍCULOS Y SEGUROS ESTATALES

Si nunca has detallado tus deducciones te puede sorprender saber que **tu *income tax* estatal** se puede deducir. Por ejemplo, cuando pagas las tarifas de registro de tu vehículo (las cuales las pagas a tu estado) puedes detallar una parte del gasto como una deducción (en el anexo A, línea 7, en "impuestos de propiedad personal"). El IRS te permite deducir la parte de la tarifa relacionada con el valor de tu auto.

Por otro lado, algunos estados tienen **fondos estatales de seguro por incapacidad**. Si pagas a estos fondos (puedes revisar el formulario W-2 para enterarte), puedes deducir estos pagos como income tax estatal y local, en la línea 5 del anexo A. también puedes reclamar una deducción en esta línea para pagos realizados al fondo de compensación por desempleo de tu estado.

DEDUCIENDO GASTOS DIVERSOS

Varios gastos llamados **diversos o misceláneos** también se pueden deducir de tu declaración de impuestos. La mayoría de estos gastos se relacionan con tu empleo y el manejo de tus finanzas:

- **Gastos educacionales:** Es posible que puedas deducir el costo de la matrícula, libros y desplazamiento de y a clases si tu educación está relacionada con tu carrera y específicamente si esta educación es requerida por tu empleador para que puedas mantener tu empleo o mejorar tu desempeño laboral. La educación que te lleve a trabajar en otro campo o carrera no es deducible.

- **Gastos en la búsqueda de empleo u orientación profesional:** Es posible deducir gastos relacionados con la búsqueda de un nuevo empleo dentro de tu campo laboral. También puedes deducir el costo de cursos y viajes para realizar entrevistas de trabajo, incluso si no obtienes el trabajo. Adicionalmente, puedes deducir el costo de contratar a un orientador profesional que te ayude a encontrar un nuevo empleo dentro de tu campo laboral.

- **Gastos relacionados con tu empleo:** Puedes deducir gastos como suscripciones a revistas o portales que te ayuden a mantenerte al día con tu profesión, muebles que te permitan evitar dolores físicos, la compra y limpieza de uniformes necesarios para realizar tu trabajo, la compra de un computador si éste es para la conveniencia de tu empleador y es utilizado para cuestiones laborales. Las cuotas sindicales y de membresía también pueden ser deducibles.

- **Gastos relacionados con impuestos e inversiones:** Las tarifas pagadas a asesores tributarios y de inversiones, así como suscripciones a publicaciones sobre estos temas son deducibles, siempre y cuando se paguen a través de cuentas imponibles. Los honorarios a contadores o abogados que te ayuden a planear y preparar los impuestos, así como computadores que te permitan seguir tus inversiones y presentar tus impuestos también son deducibles, pero **solo si superan el 2% de tu AGI.**

IMPUESTOS PARA INDEPENDIENTES

Los trabajadores independientes, o *self employed*, son personas que trabajan para sí mismas y no para un empleador que paga un sueldo o salario. Estas personas deben escoger el tipo de estructura de negocios que desean llevar, ya que esta repercutirá en los impuestos a pagar. Según el IRS, si cualquiera de estas condiciones aplica para tu labor, eres un trabajador independiente:

- Llevas a cabo un oficio o negocio como **propietario único, empresa unipersonal** o *sole proprietor*. Un propietario único es el dueño exclusivo del negocio y tiene las licencias requeridas para contratar empleados y pagar impuestos sobre la nómina. Declara sus impuestos en el anexo C del formulario 1040.

- Llevas a cabo un oficio como **contratista independiente** o *independent contractor*. Esta persona es un contribuyente autónomo que controla sus propias circunstancias laborales, incluyendo cuándo y cómo se hace el trabajo. Los contratistas independientes no son considerados empleados y deben pagar sus propias obligaciones fiscales. Pagan sus impuestos de nómina a través de su declaración de impuestos. Por ejemplo, los *freelancers* o conductores de *Uber* se incluyen en esta categoría.

- Eres miembro de una **sociedad**, o *partnership*. Las sociedades deben presentar una declaración de información anual para reportar toda su los ingresos, deducciones, ganancias y pérdidas de sus operaciones, pero los beneficios o las pérdidas son declarada por los socios a través de sus declaraciones de impuestos con el formulario 1065.

- Eres miembro de una **corporación**. Esta estructura de negocio es un ente legal separado de los socios. Esto quiere decir que los beneficios y pérdidas no son declaradas a través de los socios, sino a través de la corporación misma, lo que les da derecho a deducciones especiales. **En una corporación los bienes de los socios están protegidos de cualquier obligación fiscal de la empresa.**

Aunque una Compañía de Responsabilidad Limitada (LLC, por sus siglas en inglés) es una estructura legal de negocios, es una designación estatal no reconocida para propósitos de impuestos federales. Debe declarar como corporación, sociedad o propiedad individual.

COMO INDEPENDIENTE, DEBES PAGAR LOS SIGUIENTES IMPUESTOS:

IMPUESTO AL TRABAJADOR INDEPENDIENTE

Conocido como *self-employment tax*, este impuesto es el equivalente al que paga un empleado por impuestos FICA, y se declara en el anexo SE. Como independiente, tú mismo debes asumir la totalidad del impuesto, **o sea el 15.3%.**

Si contratas a personas para que te ayuden a realizar tu labor independiente, automáticamente te conviertes en un empleador y debes cubrir todas las responsabilidades fiscales de tus trabajadores. Por eso, debes tener claro si vas a contratar a estas personas como empleados o como contratistas independientes. Usualmente cuando contratas a este último, le pagas una cifra fija donde está incluido el impuesto. Ya que un contratista independiente es considerado como independiente por el IRS, **esta persona debe pagar sus propios impuestos a través del formulario 1099 MISC, no el W-2.**

IMPUESTO SOBRE LA RENTA

Los propietarios únicos declaran los ingresos de su negocio a través de su declaración personal de impuestos, **en el anexo C del formulario 1040.** Deberás calcular tu beneficio neto e incluirlo en la declaración de impuestos para que se grave de la misma manera que tus otros ingresos. Si trabaja como contratista independiente, puedes esperar recibir el formulario 1099 de tus clientes, reportando las cantidades que te pagaron durante el año.

Para el caso de una sociedad, el IRS generalmente no la considera como separada de sus dueños para el pago de impuestos. Por eso, **todas las ganancias y pérdidas acumuladas durante el año por la sociedad son declaradas por sus miembros,** quienes tributan sobre su parte de las ganancias (o deducen sobre su parte de las pérdidas).

IMPUESTOS DE PROPIEDAD Y DE VENTAS

Si como trabajador independiente tienes un inmueble (independiente de tu propia casa) donde realizas tus labores, deberás pagar impuestos de bienes raíces sobre el inmueble. Adicionalmente, dependiendo del producto o servicio que ofrezcas y el estado en el que operes, puede que debas establecer un sistema de recolección, declaración y pago de impuestos sobre su venta o cobres un impuesto de servicio. No olvides los impuestos sobre **productos vendidos en línea,** ya que muchos estados han empezado a cobrar por ellos. También debes tener en cuenta los impuestos especiales, si es que tu negocio está gravado con alguno.

DEDUCCIONES PARA INDEPENDIENTES

Como un profesional independiente, el IRS te permite deducir varios gastos y reducir así tu ingreso imponible. Ten en cuenta que algunos gastos se pueden deducir totalmente en el año en el que se realizan, mientras que otros deben ser deducidos en más de un año. Ten en cuenta las deducciones más importantes a las que tienes derecho como un trabajador independiente:

IMPUESTO AL TRABAJADOR INDEPENDIENTE

Puedes deducir la porción de empleador del impuesto al trabajador independiente, por lo que al final solo terminarás pagando el 7,65% inicial. De igual manera, solo pagas este impuesto sobre el 92,35% de los ingresos netos de tu negocio.

OFICINA EN TU HOGAR

Puedes deducir el costo de cualquier espacio de trabajo que hayas implementado en tu hogar – propio o arrendado – solo si cumples con ciertas condiciones. **Debes utilizar este espacio regular y exclusivamente como una oficina** (a excepción de una guardería o como sitio para almacenar mercancía relacionada con tu labor). Los gastos que puedes deducir para tu oficina en casa incluyen:

- el porcentaje de interés hipotecario deducible
- la depreciación del hogar
- impuestos sobre la propiedad
- servicios públicos
- seguro de vivienda

mantenimiento del hogar que pagas durante el año

Por ejemplo, si tu oficina ocupa el 20% de tu casa, entonces el 20% de estos gastos son deducibles de impuestos. Puedes preparar un diagrama con las medidas detalladas del espacio de trabajo en pies cuadrados y compararlas con el diagrama de tu casa por si necesitas probar estas deducciones al IRS.

En este link podrás encontrar otras condiciones impuestas por el IRS para poder deducir gastos sobre una oficina en tu hogar:

https://www.irs.gov/spanish/seis-consejos-clave-sobre-la-deduccion-de-oficina-en-el-hogar

GASTOS Y SUMINISTROS DE OFICINA

Independiente de si aplicas para reclamar la deducción de la oficina en el hogar, puedes deducir el 100% de los gastos típicos de tu oficina, como la cuenta del teléfono, internet, fax, o los programas de computador. **La clave es solo deducir los gastos directamente relacionados con tu labor,** por lo que no debes deducir tu factura mensual completa. También puedes deducir los objetos tangibles de tu oficina, como el computador, la impresora o los muebles.

PRIMAS DEL SEGURO DE SALUD

Si trabajas por cuenta propia, pagas tus propias primas de seguro de salud y no eres elegible para participar en un plan a través del empleador de tu cónyuge, **puedes deducir todas tus primas de seguro médico, dental y cuidado a largo plazo**. También puede deducir las primas que pagaste para proporcionar cobertura a tu cónyuge, tus dependientes y tus hijos que menores de 27 años al terminar el año, incluso si no son dependientes. Calcula esta deducción usando la Hoja de Trabajo para la Deducción del Seguro de Salud Autónomo en la publicación 535 del IRS aquí:

https://www.irs.gov/spanish/tema-502-gastos-medicos-y-dentales

GASTOS DE VEHÍCULO

Puedes deducir los gastos de uso de tu automóvil si lo utilizas en labores relacionadas a tu negocio. Asegúrate de mantener registros de las fechas, las millas recorridas y el propósito de cada viaje y de no tratar de reclamar viajes personales como viajes de negocios. Puedes calcular la deducción utilizando tus propios registros o la tasa de millaje estándar determinada anualmente por el IRS aquí:

https://www.irs.gov/uac/2017-standard-mileage-rates-for-business-and-medical-and-moving-announced

VIAJES, COMIDA Y ENTRETENIMIENTO

Todos estos gastos pueden ser deducidos cuando se utilizan para propósitos relacionados a tu negocio y no son extravagantes o costosos. Puedes deducir el 50% de los costos de entretenimiento o una comida si invitas a un cliente y guardas los recibos necesarios. Los costos de viaje pueden ser deducidos en un 100% si el viaje dura más de un día, ocurre en un área alejada de tu zona habitual de negocios y es utilizado para labores relacionadas con tu labor.

INTERESES

Los intereses de un préstamo para tu negocio también se pueden deducir de tus impuestos. El interés de la tarjeta de crédito no es deducible cuando se utiliza para consumo personal, pero **cuando el interés se aplica a compras relacionadas con el negocio, también es deducible de impuestos.** Habiendo dicho esto, siempre es más barato gastar el dinero que ya tienes y no incurrir en deudas, ya que una deducción solo te reembolsa parte de tu dinero, no todo.

Como trabajador independiente es importante que lleves las cuentas wde tu negocio de manera adecuada. Utiliza software especializado como Quickbooks, Xero o Intuit Self-Employed para llevar el registro de todos tus gastos durante el año.

¿QUÉ HACER ANTE UNA AUDITORIA?

Una auditoria por parte del *IRS* puede llegar a ser una pesadilla para muchas personas, ya que se pueden sentir como en un juicio y acusadas de un terrible crimen. Pero no siempre es así. La verdad es que hay varias razones por las cuales puedes recibir una auditoria, y no todas implican que hayas cometido un crimen. Tú, el IRS o alguien que reporta información tributaria sobre ti pudieron haber cometido un error en alguna parte del proceso. Si estás enfrentando una auditoría, respira hondo, tranquilízate e infórmate sobre los mejores pasos para lidiar con ella.

En la gran mayoría de los casos, el IRS se contacta contigo para avisarte de la auditoría y los pasos a seguir. Las auditorias que te obligan a acercarte a la oficina local del IRS son las más temidas por los contribuyentes, ya que el 75% de ellas suelen terminar en el mismo triste desenlace: no declaraste lo suficiente y debes pagar aún más dinero al gobierno. En el 20% de ellas se aclara el error y no pagas nada y en el 5% restante te puedes ganar un reembolso.

El *IRS* te dejará saber las secciones de tu declaración que quiera revisar, **así que la primera decisión al ser notificado es si vas a enfrentar la auditoría por ti mismo o contratar a un experto.** Si usualmente eres tú el que llena los formularios y te sientes cómodo y confiado para responder cualquier pregunta, probablemente no sea necesario que busques a alguien más. Si la cantidad de dinero que en teoría debes es menor de lo que te puede cobrar un experto, la auto representación puede tener aún más sentido.

Sin embargo, si esta cantidad es considerable, no tienes un conocimiento amplio del error cometido y la probabilidad de que te vuelvas un manojo de nervios mientras respondes las preguntas es alta, tu mejor opción es la de recurrir al experto.

Independientemente de tu decisión, es importante que te pongas manos a la obra para defender tu caso. Esto significa **empezar a recopilar todo tipo de recibos y documentos relacionados con la sección auditada** o contactar a fuentes externas que te den acceso a ellos, como bancos, tiendas, empresas, etc. Entre más fácil sea para el agente del IRS tener acceso a estos documentos habrá mayores posibilidades de aclarar el caso.

COSAS A TENER EN CUENTA EL DÍA DE LA AUDITORÍA

- **Deja que tu experto hable:** si al final decidiste buscar ayuda de un experto, sigue sus consejos, permite que la reunión se lleve en su oficina y deja que él lleve la conversación. El auditor tiene derecho a recorrer las instalaciones de tu casa u oficina, siempre a una hora razonable. Si el IRS ejerce este derecho, es mejor que sea el experto y no tú el que acompañe al auditor.

- **Trata al auditor con respeto:** este consejo puede parecer obvio, pero muchos auditados no lo siguen. Puede que tengas mucha frustración por la auditoria o consideres injusto que tus retornos deban ser examinados como si fueras un criminal. La verdad del asunto es que si estás siendo auditado es porque el IRS detectó un error en tu declaración, y el auditor no tiene la culpa de eso; él o ella simplemente están realizando su trabajo. El que nada debe nada teme, así que relájate y trátalo con respeto y simpatía.

- **Concéntrate en el reclamo a investigar:** la auditoría es solamente para revisar las secciones que el IRS te anticipó cuando se contactó contigo. Por eso, lo mejor es que te concentres en ella y no hables de otras secciones o líneas que no vienen al caso. Tampoco traigas documentación que no sea relevante para el reclamo en cuestión. Si el auditor te pregunta por otras secciones de tu declaración, dile que no estás preparado para contestar porque no fuiste avisado de ellas y que otra reunión debería ser programada.

- **No te exaltes si no estás de acuerdo**: si el auditor no permite una deducción hecha por ti o confirma que debes pagar dinero, no te exaltes para mostrar tu desacuerdo. Lo peor que puedes hacer es entrar en una discusión, ya que esto no ayudará a tu caso. El trabajo del auditor es respaldar el reclamo, así que es posible que no vaya a ceder. Si estás convencido de tu "inocencia", ármate de argumentos y explica con detalles tu situación. Si no funciona, siempre hay autoridades superiores a las que puedes recurrir, como el jefe del auditor o en un caso extremo, un tribunal fiscal.

- **No te intimides:** Gran parte de los contribuyentes no saben esto, pero la mayoría de auditores no son expertos en su trabajo. Es más, muchos de ellos son jóvenes, recién salidos de la escuela y graduados en cosas como literatura, historia o sociología, así que no es extraño que el contribuyente termine sabiendo más sobre temas fiscales que el propio auditor. El periodo de preparación que atraviesan los auditores no cubre la totalidad del código fiscal, así que no te sientas intimidado por tu auditor, en especial si has tenido la asesoría de un especialista o experto en temas fiscales.

IMPUESTOS ESTATALES

Los impuestos estatales son usualmente maneras que tienen los estados o las localidades de conseguir fondos para mantener el funcionamiento de los gobiernos locales y financiar servicios públicos para sus habitantes. Entre los servicios que se financian con los impuestos estatales se incluyen las escuelas públicas, los beneficios de salud, incapacidad y bienestar social, la fuerza policial y el mantenimiento de las administraciones locales. Los impuestos estatales son los siguientes:

IMPUESTO SOBRE LA RENTA ESTATAL O LOCAL

La mayoría de los estados impone un impuesto sobre la renta sobre sus residentes o sobre aquellos que tienen una conexión suficiente con el estado y ganan dinero gracias a él. Estos estados generalmente utilizan dos métodos para cobrar este impuesto: **una tasa fija o una tasa progresiva sobre los ingresos.** Solo ocho estados utilizan una tasa fija: Colorado, Illinois, Indiana, Massachusetts, Michigan, Carolina del Norte, Pennsylvania y Utah. En 2017, por ejemplo, las tasas de impuesto estatal a la renta variaron entre 3,07% en Pensilvania y 5,99% en Carolina del Norte. Aquellos estados que no cobran este impuesto usualmente tienen tasas más altas en sus otros impuestos. Sin embargo, según varios estudios, los residentes de estados sin impuestos sobre la renta soportan una carga fiscal per cápita inferior a la de aquellos en estados que imponen el impuesto. En este link puedes ver la tasa de impuesto sobre la renta por estado:

https://taxfoundation.org/state-individual-income-tax-rates-brackets-2017/

IMPUESTO SOBRE LAS VENTAS

El impuesto sobre las ventas es un impuesto directo sobre el consumo que los estados y gobiernos locales imponen al comprar bienes y servicios. La cantidad de impuesto a pagar es generalmente un porcentaje del precio de venta. En 2017, 45 estados, el distrito de Columbia y una serie de condados y ciudades lo cobraron. Los estados suelen eximir ciertos artículos como medicamentos recetados y sin receta y alimentos del impuesto sobre las ventas a excepción de Illinois, que cobra la totalidad del impuesto sobre estos artículos. Además, algunos grupos suelen estar exentos de su pago en ciertas circunstancias, como beneficencias y grupos religiosos y educativos.

Con relación a artículos comprados en línea, la ley federal prohíbe que un estado cobre el impuesto sobre clientes que no residan en ese estado. Sin embargo, algunos estados solicitan información del consumidor a los vendedores en línea para que poder contactarlos directamente.

En este link puedes ver la tasa de impuesto sobre las ventas por estado:

https://taxfoundation.org/state-and-local-sales-tax-rates-in-2017/

IMPUESTO SOBRE LA PROPIEDAD

La mayoría de los gobiernos locales en los Estados Unidos impone un impuesto sobre la propiedad, el cual es usualmente utilizado para financiar arreglos y construcción de infraestructura, construcción de parques y colegios y servicios como la remoción de nieve y la limpieza del espacio público. Las tasas de este impuesto pueden variar considerablemente entre condados y estados, por lo que es importante tenerlas en cuenta a la hora de adquirir propiedad en otro estado.

Este impuesto se cobra sobre todo tipo de propiedad, ya sea bienes raíces como una casa, fábrica, lotes, muelles o condominios (una vez al año) y también sobre la propiedad personal, como autos, botes, joyas, herramientas, computadores y muebles (una sola vez al momento de la compra).

En este link puedes ver la tasa de impuesto sobre la propiedad por estado:

---

https://taxfoundation.org/how-high-are-property-taxes-your-state/

DEDUCCIONES SOBRE IMPUESTOS ESTATALES

Si detallas tus deducciones en tu declaración de impuestos federales, puedes deducir los impuestos estatales y locales que pagaste durante el año. Estas deducciones pueden incluir los impuestos sobre la renta (*income state tax*) o los impuestos sobre las ventas, **pero no ambos.**

Para reclamar tu deducción de impuestos estatales en tu declaración, debes hacerlo en el anexo A del formulario 1040, en la sección de impuestos pagados durante el año.

De igual manera**, puedes reclamar una deducción por los impuestos sobre las ventas que pagaste. Esta puede ser una mejor opción si tuviste más compras que ingresos durante el año, o vives en un estado que no cobra este impuesto.** Al igual que todas las deducciones, es importante que mantengas los documentos y recibos de pago de estos impuestos para calcular el valor a deducir y en caso de que el IRS tiene alguna pregunta.

Adicionalmente, también puedes deducir los impuestos de propiedad que pagas sobre tu residencia principal, otros inmuebles que poseas y la propiedad personal **siempre y cuando el impuesto sobre esta última lo pagues anualmente y no cuando compraste el producto.**

IMPUESTOS SOBRE HERENCIAS

En el impuesto sobre la herencia, el gobierno te impone un cobro sobre tu derecho a transferir bienes después de tu fallecimiento. Cabe aclarar que en Estados Unidos existen dos términos que describen las cargas tributarias en un proceso de herencias y sucesión de bienes:

- el impuesto sobre el **valor del patrimonio del finado** al momento de su muerte (*estate tax*)

- y el impuesto sobre el **proceso de sucesión** (*inheritance tax*). Este impuesto es cobrado sobre patrimonios de más de $5 millones, por lo que se le considera un impuesto sobre los más adinerados. Se utiliza el formulario 706 para declararlo.

La mayoría de estados en los Estados Unidos solo cobra el primero, siendo el segundo un tributo impuesto en Iowa, Kentucky, Maryland, Nebraska, New Jersey y Pennsylvania. Cada estado tiene sus propias tasas, las cuales dependen del monto de la herencia y la relación entre el fallecido y el heredero.

Para determinar este cobro se realiza una contabilidad detallada de todos los bienes a nombre del fallecido utilizando el valor justo de mercado. El total de esta contabilidad produce **el patrimonio bruto.** A este patrimonio se le restan todas las deudas acumuladas y los varios gastos administrativos (como la compensación al ejecutor del testamento o los gastos funerarios), lo que da como resultado el **patrimonio imponible**, sobre el cual el gobierno saca su tajada en impuesto sobre el patrimonio o *estate*. Después de que los herederos hayan recibido su parte, ellos deben pagar el impuesto sobre la herencia o *inheritance,* que es cobrado por los estados ya mencionados.

Hay varias maneras de evitar o reducir la herencia y los impuestos sobre los bienes. Algunas de ellas implican maniobras financieras muy complicadas, por lo que las personas con millones de dólares en patrimonio usualmente contratan a un planificador de bienes especializado para hacer uso de **fideicomisos, donaciones, regalos no gravables y otras técnicas para minimizar la carga tributaria.**

Las exenciones se dividen en dos categorías principales: **las exenciones basadas en la relación del heredero con el fallecido y las exenciones basadas en el valor del patrimonio.** En ambos casos se aplican a la base imponible antes de que el gobierno saque su tajada.

La exención más común basada en relación familiar es la herencia transferida de la persona fallecida a su cónyuge. En este caso, la herencia no será gravada sin importar el valor de la herencia. Si la herencia se pasa a hijos, hermanos u otras personas, la exención no aplica. Pero no te preocupes mucho por esto, salvo que tu patrimonio (o el de la persona de la persona de la que esperas heredar) sea superior a $5,4 millones para 2017. Pero si es el caso, es bueno que te asesores con un experto.

IMPUESTOS EN EL PAÍS DE ORIGEN

Son muchas los inmigrantes latinos en los Estados Unidos que aún no tienen conocimiento de las responsabilidades fiscales que pueden mantener en su país de origen. La verdad es que la legislación al respecto es extensa y a veces difícil, así que trataremos de darte un vistazo general de la situación. Las reglas de impuestos pueden variar de acuerdo con tu país de origen, así que es recomendable que **consultes con el consulado de tu país en tu ciudad sobre cualquier pregunta específica.**

OBLIGACIONES IMPOSITIVAS SOBRE LOS BIENES E INGRESOS POR FUERA DE LOS ESTADOS UNIDOS

El hecho de que tengas bienes e ingresos por fuera de Estados Unidos no significa que no debas incluirlos en tu declaración de impuestos. Como regla general, estás obligado a reportar todos los ingresos gravables en tu declaración de impuestos sin importar el lugar del mundo en el que se hayan originado. Sin embargo, **hay que tener en cuenta si eres "residente fiscal" de los Estados Unidos o de otro país.** En ambos casos, es necesario presentar la declaración de renta con arreglo a lo que hemos hablado en este capítulo; pero si eres residente fiscal de otro país, es posible descontar de los impuestos los ingresos generados en el exterior o los pagos de impuestos realizados afuera.

ACTIVOS FINANCIEROS

Como regla general debes declarar los activos financieros que superen el umbral mínimo en el formulario 8938 – *Statement of Specified Foreign Financial Assets.* Dentro de los activos que debes declarar se encuentran:

- Cuentas bancarias en el extranjero,
- Acciones o bonos en compañías extranjeras,
- Opciones, intereses en sociedades y anualidades de seguros con valor en efectivo
- Activos en planes de pensión o de compensación diferida.

Es decir, casi todo activo financiero que poseas en el exterior. Sin embargo, la obligación existe cuando se superan ciertos límites:

ESTATUS	AL CIERRE DEL AÑO	EN CUALQUIER MOMENTO DEL AÑO
Residencia fiscal en USA - Solteros o casados no declarando en conjunto	$50.000	$75.000
Residencia fiscal en USA - Casados en conjunto	$100.000	$150.000
Residencia fiscal afuera de USA - Solteros o casados no declarando en conjunto	$200.000	$300.000
Residencia fiscal afuera de USA - Casados en conjunto	$400.000	$600.000

Como puedes ver, tener o no residencia fiscal en Estados Unidos influye de gran manera en los montos a pagar, por lo que es posible que la obligación de declarar estos activos cese al cambiar la residencia a nuestro país de origen si en el futuro decidimos retirarnos allí.

La Ley de Cumplimiento del Impuesto a las Cuentas Extranjeras (*FATCA*, por sus siglas en inglés), es un tratado de cooperación fiscal entre los Estados Unidos y otros países que obliga a las instituciones financieras reportar anualmente todos los activos que sean propiedad tanto de estadounidenses en el exterior como de no residentes en suelo americano. Este acuerdo fue creado con el propósito de luchar contra la evasión y el lavado de activos. Si no declaras los activos financieros que tienes en el extranjero, **debes pagar una multa equivalente al 30% del valor del bien no declarado** o de cualquier pago que recibas de estas cuentas.

Entre los países latinoamericanos con los cuales Estados Unidos tiene un acuerdo *FATCA* de cooperación incluyen Brasil, Chile, Colombia, Honduras, México y Nicaragua. Puedes ver la lista completa de países que hacen parte de este acuerdo en este link:

https://www.treasury.gov/resource-center/tax-policy/treaties/
Pages/FATCA.aspx

PROPIEDAD RAÍZ

Como regla general, no necesitas declarar al IRS tus propiedades en finca raíz en el extranjero. Por ejemplo, si eres un ciudadano colombiano con residencia en los Estados Unidos (o doble ciudadanía) y tiene propiedades en Colombia, no debe declararlas, aunque sí debe declarar los ingresos recibidos por ellas. Es posible que deba pagar también impuestos en Colombia por esos ingresos a una tasa de no residente. Así, deberás pagar los impuestos (con las deducciones que correspondan) en el país donde esté ubicada tu residencia y declarar también estos ingresos y deducciones en los EE. UU., pudiendo descontar lo que se pagó en impuestos en el lugar donde está ubicada la propiedad.

En caso de que vendas tu propiedad en Colombia y ganes dinero con la venta, deberás pagar impuestos sobre esta ganancia (*capital gain tax*) tanto en Colombia como en Estados Unidos, en este país a una tasa de 20%. Sin embargo, puedes descontar en EE. UU. lo pagado en Colombia. Si el impuesto en Colombia es de 33% y el de EE. UU. es de 20%, no deberá pagar nada aquí.

En países como Argentina, Ecuador o Costa Rica – donde no hay lugar al pago de este impuesto – deberás pagar el total del 20% en los Estados Unidos. En el caso de Panamá (donde la tasa es de 10%), deberás pagar el 10% allá y el restante 10% en Estados Unidos. En el caso de México los no residentes deben pagar el 25% de impuestos de los ingresos por arrendamientos de propiedades al gobierno mexicano (por ser no residentes) y el 25% por ganancias de capital – si hay lugar – al momento de venderlas. Así, aparte de pagar lo pertinente al gobierno mejicano, deberán incluir los ingresos de la propiedad, gastos, deducciones e impuestos en su declaración de renta.

Es recomendable que averigües si tu país de origen tiene un acuerdo fiscal para anular la doble tributación con los Estados Unidos. Puedes preguntar en el consulado de tu país por información específica o visitar este link:

https://www.irs.gov/businesses/international-businesses/united-
states-income-tax-treaties-a-to-z

CIUDADANOS Y RESIDENTES VIVIENDO POR FUERA DE LOS ESTADOS UNIDOS

En general, una persona debe declarar y pagar sus impuestos en su país de residencia fiscal. Esto quiere decir que, si cumples con las condiciones impuestas por el IRS para ser considerado un residente fiscal de los Estados Unidos, debes declarar tus impuestos aquí. En la sección sobre el *income tax* explicamos las condiciones para ser considerado un residente fiscal. En otros países latinoamericanos, basta con vivir medio año fiscal en un país para ser considerado residente fiscal. Sin embargo, el hecho de que seas residente fiscal en otro país no te exime de declarar impuestos en los Estados Unidos si eres un Ciudadano o un residente con Tarjeta Verde.

Así, si te encuentras viviendo en el extranjero también estás en la obligación de pagar impuestos conforme con las reglas del IRS como si estuvieras en Estados Unidos. Para ello, deberás tener en cuenta el valor promedio de la tasa de cambio del año para traducir a dólares tus ingresos y egresos y podrás deducir, del pago de impuestos, los ingresos generados en el extranjero o los impuestos que hayas pagado en el país extranjero usando la forma 255 (*Foreign Earned Income Exclusion*) y/o 1116 (*Foreign Tax Credit*) respectivamente. Es decir, si te volviste ciudadano americano y te regresaste a tu país de origen, debes declarar y pagar impuestos también en los Estados Unidos si clasificas para ello, pero podrás deducir los ingresos generados en el extranjero o los impuestos pagados allí.

Recuerda que declarar no significa necesariamente pagar y además el gobierno te da una prórroga automática de dos meses para el pago de tus impuestos si vives afuera de EE. UU. Para más información puedes consultar este link:

https://www.irs.gov/spanish/ciudadanos-y-extranjeros-residentes-de-los-eeuu-en-el-extranjero

Como última nota, el hecho de que seas residente (*Green card holder*) y te hayas ido a vivir a tu país de origen, puede causar que el USCIS considere que has "abandonado" tu *green card*; pero, para dejar de tener obligaciones con el IRS debes abandonarla de manera formal. Para hacerlo, debes llenar la forma USCIS I-407. El solo hecho de irte de los Estados Unidos no es suficiente y si deseas regresar puedes tener obligaciones con el IRS.

REFORMA TRIBUTARIAS

Como en todas las campañas políticas, el tema de los impuestos siempre es utilizado como una herramienta para ganar votos y sacar ventaja política, debido a la importancia que tiene para ciudadanos, residentes e indocumentados. La verdad es que el tema es tan trascendental que todos los políticos – demócratas y republicanos – siempre tienen en mente una reforma tributaria que al final nunca se concreta.

En la última campaña presidencial, el ahora presidente Donald Trump prometió varios cambios en el actual sistema tributario:

- "Rebajas históricas" de impuestos a negocios, corporaciones (del 35 al 15%) y a la clase media
- Reducir las categorías de ingreso de siete a tres: 15, 20 y 35% y rebajar el tope máximo gravado de 39,6 a 35%
- Simplificar el código fiscal eliminando una gran cantidad de deducciones (por ejemplo, caridad, hipotecas e intereses) y doblando la deducción estándar (los primeros $24,000 de cónyuges declarando conjuntamente). Esto reduciría el desglose de las deducciones considerablemente, **obviamente afectando a las personas que quieren comprar una vivienda.**
- **Restringir el acceso de inmigrantes indocumentados a algunos créditos fiscales,** como el crédito por hijo o el crédito *EITC*, el cual ofrece apoyo a miles de familias indocumentadas

La gran meta de una posible reforma fiscal es simplificar el proceso para declarar los impuestos, reducir el déficit fiscal que alcanza los $20 billones y hacer la economía más competitiva. A la fecha de publicación de este libro, se cursa en el Congreso de los Estados Unidos esta reforma fiscal. De aprobarse, parte de la información suministrada en este capítulo puede cambiar. Consulta www. finanzasparainmigrantes.com para información actualizada.

> **!** Además de la reforma fiscal a los impuestos sobre la renta a las personas físicas y a las empresas, el presidente electo también ha anunciado profundos cambios en las políticas del país sobre acuerdos comerciales, la Ley *Obamacare*, servicios financieros, regulación medioambiental e inmigración. Por eso es importante que estés informado de estos cambios y que consultes la ayuda de expertos. Recuerda que esta es solo información general, no es un consejo o asesoría sobre el tema y que debes consultar a un Contador Público (CPA) para obtener información relevante sobre tu caso. También puedes llamar o consultar con el IRS, que no te dé temor averiguar sobre tu situación fiscal.

☑

LOS PUNTOS CLAVE

- Los inmigrantes indocumentados contribuyen con un estimado de $11.740 millones a las arcas federales y estatales del país. No obstante, muchos de ellos no reciben reembolsos o beneficios de este sistema ya que no declaran sus impuestos.

- Declarar impuestos presenta muchas ventajas para los latinos. No solo pueden recibir exenciones, deducciones y créditos, sino que puede ayudarles a obtener su estatus de legal y se ve positivamente reflejado en su historial de credito.

- Los impuestos son usados para estimular comportamientos en la población. Comprar una casa, aportar dinero para el retiro o crear una cuenta de ahorros de salud te pueden ayudar a pagar menos impuestos y a mejorar tu calidad de vida en Estados Unidos.

- Uno de los créditos fiscales más importantes para las familias de bajos ingresos es el crédito por hijos, ya que con él pueden recibir un reembolso sobre su *income tax* por cada hijo que cumpla los requisitos.

- Muchas personas no califican para pagar el income tax. Sin embargo, no calificar no significa que no deban pagar otros o que no deban presentar una declaración de impuestos.

- Si recibes una auditoría, recopila todos los documentos que puedan ayudar en tu caso y siempre mantén la calma, ya que tienes varias opciones si no estás de acuerdo con la resolución final.

- Estás obligado a reportar (aunque no necesariamente a pagar) todos los ingresos gravables en tu declaración de impuestos sin importar el lugar del mundo en el que se hayan originado.

- Si tienes una segunda vivienda en tu país de origen El IRS no requiere que la reportes. Sin embargo, al momento de venderla debes reportar la ganancia de capital (si la hay) y los ingresos que genere esa propiedad. Puedes descontar los gastos de esa propiedad incluyendo los impuestos que pagaste.

- Es necesario estar al tanto de las últimas reformas tributarias en Estados Unidos, ya que pueden afectar muchos créditos y deducciones recibidas por miles de latinos.

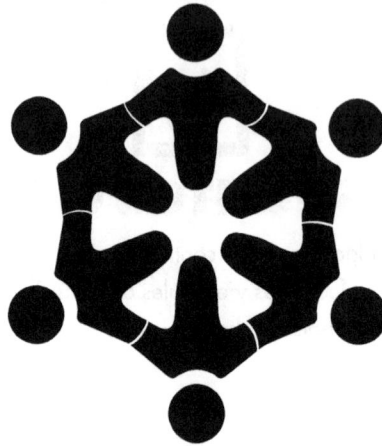

TU COMUNIDAD:
BUSCANDO LA AYUDA DE EXPERTOS Y AYUDANDO AL PRÓJIMO

En los últimos años se ha observado un creciente interés en la población inmigrante de los latinos en los Estados Unidos por adquirir una buena educación financiera. Los motivos pueden ser varios; crear un negocio propio y alcanzar la independencia laboral, buscar mejores condiciones económicas o protegerse de un sistema bancario abusivo que se aprovecha de la ignorancia financiera de las personas. La realidad es que hasta hace poco, los latinos ocupaban los últimos lugares en el ranking de grupos poblacionales con mayor acceso a crédito, seguros y educación en el país, pero esta realidad ha cambiado. Y la prueba la tienes en tus manos. ¡Si estás leyendo lo más probable es que quieras educarte a ti mismo para tomar las riendas de tu destino financiero y sembrar las semillas para un mejor futuro en este país!

Paralelo a este creciente interés de los latinos por formarse financieramente, el número de organizaciones que ofrecen educación, asistencia legal y recursos a los inmigrantes hispanos también ha aumentado significativamente.

En este capítulo te queremos dar la información necesaria para que busques y aproveches la ayuda de estas organizaciones y los pasos a seguir para que escojas a los asesores financieros más confiables.

CLASES Y EDUCACIÓN SOBRE FINANZAS PERSONALES

Han sido muchos los factores que han mantenido a los latinos alejados del sistema financiero y de una educación de calidad. La falta de políticas públicas, la desconfianza en los bancos, el bajo nivel educativo y las barreras del idioma son un punto de partida para explicar la baja bancarización de los hispanos en el país y su poca implicación en temas económicos. A esto debemos añadir el endurecimiento de la política migratoria en los Estados Unidos, que han afectado las perspectivas a largo plazo de millones de inmigrantes.

Las finanzas son la preocupación número uno para el 33% de los hispanos en este país. Muchos de ellos han venido a cumplir su sueño americano, pero es muy difícil hacerlo sin un adecuado acceso a crédito, seguros y planeación financiera. La educación es el primer paso para que las comunidades latinas empiecen a ser responsables de su propia realidad financiera y tomen mejores decisiones con su dinero.

Para responder a estos crecientes desafíos, han surgido en los Estados Unidos diversas iniciativas desde distintos frentes (gobierno, sector privado y no gubernamental) que tienen como objetivo ayudar a las comunidades hispanas a resolver su estatus migratorio, integrarse al sistema financiero y darles las herramientas para que mejoren su calidad de vida. Estas iniciativas cumplen varios objetivos:

- Facilitar el acceso a créditos bancarios, inversiones financieras y seguros
- Difundir información sobre temas migratorios y derechos de la población
- Enseñar a llevar las finanzas personales diarias a niños y adultos
- Instruir sobre cómo presentar impuestos y obtener beneficios del sistema
- Fortalecer el tejido social de la comunidad
- Aumentar el número de estudiantes latinos que reciben educación superior
- Apoyar emocional y psicológicamente a inmigrantes
- Proteger a los latinos frente a fraudes en línea y robo de identidad

Estas iniciativas también buscan aprovechar las muy buenas oportunidades que existen en el mercado latino. El crecimiento y poder de compra de los hispanos se están expandiendo rápidamente. Además, son muchos los trabajadores y empresarios inmigrantes que están dispuestos a adoptar el estilo de vida americano y aportar su grano de arena al desarrollo del país.

No existe ninguna "inversión garantizada", así que desconfía de personas que te ofrecen "ganancias millonarias" y recuerda que la mejor receta para hacer dinero es ser pacientes y prudentes.

EDUCACIÓN PARA EL ACCESO A SERVICIOS FINANCIEROS

Son varias las maneras en las que los latinos en los Estados Unidos pueden tener acceso a información relevante acerca de servicios financieros y finanzas personales. Estas son algunas de estas iniciativas y la manera en que puedes aprovecharlas.

ONGS Y FUNDACIONES

Entre las organizaciones que más invierten en educación financiera para los inmigrantes están las ONGs y fundaciones. Según datos de la Agencia de Protección Financiera del Consumidor, las organizaciones sin fines de lucro contribuyen con la mayoría de programas de finanzas personales para la población general en comparación con otras industrias. Por su parte, las ONGs y fundaciones dirigidas a la población latina en los Estados Unidos han crecido enormemente, y su presencia ya no se limita a las áreas de mayor concentración hispana, sino que se extiende a otros estados con tasas de inmigración histó- ricamente bajas. Estos proyectos de formación y cooperación incluyen cursos, talleres y eventos sobre finanzas personales, así como iniciativas en salud, agri- cultura y formación de negocios.

En la siguiente lista incluimos las ONGs y fundaciones más importantes que dan asistencia a los latinos en Estados Unidos, categorizadas en educación de finanzas personales, información y ayuda en temas migratorios, acceso a becas y educación superior y otros recursos disponibles.

EDUCACIÓN FINANCIERA – IMPUESTOS – CRÉDITOS – COMPRA DE CASA

- La **Liga de Ciudadanos Latinoamericanos Unidos** busca mejorar las condiciones económicas y educativas de los latinos en los Estados Unidos. Con este propósito, ha diseñado iniciativas para ayudarles a encontrar empleo, mejorar su salud, conocer sobre la tecnología y aprender a manejar sus finanzas personales. Puedes encontrar los recursos financieros que ofrece

esta organización en este link: http://pocketsmart.org/
- La **Hispanic Access Foundation** ofrece eventos, talleres y charlas sobre educación financiera alrededor del país. Aquí puedes encontrar toda la información: https://hispanicaccess.org/our-projects/finances
- La National Association for Latino Community Asset Builders ayuda a los latinos de bajos recursos a adquirir sus propios bienes a través de educación, desarrollo de pequeños negocios, asistencia técnica y acceso a créditos. https://www.nalcab.org/
- La fundación Qualitas of Life es una organización sin fines de lucro que brinda educación financiera básica a personas y familias hispanas en Nueva York, Nueva Jersey y Connecticut: http://qualitasoflife.org/
- La organización Branches ofrece programas de educación financiera, preparación de impuestos y acceso a créditos justos a comunidades en el sur de la Florida. También ofrece programas para niños y adolescentes. www.branchesfl.org
- La fundación Conexión Americas brinda cursos de educación financiera, creación de negocios y declaración de impuestos a familias hispanas en Nashville, Tennessee. http://www.conexionamericas.org/espanol/
- El programa de educación financiera de la Universidad de Minnesota ayuda al inmigrante latino a comprender aspectos financieros como trámites, seguros e impuestos. https://www.extension.umn.edu/family/personal-finance/culture-and-resources/latino-financial-literacy-team-spanish/
- El Consejo para la Educación Económica ofrece a las familias hispanas una plataforma para incrementar sus conocimientos financieros. http://councilforeconed.org/programs-2/hispanic/
- El Centro de la Raza ofrece a inmigrantes latinos en el área de Seattle, Wa, ayuda en preparación de impuestos, educación financiera, temas legales, consejos a la hora de comprar, refinanciar o vender su casa y búsqueda de empleo. http://www.elcentrodelaraza.org/what-we-do/education-and-asset-building/
- CLUES (Comunidades Latinas Unidas en Servicio) es una organización sin fines de lucro que ofrece apoyo económico, clases, preparación de impuestos, y apoyo legal y de salud a individuos, familias y personas de la tercera edad pertenecientes a la comunidad latina de Minnesota. http://www.clues.org/wp_clues_espanol/
- La fundación CASA ofrece servicios de educación financiera a familias inmigrantes en Maryland, Virginia y Pennsylvania. http://wearecasa.org/
- El Latino Business Center ayuda a los latinos en el área de Hayward, California con la preparación de sus impuestos y obtención de número ITIN y otros documentos. http://lbchayward.com/home
- Viventa.co es una organización que ayuda a los colombianos en el exterior a comprar casa en Colombia y obtener créditos hipotecarios.

- El Hispanic Wealth Project es una organización que empodera a los latinos a mejorar su patrimonio http://hispanicwealthproject.org/

AYUDA LEGAL/INMIGRACIÓN

- La página de servicios de inmigración del gobierno ofrece varias organizaciones que ofrecen clases de ciudadanía y asistencia en procesos de naturalización: https://www.uscis.gov/es/recursos/recursos-relacionados-la-ciudadania-y-la-naturalizacion/encuentre-ayuda-en-su-comunidad
- Immi es un recurso en línea para aprender sobre inmigración en los EE.UU., conocer tus derechos como inmigrante y recibir ayuda legal para permanecer en el país legalmente. https://www.immi.org/
- Inmigrante Informado ofrece una gran lista de recursos para que el inmigrante latino se mantenga actualizado. https://www.inmigranteinformado.com/
- El Immigration Advocates Network es una red creada para apoyar a los inmigrantes a través de educación, eventos, talleres, noticias y servicios legales pro-bono. https://www.immigrationadvocates.org/
- Immigration Law Help busca ayudar a inmigrantes con bajos ingresos en cualquier estado encontrar una adecuada ayuda legal que les permita resolver su estatus migratorio. https://www.immigrationlawhelp.org/
- Citizenship Works ayuda a los inmigrantes a encontrar organizaciones sin ánimo de lucro alrededor del país calificadas para ayudarles en sus casos: https://www.citizenshipworks.org/info/findlegalhelp
- Probono es un sitio en línea que conecta abogados voluntarios que quieren ayudar a las poblaciones menos favorecidas con personas buscando ayuda legal. Tiene un buscador por estado y otros sitios que ofrecen ayuda a inmigrantes en situaciones legales difíciles. https://www.probono.net/
- El Pueblo Inc. es una organización que busca ayudar a los latinos de a través de la capacitación y acción comunitaria en Raleigh, Carolina del Norte. Ofrece recursos legales que enseñan a los latinos sus derechos. http://elpueblo.org/esp/derechos-y-recursos
- El centro hispano del oeste de Michigan ofrece apoyo y servicios a individuos y familias con asuntos relacionados a inmigración. http://hispanic-center.org/bienvenida/
- Americans for Inmigrant Justice es una organización sin fines de lucro que ayuda a personas con problemas migratorios, a niños en situación de vulnerabilidad y a inmigrantes con problemas de violencia doméstica y abuso http://www.aijustice.org/

EDUCACIÓN SUPERIOR, EMPLEO Y BECAS

- La asociación hispana de instituciones superiores y universidades ofrece a los inmigrantes latinos en los Estados Unidos oportunidades de empleo y becas

a las cuales aplicar. https://www.hacu.net/hacu/default.asp
- El Instituto de la Comisión Hispana del Congreso ofrece varios recursos para que las familias hispanas tengan mayores facilidades de enviar a sus hijos a la universidad. http://chci.org/education/
- El Fondo Hispano de Becas (HSF) ofrece becas, recursos y eventos para aumentar la asistencia de estudiantes hispanos a universidades en todo el país. https://www.hsf.net/

OTROS RECURSOS

- La Hispanic Heritage Foundation es una fundación encargada de apoyar el liderazgo de la comunidad latina en los Estados Unidos. http://hispanicheritage.org/
- La fundación Acceso Latino ofrece recursos para que los inmigrantes latinos en cualquier estado puedan recibir ayuda oportuna en temas educativos, legales, psicológicos o adicciones. http://accesolatino.org/
- Casa Latina se dedica a capacitar a inmigrantes latinos en el área de Seattle, Wa. a través de oportunidades económicas. http://casa-latina.org/
- La Hispanic Federation busca ayudar a la población latina en los Estados Unidos a través educación financiera, servicios de inmigración, iniciativas para que los latinos tengan acceso a créditos hipotecarios justos y otros programas de ayuda social. Tiene oficinas en Nueva York, Washington, Connecticut y la Florida. http://hispanicfederation.org/
- UnidosUs es una organización que ofrece las últimas noticias y recursos en temas de inmigración, salud y educación. https://www.unidosus.org/issues/
- Appleseeds es una red de centros alrededor del país que brinda apoyo legal y educación a inmigrantes y refugiados. http://www.appleseednetwork.org/

FINANCIAL PLANNERS

Aunque siempre existe la opción de educarse a sí mismo sobre las finanzas personales (como ya lo dijimos, si estás leyendo este libro estás dando un paso gigantesco hacia este fin), **la verdad es que aprender a manejar tu dinero responsablemente no es algo demasiado complicado y no está reservado solo a unos pocos "genios".** Cualquier persona puede destinar algunas horas a la semana para familiarizarse con los conceptos básicos y leer sobre estrategias de inversión. Además, no tendrás que lidiar con agentes codiciosos ni pagar comisiones exageradas; el máximo interesado en tu bienestar económico eres tú mismo.

Sin embargo, **para muchas otras personas la mejor decisión puede ser contratar la ayuda de un experto que les ayude a dar un salto de calidad en el**

manejo de sus finanzas. Si te logras despojar de los prejuicios y das con una persona honesta que te ayude a manejar tus bienes –incluso si son modestos– contratar a un asesor de finanzas profesional puede ser una excelente inversión.

¿CÓMO TE PUEDE AYUDAR UN ASESOR?

Hay varias maneras en las que te puedes beneficiar de la ayuda de un asesor:

- **Identificar metas y problemas:** cuando se trata de su propio dinero, ser objetivo es muy difícil hasta para la persona más inteligente y educada. Puede que no tengas tus metas financieras claras, ignores tus deudas o tengas expectativas poco realistas sobre los retornos de un negocio. Un buen asesor te puede dar la perspectiva objetiva que tus finanzas necesitan.
- **Diseñar estrategias para alcanzar metas financieras:** un asesor financiero puede ayudarte a aterrizar todos los planes, ideas e inquietudes que tengas sobre tus finanzas y armar una estrategia concreta para ti o proponer otra diferente que te ayude a alcanzar tus metas.
- **Ahorrar tiempo y establecer prioridades**: investigar sobre cualquier aspecto financiero puede consumir mucho tiempo, así que un asesor puede reunir la información más importante para tu caso y ayudarte a tomar la mejor decisión.
- **Darte el empujón final:** algunas veces lo único que necesitamos es el empujón final para llevar a cabo ese proyecto que tanto hemos planeado. La voz experta y objetiva de un asesor puede ser la diferencia entre soñar eternamente o hacer nuestros sueños financieros realidad.
  - **Hacer dinero:** la razón más importante de todas. Si haces tu trabajo y das con un buen asesor, puedes tener la tranquilidad de que tu dinero está trabajando para crecer.
  - **Explicarte oportunidades.** No nacemos aprendidos y un buen asesor te puede ayudar a encontrar los mejores vehículos de inversión para ti teniendo en cuenta tu tolerancia al riesgo, el tiempo durante el que quieres invertir y tu perfil tributario. ¡Su experiencia puede ser de gran ayuda!

DIFERENTES CLASES DE ASESORES

No todos los asesores son cortados por la misma tijera. Algunos pueden tener intereses que van en contravía con los tuyos, mientras que otros probablemente no tienen el conocimiento para aconsejarte de la mejor manera. Estos son los tres tipos de asesores más comunes:

ASESORES POR COMISIÓN

Los asesores que ganan comisiones por vender ciertos productos financieros en realidad no son asesores, son vendedores, agentes o *brókers*. Muchos agentes de bolsa o de seguros se cambian el nombre a *consultores de finanzas, especialistas en portafolios* o *representantes de servicios financieros*. Estos nombres son solo eufemismos que disfrazan su verdadera labor: **vender las acciones o seguros que les paguen la mayor comisión.** Las comisiones que reciben estos vendedores varían según el producto vendido y pueden ir de $125 a $500 por un seguro a vida temporal, de $1,000 a $1,250 por uno universal y de $800 a $1,700 por llevar a un cliente a un fondo mutual.

Para ser justos, no todos estos asesores a comisión son interesados. Algunos podrán ayudarte realmente a encontrar el producto que necesitas, sobre todo si ya tienes una idea clara de tus necesidades y sabes qué preguntar y qué productos evitar.

ASESORES POR PORCENTAJE

Este sistema de compensación remueve el incentivo de vender los productos con la mayor comisión, pero también tiene sus desventajas. Si no estás seguro de invertir en acciones, bonos o bienes raíces, uno de estos asesores no te recomendará invertir en bienes raíces, **ya que esto reducirá enormemente tu capital de inversión sobre el cual él cobra su comisión.** Tampoco te aconsejará pagar tu hipoteca por la misma razón, ya que puedes ganar más dinero invirtiéndolo en otro lado que pidiendo prestado. Muchos de estos asesores tienen mínimos de inversión, ya que buscan los clientes con más bienes para cobrar más comisiones.

ASESORES POR HORA

Un asesor que cobre por hora puede ser tu mejor apuesta a la hora de encontrar un profesional para manejar tus finanzas personales. Ya que no vende por comisiones o maneja inversiones de bienes, su objetividad no está comprometida. Aunque como cualquier otro asesor, uno por horas también presenta desventajas. Debido a que no exigen mínimos de inversión ni tampoco manejan bienes, **es fácil dar con una persona que no esté preparada para tomar decisiones importantes sobre dinero.** Por lo mismo, es importante buscar referencias, dejar claro su rol y los precios que va a cobrar.

Es importante que antes de buscar a un profesional estés seguro de las razones que te han llevado a hacerlo. Por ejemplo, es común que un cliente busque ayuda profesional y después no siga los consejos recibidos por el asesor, dejando sugerencias valiosas y dinero sobre la mesa.

Los asesores financieros suelen usar muchas siglas y sus nombres se parecen, pero lo cierto es que no todos son cortados con la misma tijera. Aprende a conocerlos con sus nombres en inglés para que sepas con quién estás hablando.

Registered representatives, stock brokers, investment representatives, bank representatives	Les pagan comisiones para vender productos o servicios. Usualmente tienen una licencia Serie 6 o 7
Financial Planners	No hay ningún requisito para llamarse Financial Planner. Cualquiera puede declarar serlo. Confía más en los que tengan un título de CFP (Certified Financial Planner) o CPA/PFS (Certified Public Accountant / Personal Financial Specialist).
Financial Advisors	Son Registered Investment Advisors (RIA) o Investement Advisor Representatives (IAR). Ganan por *fees* y son los más regulados en la industria.
Money managers	Son como los anteriores, pero toman decisiones por el cliente.

SOLICITA REFERENCIAS PERSONALES

Conseguir buenas referencias personales sobre un asesor puede ser difícil, más si has llegado hace poco al país o no tienes la experiencia o los contactos necesarios. Sin embargo, **puedes averiguar entre tu círculo de familiares, amigos o compañeros de trabajo por alguien que tenga una buena reputación.** Si recibiste una recomendación de un asesor a través de un conocido en quien confías, muy seguramente este *planner* conocerá el mercado y tus necesidades financieras más comunes.

También puedes obtener referencias a través de abogados o contadores a los que hayas consultado en los Estados Unidos. Si el tiempo te ha mostrado que realmente puedes confiar en este abogado o contador, muy seguramente también podrás confiar en el asesor financiero.

Esto no quiere decir que debas confiar ciegamente en cualquier profesional. La verdad es que los mejores asesores de finanzas (como muchos otros trabajadores) **construyen su reputación a través de las referencias personales,** ya que un cliente satisfecho es la herramienta de marketing más efectiva. Pero jamás debes aceptar una referencia profesional sin realizar tu propia investigación. Es probable que la persona haciéndote la recomendación no sepa mucho de finanzas y esté evaluando el servicio del *planner* desde el desconocimiento. También puede pasar que el profesional haciendo la sugerencia esté devolviéndole el favor a un asesor que anteriormente le había enviado clientes.

BUSCA A TRAVÉS DE ASOCIACIONES

Hay muchas asociaciones en tu estado o área que te pueden guía hacia un buen asesor, aunque la mayor parte de ellas están conformadas por vendedores, no asesores. Más adelante te daremos algunas preguntas que puedes hacerle a un asesor para determinar si es idóneo para ayudarte. Mientras tanto, ten en cuenta estas asociaciones:

- **La Asociación Nacional de Asesores Financieros Personales** (*NAPFA*, por sus siglas en inglés) está compuesta por administradores de bienes que en teoría no venden productos por comisión, aunque sí cobran un porcentaje sobre los bienes que manejan. Muchos de ellos también tienen montos mínimos con los cuales trabajan. Puedes encontrar la información aquí:

www.nafpa.org
Número telefónico: **888-333-6659**

- **El Instituto Americano de Contadores Públicos Certificados** o *AICPA*, por sus siglas en inglés, es el instituto que agremia a los contadores públicos certificados y te puede contactar con alguno que haya completado el programa de especialización del Instituto, el *PFS*. Muchos de estos contadores cobran honorarios sobre los bienes del cliente y tienen la ventaja de conocer las implicaciones fiscales de tus metas financieras. Puedes encontrar la información aquí:

www.aicpa.org
Número telefónico: **888-777-7077**

REALIZA ESTAS PREGUNTAS

Son muchas las situaciones que pueden ir en contra de tu búsqueda por alguien ético y competente, así que encuentra respuestas a las siguientes preguntas antes de contratar a un asesor financiero:

¿Cuál porcentaje de su ingreso proviene de las comisiones y cuál de los honorarios?

Puede que realizar esta pregunta te ahorre el tiempo de tener que realizar las otras, y la respuesta que debes buscar es *"el 100% de mis ingresos vienen de los honorarios que pagan mis clientes."* Cualquier número inferior a 100% significa que este asesor es probablemente un vendedor de servicios financieros con un interés principal por vender ciertas estrategias, productos o servicios.

¿Cómo puedes descubrir a este tipo de profesionales?

Los *planners* que asesoran y supervisan inversiones de cientos de millones de dólares deben registrarse en la comisión de bolsa y valores de los Estados Unidos (SEC, por sus siglas en inglés), o por lo menos registrarse como asesores en el estado en el que operan. También deben llenar el formulario *ADV* que les exige reportar el origen de todos sus ingresos, su relación con compañías del sector, su historia educativa y laboral, el tipo de asesoría que brindan y los honorarios que cobran. Aunque algunos asesores pueden "embellecer" este formulario un poco, hay muchos otros que llevan una práctica honesta y que están dispuestos a enviártelo para que lo analices. También puedes buscar por el registro del asesor ante las autoridades competentes y revisar su historial laboral por si tiene algunos reclamos o faltas a su nombre. Puedes encontrar la información federal en este link:

www.adviserinfo.sec.gov

La información estatal la puedes encontrar en la Asociación Norteamericana de Administradores de Valores:

www.nasaa.org
o puedes llamar a la SEC:
800-732-0330

También puedes utilizar las herramientas en línea de la CFTC (la comisión de comercio de futuros y mercancías) que te permiten revisar los antecedentes de los profesionales de las finanzas:

---

www.smartcheck.cftc.gov

¿Qué porción de sus honorarios viene del manejo de dinero y qué porción de una tarifa por horas?

Si quieres recomendaciones financieras específicas y objetivas, es mejor que te vayas con un asesor que obtenga su ingreso a través de una tarifa por hora. Si lo que quieres es un administrador de dinero, puedes contratar a uno muy bueno y a un buen precio a través de un fondo mutual.

¿Cuál es su precio por hora?

Los precios por los servicios de un asesor financiero pueden ir desde $75 hasta los varios cientos por hora, dependiendo de su experiencia e historial laboral. Si evalúas el mercado y comparas precios, puedes encontrar un buen asesor por $100-150.

¿También ofrece servicios de impuestos o legales?

Ten cuidado con alguien que dice ser un experto en más de un área. El mundo legal y de impuestos como el financiero son de por sí muy extensos y complicados de manejar en su totalidad, por lo que una persona que maneje a la perfección más de uno es difícil de encontrar. Una excepción a esta regla son los contadores que también hace planeación de finanzas por hora. De igual manera, un buen asesor financiero debe tener una idea clara de asuntos legales y fiscales relacionados con las finanzas personales.

¿Qué experiencia laboral y educativa lo califica para ser asesor financiero?

Esta pregunta no tiene una respuesta única. Idealmente, un asesor debe tener experiencia en el campo de los servicios financieros (entre 5 y 10 años es un buen número), saber explicar los conceptos más difíciles de una manera clara y contar con buenas relaciones interpersonales. Este tipo de cualidades se pueden evaluar mejor cuando hables cara a cara con él o ella. Ten en cuenta que los títulos educativos más comunes entre los administradores de dinero profesionales son el *MBA* (máster en administración de negocios) y el *CFA* (Analista Financiero Autorizado). Algunos profesionales del área fiscal que trabajan por horas pueden tener el *PFS* (Especialista Financiero Personal).

¿Ofrece seguro contra errores u omisiones?

Cuando escuchan esta pregunta algunos asesores se sorprenden o asumen que eres un "cliente problema" buscando demandarlos. Pero los accidentes y errores ocurren –razón por la cual existen los seguros– y si tu asesor no ofrece este tipo de cobertura contra errores por los cuales él es responsable, ha obviado uno de los conceptos fundamentales de la planeación financiera: la protección contra el riesgo. Si se da esta situación, es mejor no contratarlo.

¿Puede ofrecer recomendaciones y estrategias específicas que pueda implementar yo mismo?

Ésta es una pregunta importante, ya que muchos asesores ofrecen servicios por hora, pero después solo dan consejos genéricos y poco específicos que son imposibles de implementar. La parte de la implementación debe quedar muy clara entre el asesor y tú. Si no sabes muy bien cómo implementar los consejos que recibes, contrata a un asesor que además de darte la información te ayude a ponerla en práctica.

LEY FIDUCIARIA

Otro aspecto muy importante para tener en cuenta cuando entrevistes a un asesor es su condición de **fiduciario** (*fiduciary*). Un fiduciario es una persona que **administra el dinero o los bienes de otras personas y que está obligado por ley a administrarlos para el beneficio de estas personas y no para el propio.** Por ejemplo, si nombras a alguien como fiduciario a través de un poder legal, esta persona es responsable de tus finanzas si llegaras a enfermarte y no pudieras manejarlas tú mismo.

La realidad es que no todos los asesores financieros están obligados a actuar como fiduciarios de sus clientes, en especial aquellos que venden productos por comisión. Pero una nueva ley –cuya implementación fue puesta en marcha en junio de este año– obligará a aquellos asesores que venden por comisiones a actuar como fiduciarios de sus clientes, llevándolos a cobrar tarifas razonables y no vender productos que no satisfagan las verdaderas necesidades de sus clientes.

Cabe recalcar que esta nueva ley fiduciaria solo aplicará para asesores que trabajan con bienes de retiro, como una cuenta 401(k) o una Roth o IRA tradicional, así que una buena pregunta para tu asesor es si va actuar como fiduciario para las demás inversiones. De igual forma, la ley sigue en implementación, así que ningún asesor tendrá la "obligación legal" de ponerla en práctica hasta enero de 2018 (a no ser que haya cambios de último minuto en el congreso o el nuevo gobierno elimine esta regulación.

REALTORS

Como lo dijimos en el capítulo sobre compra de casa en los Estados Unidos, un agente de bienes raíces puede ser un socio muy importante para el inmigrante latino a la hora de adquirir vivienda. Estos trabajadores manejan información muy valiosa sobre el mercado y conocen muy bien la reglamentación y el papeleo necesario para comprar una casa. Pero al igual que muchos asesores financieros, también trabajan por comisión, lo que puede generar los mismos inconvenientes de falta de transparencia y conflicto de intereses, aunque en este caso tú ya sabes de antemano que todos ellos ganan una comisión.

RECONOCIENDO EL CONFLICTO DE INTERESES EN UN *REALTOR*

Debido a que su trabajo es basado en comisiones, a un *realtor* le cuesta dinero pasar tiempo con un cliente que no se decide en comprar o vender. En su interior está deseando que el cliente tome una decisión lo más rápido posible, o de lo contrario no recibe dinero. Por esta razón, no esperes que un *realtor* te de un consejo objetivo sobre lo que debes hacer de acuerdo con tu situación financiera; ellos quieren que tomes una decisión, y pronto.

La comisión que recibe el *realtor* proviene de un porcentaje del precio de venta de la propiedad, por lo que tiene el incentivo interno de hacerte gastar más dinero en el trato. **Las tasas de interés variables te permiten este mayor gasto, así que no te sorprendas si el *realtor* te aconseja tomarlas.** Como ya te explicamos en el capítulo sobre compra de vivienda, estas tasas son mucho más arriesgadas y recomendadas para personas que tienen conocimiento del mercado. También puede ocurrir que el *realtor* no muestre mucho interés en ti si no tienes mucho dinero para invertir, ya que sus posibilidades de comisión serán menores.

Finalmente, un *realtor* puede recomendarte a prestamistas, inspectores o tasadores particulares. Esto puede generar todo tipo de conflictos, ya que entre ellos puede haber acuerdos previos que van en contra de tus intereses, como pago de comisiones por referirte o inspecciones poco profesionales para agilizar el proceso de venta. Esto de por sí no es malo ya que necesitas estos servicios y puede que no conozcas a nadie, pero si debe aclararte si tiene un interés en el referido.

Al igual que con los demás expertos, todos tienen un lado negativo, pero si das con la persona adecuada te va a ayudar muchísimo en el proceso y te a permitir tomar la mejor decisión. Toma en cuenta los pasos a la hora de buscar un *realtor* que te dimos en el capítulo 6 y utiliza la siguiente información para verificar su historial y licencia profesional.

ENCUENTRA AL MEJOR *REALTOR* PARA TI

En Estados Unidos los *realtors* pueden obtener entrenamiento o especializaciones adicionales que les permiten ofrecer un servicio más completo. Estas especializaciones son:

- **CRS** (Especialista Residencial Certificado, por sus siglas en inglés): El realtor con esta designación ha completado entrenamiento adicional en el manejo de bienes raíces residenciales.
- **ABR** (Representante Acreditado del Comprador, por sus siglas en inglés): este *realtor* ha completado educación adicional en la representación de compradores durante la compra o venta de una propiedad
- **SRES** (Especialista de Bienes Raíces para Personas Mayores, por sus siglas en inglés): este *realtor* ha completado el entrenamiento requerido para ayudar a compradores y vendedores de más de 50 años.

Al igual que en el campo de las finanzas, existen varias asociaciones que agrupan y regulan la labor de los *realtors* en los Estados Unidos. A través de ellas, puedes buscar un agente en tu área y verificar su licencia e historia laboral. Las asociaciones más importantes son:

La **Asociación Nacional de *Realtors*** (NAR, por sus siglas en inglés), le ofrece a los *realtors* miembros educación, talleres, estadísticas y eventos. En la actualidad cuenta con más de 1 millón de miembros.

---

https://www.nar.realtor/

La **Asociación Nacional de Profesionales Hispanos de Bienes Raíces** (NAHREP, por sus siglas en inglés) agrupa a *realtors* hispanos. Esta es la asociación inmobiliaria más importante de *realtors* latinos de todo el país y puedes encontrar información sobre agentes inmobiliarios de las ciudades más importantes:

http://nahrep.org/

También puedes usar herramientas en línea como el buscador de realtor.com y perfilar tu búsqueda de acuerdo con la ciudad, estado, zip o el nombre de un *realtor* para conocer sus antecedentes:

http://www.realtor.com/realestateagents

Si quieres realizar una búsqueda más específica, puedes dirigirte a las agencias de regulación de bienes raíces de tu estado:

https://www.arello.org/resources/regulatory-agencies/#region.1

También puedes encontrar información en las oficinas de asuntos del consumidor de tu estado, o en páginas como el Better Business Bureau, donde se califican los servicios de los profesionales y se pueden dejar comentarios, quejas o sugerencias. Una simple búsqueda como "*California bureau of real estate*" o "*Florida real estate commission*" te puede arrojar más información.

En cuanto a los *appraisers*, la ley federal requiere que todos ellos cumplan con normas mínimas de educación y capacitación, y que sea cada estado el responsable de la concesión de licencias y la certificación de los profesionales. Puedes encontrar la lista de *appraisers* por estado en este link:

http://www.appraisalinstitute.org/education/education-resources/state-appraisal-regulatory-agencies/

También existen entes federales que revisan los *appraisers* estatales:

https://www.asc.gov/National-Registry/FindAnAppraiser.aspx

Estos tasadores tienen licencias que determinan el tipo de labor que pueden realizar. Por ejemplo, un tasador de bienes raíces de California con una licencia

general certificada puede evaluar todos los bienes inmuebles, independientemente de su valor o complejidad; Sin embargo, un tasador con una licencia
residencial se limita a la evaluación de propiedades residenciales de una a
cuatro personas y valoradas en menos de $1 millón. El sitio web del Instituto
de Evaluación tiene una página con enlaces a todas las agencias estatales que
supervisan la concesión de licencias de tasador de bienes raíces.

http://www.appraisalinstitute.org/

Para encontrar a un buen inspector, puedes utilizar los siguientes recursos
para dar con uno cercano a ti:

http://www.homeinspector.org/
http://www.homeinspections-usa.com/
https://www.nachi.org/find-an-inspector

AGENTES DE SEGUROS

Elegir el agente de seguros adecuado es el primero y más importante paso para
comprar el seguro que realmente necesitas. Un buen agente puede ayudarte a
tomar decisiones importantes sobre el tipo y la cantidad de cobertura, perso-
nalizar la póliza a tus necesidades y ponerte al tanto de las condiciones que
usualmente se esconden dentro de la letra pequeña. Lastimosamente, no todos
los agentes están dispuestos a darte este tipo de ayuda, ya que la mayoría de
ellos también trabaja bajo comisión.

CÓMO GANAN DINERO LOS AGENTES DE SEGUROS

Muchas personas buscando cobertura se fijan en el precio de la póliza y dejan
a un lado el factor más importante a la hora de escoger a un agente de seguros:
su experiencia y las referencias de sus clientes. En la mayoría de estados los
agentes se ganan su comisión dependiendo del tamaño del contrato y la cantidad de pólizas que vendan, no de su conocimiento o la calidad de la cobertura
que ofrecen. Por esto, un agente experto y capacitado puede terminar ganando
lo mismo que uno inexperto y sin la misma capacidad.

*Son muy pocas las industrias en las que una
persona relativamente inexperimentada puede*

generar grandes ingresos en su primer año, como sucede en la industria de los seguros. Antes de comparar precios de seguros, investiga la experiencia y las referencias del agente.

Lastimosamente, la gente compra seguros de la manera equivocada. Primero comparan precios de cobertura (una cobertura incorrecta porque no han tenido asesoría previa) y terminan haciendo el negocio con el agente que les da la cotización, quien por lo general no es un experto. La manera correcta de comprar un seguro es evaluar primero la experiencia y conocimiento del agente para que este después determine la cobertura indicada para ti. ¿Cuál es la mejor manera de encontrar a un agente con esta experiencia y conocimiento?

PREGUNTA ENTRE TUS CONOCIDOS

El boca a boca puede ser la mejor manera de encontrar un agente de seguros, ya que podrás evaluar sus resultados y la confianza que despierta entre personas que tienen necesidades similares a las tuyas. También es aconsejable pedir referencias a otros profesionales de las finanzas personales si los tienes, como un asesor, contador o abogado. Ellos usualmente lidian con agentes de seguros a través de sus clientes y pueden conocer a uno.

Las principales aseguradoras también tienen buscadores en línea en donde puedes encontrar agentes de seguros cautivos o independientes en tu estado o zona.

ESCOGE ENTRE UN AGENTE CAUTIVO O INDEPENDIENTE

Los **agentes cautivos** trabajan exclusivamente para una sola compañía y su máxima prioridad es vender sus productos. Son aquellos agentes que te atienden cuando contactas a una aseguradora y te cotizan distintas pólizas, todas de la compañía para la cual trabajan. Los problemas empiezan cuando el riesgo de asegurarte es demasiado alto para esa compañía de seguros, ya que no hay mucho más que ellos puedan hacer. Además, la aseguradora puede obligarlos a vender productos que no son necesariamente la mejor solución para ti o a cumplir metas de ventas, lo que aumenta el conflicto de interés contigo.

Por su parte, los **agentes independientes** recogen distintas cotizaciones de varias aseguradoras para sus clientes, pero no trabajan directamente con ellas, por lo que no tienen que cumplir metas de ventas o vender productos específicos.

Esto les permite, en teoría, evaluar las diferentes opciones más objetivamente y ofrecer a sus clientes un servicio más integral, personalizado y con distintos precios para elegir. Si no clasificas para la cobertura de una compañía de seguros, puedes conseguir otra. Esto no quiere decir que los agentes independientes no estén sometidos a las condiciones de las comisiones, ya que fácilmente pueden ofrecerte las opciones que les brinden más dinero.

También existe la opción de adquirir cobertura a través de un **servicio en línea**, pero estos servicios usualmente no son recomendables ya que en caso de una emergencia no querrás lidiar con un número 1-800 sino con una persona.

BUSCA A TRAVÉS DE UNA ASEGURADORA

Si has decidido utilizar un agente cautivo, debes elegir muy bien la aseguradora para la cual trabaja. Existen varias compañías de seguros con buena reputación, pero no es aconsejable adquirir un seguro basándote solo en este factor. Considera las siguientes variables a la hora de elegir una aseguradora:

- **Calificación:** Hay varios sitios web que califican el desempeño de las aseguradoras más importantes. El sitio www.ambest.com las califica utilizando el sistema escolar: A++, A+, A, A-, B++, B+, etc. Trata de no comprar un seguro cuando la calificación sea menor que A, a menos que no tengas otra opción. Otras empresas que evalúan el desempeño de las aseguradoras son *Standard & Poor's, Moody's* y *Fitch Group*.
- **Estabilidad financiera:** La capacidad de la aseguradora para responder por los reclamos es un factor primordial, ya que no quieres una aseguradora que te vaya a fallar en los momentos críticos.
- **Costo:** Asegúrate de comparar "manzanas con manzanas" y tener en cuenta el alcance de la cobertura y los deducibles.
- **Especialidad:** No todas las aseguradoras tienen la misma especialidad, así que elije aquella que tenga la mayor experiencia en la cobertura que estás buscando.
- **Presencia local:** Es mejor comprar de con una compañía de seguros con presencia física en tu estado o condado para que sepas exactamente a dónde acudir si las circunstancias así lo exigen. Además, la compañía de seguros debe tener licencia para vender productos en tu estado en caso de un pleito legal.
- **Manejo de reclamos y reembolso:** ¿Qué proceso sigue la aseguradora al momento de recibir un reclamo? ¿Cuánto se demora en reembolsar el dinero? Algunas aseguradoras tienen una mejor reputación al manejar los reclamos que otras, así que siempre prioriza este punto.

PREPARA UNA SERIE DE PREGUNTAS

Como ya lo has hecho con otros agentes, es bueno preparar una lista de preguntas para escoger al mejor agente para ti. Pregunta por su experiencia con otros clientes, certificados, resultados y perspectivas a futuro. Si es independiente, ¿por qué trabaja con las empresas que representa? También pregunta por su elección a la hora de elegir ciertas pólizas sobre otras y sobre la manera como las aseguradoras realizan su trabajo y tratan a sus clientes. Muchas veces, cuando los agentes independientes se encuentran con interesados simpáticos y buenos conservadores, **terminan revelando información que jamás podrías obtener de un agente cautivo.**

También es importante que conozcas el proceso para **renovar la póliza** y que tengas conocimiento de cualquier cambio en las primas. La tasa de las primas puede cambiar por varias razones, entre ellas un cambio automático por renovación de póliza. Pide explicaciones y trata de negociar una renovación beneficiosa para ti.

Distintas compañías o agentes lidian con los reclamos de distintas maneras, así que pregunta por el proceso específico que siguen en esta situación. ¿Existen casos particulares en los cuales no obtendrás un reembolso? ¿Cuánto se demoran en promedio en atender un reclamo? ¿Qué situaciones pueden llevar a un aumento en las primas?

¿QUÉ TIPO DE CREDENCIALES TIENEN LOS AGENTES DE SEGUROS?

Un agente de seguros experto puede tener varias certificaciones dependiendo de su labor (agente de seguros de propiedad, salud, vida, ajustadores de accidentes, gerentes de riesgo) y para las cuales han tenido que recibir educación y pasar ciertos exámenes. Las certificaciones más importantes son:

- **Asesor Certificado de Seguros** (CIC, por sus siglas en inglés) es la certificación profesional para agencias, agentes y ajustadores de seguros. También es la certificación más común para brókeres independientes. Para obtenerla, los agentes deben ser licenciados o tener como mínimo 2 años de experiencia en su labor y completar 5 cursos de seguros.
- **Asociado en Servicios de Seguros** (AIS, por sus siglas en inglés). Esta certificación usualmente requiere menos cursos que la anterior, aunque cubre

información similar y requiere los mismos exámenes.

- **Asegurador Certificado de Accidentes de Propiedad** (CPCU, por sus siglas en inglés), es una credencial profesional obtenida por personas que se especializan en la gestión de riesgos y el seguro de accidentes de propiedad. Es usualmente la credencial de los ajustadores de accidentes y reclamos.
- **Asociado en Gestión de Riesgo** (ARM, por sus siglas en inglés). Esta certificación incluye cursos en aspectos legales y de finanzas. Los certificados también deben pasar varios exámenes y tomar clases de educación continua.

¿CÓMO VERIFICAR LA HISTORIA LABORAL DE UN AGENTE DE SEGUROS?

Puedes visitar la Asociación Nacional de Comisionistas de Seguros (*NAIC*, por sus siglas en inglés) para verificar la licencia de un agente o compañía de seguros. También puedes realizar una búsqueda a nivel estatal, poner un reclamo, buscar reportes o buscar pólizas de vida perdidas.

http://www.naic.org/state_web_map.htm

También puedes utilizar la página de la Asociación Nacional de Asesores de Seguros y Finanzas (*NAIFA*, por sus siglas en inglés) para buscar más información sobre un agente de seguros o localizar uno en tu área:

http://www.naifa.org/

RECURSOS WEB Y ADICIONALES

Además de los recursos ya proporcionados, existen otras maneras para los inmigrantes latinos de recibir ayuda de expertos, como bancos, instituciones financieras, consulados y cámaras de comercio.

BANCOS E INSTITUCIONES FINANCIERAS

Un creciente número de bancos y uniones de crédito, como Wells Fargo, Citibank, Bank of America y la Cooperativa Latino Credit Union cuentan con programas de educación financiera y recursos en español dirigidos a la población latina:

- **La Cooperativa Latino Credit Union**, ubicada en Carolina del Norte, ofrece talleres de educación financiera para la creciente comunidad hispana de la zona. Estos programas incluyen instrucción en impuestos, seguros, crédito, presupuestos y compra de casa o auto. Puedes revisar las fechas de los talleres y los recursos adicionales aquí: https://latinoccu.org/es/sobre-nosotros/latino-cdc/

- Por su parte, el **Bank of America**, a través de su iniciativa Better Money Habits, apoya a la comunidad latina con varios recursos en línea que pueden ayudar a todo latino en su educación financiera bilingüe. Este banco también contribuye a ampliar los recursos disponibles a organizaciones comunitarias hispanas. Por ejemplo, organizaciones en Miami como el Centro Campesino Farmerworker Center y el Cuban American National Council cuentan con programas de capacitación laboral y educación para compradores de vivienda, respectivamente.
- **Sun Trust** junto a la organización United Way han diseñado el programa de educación financiera My Smart Money, que permite a las personas hacer frente a sus problemas económicos y planear su futuro financiero.
- **Wells Fargo** también cuenta con recursos en línea para la comunidad hispana que les ayuda a entender los conceptos básicos de la jubilación, compra de casa, búsqueda de crédito, ahorro y provee herramientas para realizar presupuestos.
- **Consolidated Credit**, a través de su portal Celebrando la Hispanidad, ofrece una gran página de recursos en educación financiera que enseña a la gente a manejar su dinero y controlar sus finanzas personales.
- Otras organizaciones enfocadas en la educación financiera de los latinos, como **Clearpoint**, han diseñado programas especiales gratuitos para hispanos en Georgia y la Florida. Algunos de los servicios más solicitados por los clientes hispanos son aprender a navegar el sistema financiero de los Estados Unidos; establecer y restablecer el crédito, administrar el dinero y el presupuesto mensual eficazmente, ahorrar para metas a largo plazo y construir un patrimonio familiar.

OTROS RECURSOS EN LÍNEA

- **Khan Academy** es un portal de clases en línea que enseña sobre diversos temas. Tienen un gran curso sobre economía y finanzas en español que vale la pena revisar: https://es.khanacademy.org/economics-finance-domain
- El **Bureau de Protección Financiera del Consumidor** ofrece varias guías dirigidas a los inmigrantes recién llegados al país para manejar su dinero: https://www.consumerfinance.gov/about-us/blog/inmigrantes-en-frentan-desafios-financieros-unicos/
- Los **colombianos** puedes disfrutar de una completa guía con varias organizaciones y comunidades que los pueden ayudar a asentarse en los Estados Unidos: http://www.colombia.com/colombianos/comunidades/estados-unidos/ También pueden contar con la ayuda de expertos para comprar vivienda en Colombia en www.viventa.co

- La **New Americans Campaign** ofrece una red de organizaciones en pro de los inmigrantes, proveedores de servicios legales, organizaciones religiosas, fundaciones y líderes comunitarios que ayudan a los inmigrantes a adaptarse a su nueva vida en los Estados Unidos: http://newamericanscampaign.org/about/partners/#LocalOrganizations
- Los consulados frecuentemente ofrecen cursos, eventos y asistencia a sus ciudadanos. Busca el consulado más cercano y pregunta cómo te pueden ayudar. De igual forma, las cámaras de comercio también ofrecen recursos en línea, cursos y eventos.

EVITANDO FRAUDES Y ESTAFAS

En la era digital, pareciera que cada vez son más comunes los casos de *hacking*, robo de información, robo de identidad y estafas en línea. Desafortunadamente, los millones de dólares que invierten bancos, instituciones financieras y compañías para diseñar sofisticados y en teoría infranqueables sistemas de seguridad solo les dan a los ciber-criminales nuevos desafíos para enfrentar. De hecho, los casos de robo de datos personales e información financiera han crecido en más de 20% en los últimos cinco años, dejando a miles de víctimas sin dinero, incapaces de recuperar su historia crediticia y con inmensos obstáculos para limpiar su nombre.

Sin embargo, siempre hay maneras de proteger nuestro nombre y patrimonio de las criminales. Varios estudios han comprobado que **la herramienta más útil de los hackers para llevar a cabo sus delitos es la propia ignorancia de los usuarios**. Estos son algunos consejos que puedes usar para proteger tu dinero e información personal:

CONSEJOS PARA PROTEGERTE

NUNCA DES INFORMACIÓN PERSONAL POR TELÉFONO

Esto es especialmente cierto cuando eres tú el que recibe la llamada. Son incontables los fraudes y engaños que se inician con una simple llamada telefónica y que terminan con la persona compartiendo todo tipo de información personal. Es bastante común que los criminales contacten a sus víctimas y las traten de confundir con historias sobre familiares lejanos en apuros económicos o socios de negocios que necesitan una contraseña para entrar al sistema de la oficina. También es común que los criminales utilicen *telemarketing* y la promesa de regalos ganados en rifas o sorteos para obtener direcciones, números de tarjetas de crédito o cuentas de banco. Esta táctica es especialmente efectiva en **poblaciones vulnerables como inmigrantes con dificultad para entender el idioma o personas de la tercera edad.**

Si un interlocutor utiliza un lenguaje tipo *"actúa inmediatamente"* o *"solo por hoy"*, te pide que mantengas la llamada en secreto o dice ser del gobierno y pide dinero o información personal para ofrecerte beneficios sociales, lo más probable es que la llamada sea una estafa. Del mismo modo, si te llama para "arreglar un problema" con tu cuenta o computadora, esto también es una señal de que estás siendo víctima de un engaño.

NUNCA RESPONDAS A CORREOS ELECTRÓNICOS QUE PIDEN INFORMACIÓN

Los criminales pueden crear cuentas de correo electrónico falsas capaces de mandarte mensajes de empresas o instituciones reconocidas (sobre todo bancos, tiendas en línea y entidades gubernamentales) que te tienen como usuario. Usualmente, estos mensajes tienen un diseño muy parecido al oficial y con la excusa de una actualización en el sistema, cambio de servidores o una subasta en línea te piden que hagas clic en un link específico o que ingreses tu información personal. Esta práctica es conocida como *phishing* y si caes en ella puedes sufrir un terrible caso de suplantación de identidad o un virus de computador. Considera revisar la configuración de privacidad y seguridad de tu bandeja de correo y mandar directamente a la basura aquellos correos que no provengan de direcciones aprobadas.

REVISA TUS ESTADOS FINANCIEROS FRECUENTEMENTE

Aunque los bancos usualmente se comunican contigo si ven movimientos extraños en tu cuenta, a veces los criminales encuentran maneras de mover dinero sin ser rastreados. Acostúmbrate a revisar los estados de tus tarjetas y cuentas frecuentemente para estar al tanto de todos los movimientos no aprobados por ti. También es buena idea revisar tu reporte de crédito, ya que muchas víctimas de robo de identidad han encontrado tarjetas de crédito a su nombre revisando sus reportes crediticios. Elimina toda tarjeta de crédito o débito que no utilices, cierra líneas de crédito o cuentas bancarias innecesarias y utiliza leyes de congelación de cuentas, o *freeze laws*. Puedes revisar las condiciones de estas leyes por estado en este link:

http://www.creditcards.com/credit-card-news/credit-card-freeze-data-1276.php

TEN CUIDADO AL TRANSFERIR DINERO Y GUARDA TUS RECIBOS DE COMPRA

Independientemente de las circunstancias, nunca envíes dinero a un extraño. Una vez que lo hagas – especialmente al extranjero – es prácticamente imposible revertir la transacción o rastrear el dinero. Cuando hagas una compra, guarda los recibos que tengan tu información personal y financiera. Después de usarlos para hacer tu balance de gastos mensual, rómpelos de tal manera que sea muy difícil para alguien buscarlos en la basura y utilizarlos más adelante.

NO INCLUYAS INFORMACIÓN PERSONAL EN TUS CHEQUES

No incluyas en tus cheques tu número de tarjeta de crédito, licencia de conducción y número de seguro social. En algunos estados es ilegal que te exijan incluir este tipo de información. Tampoco incluyas la dirección y teléfono de tu casa cuando mandes a hacer tus cheques personales.

PROTEGE TU COMPUTADOR

Tu computador puede ser el acceso más directo de los delincuentes a tu información personal y financiera. Son muchos los escándalos recientes de hackers que han robado información, fotografías, correos electrónicos y hasta películas y series de televisión de servidores con la última tecnología en protección. Si mantienes información o documentos financieros en tu computadora, es recomendable que instales un antivirus, un cortafuegos o *firewall* y un protector de contraseñas. También es recomendable evitar el clic en hipervínculos de correos electrónicos o bajar programas de ventanas emergentes. Si todo esto suena a chino para ti, encuentra a una persona confiable que tenga conocimiento de sistemas para que te ayude a instalar estos protectores.

EL ROBO DE IDENTIDAD

En el robo de identidad los delincuentes obtienen y utilizan indebidamente tus datos personales – como tu nombre o número de seguro social – para cometer un robo, fraude o engaño. Estos delincuentes también pueden aplicar fraudulentamente a un crédito, declarar impuestos o recibir servicios médicos a tu nombre, dejando una huella criminal que puede tomar mucho tiempo y dinero eliminar.

Existen varios tipos de robo de identidad que pueden afectarte:

- **Robo de la identificación de niños o jóvenes:** la identificación de un menor es apetecida por los delincuentes ya que pueden pasar años hasta que el hurto sea detectado. Para cuando el niño sea adulto, su identidad ya ha sido afectada y recuperar su buen nombre puede ser un proceso extenso y costoso debido al largo tiempo que ha transcurrido. Los jóvenes también son víctimas de este tipo de delito por su poco interés en este tipo de temas.

- **Robo de identidad financiera:** El robo de identidad financiera puede significar dos cosas. Primero, las cuentas bancarias de la víctima y las tarjetas de crédito se acceden y usan ilegalmente. El ladrón puede retirar dinero o maximizar las tarjetas de crédito. En segundo lugar, la identidad de la víctima se utiliza para tomar préstamos y obtener nuevas tarjetas de crédito.
- **Robo de identificación de impuestos**: el delincuente puede utilizar tu número de seguro social para presentar fraudulentamente una declaración de impuestos, recibir un reembolso o aplicar para un empleo.
- **Robo de identificación médica:** esta forma de robo de identidad ocurre cuando alguien roba tu información personal, como tu número de Medicare o de seguro de salud para obtener servicios médicos, comprar medicamentos o emitir facturas fraudulentas a tu proveedor de seguro de salud.
- **Robo de identificación de adulto mayor**: los adultos mayores son más vulnerables al robo de identidad porque están en contacto frecuente con profesionales médicos que les preguntan sus datos y cuidadores o personal de centros de atención que tienen acceso a su información personal o financiera.
- **Robo de identidad social:** el delincuente puede utilizar tu nombre, fotos y otra información personal para crear una cuenta falsa en una plataforma de redes sociales y cometer todo tipo de crímenes.

REPORTA UN CASO DE ROBO DE IDENTIDAD

Si crees haber sido víctima de robo de identidad, debes reunir toda la evidencia disponible y contactar a las autoridades pertinentes. Ten claros todos los sucesos y ten a la mano (o recordar) los detalles más importantes, como reportes bancarios, recibos, fechas o comportamientos sospechosos.

- Visita la página de reportes de la Comisión federal de comercio (FTC, por sus siglas en inglés) y realiza una queja: https://www.ftccomplaintassistant.gov
- También puedes llamar al 1-877-438-4338
- Visita la página www.identitytheft.gov y sigue todas las instrucciones para poner una queja. Aquí obtendrás un plan personalizado de recuperación y una declaración jurada del robo.
- Imprime la declaración y llévala a la estación de policía más cercana para reportar el crimen.
- Tu declaración jurada y el reporte de policía serán muy importantes a la hora de resolver el problema con tus prestamistas, aseguradoras y otras compañías.

Para reportar un robo de identificación médica, contacta a la Comisión Federal de Comercio y llama al departamento de fraude de tu compañía de seguro médico (o la oficina de recursos humanos si recibes la cobertura de tu empleador) para poner el reclamo.

Si crees haber sido víctima de un fraude de Medicare, sigue las instrucciones específicas en este link:

https://www.medicare.gov/forms-help-and-resources/report-fraud-and-abuse/report-fraud/reporting-fraud.html

Para reportar un robo de identificación para motivos de impuestos, sigue las instrucciones en este link:

https://www.irs.gov/spanish/guia-del-contribuyente-para-el-robo-de-identidad

Adicionalmente, debes contactar a una de las tres grandes compañías de crédito para colocar una alerta de fraude:

Equifax, www.Equifax.com, 1-800-766-0008
Experian, www.Experian.com, 1-888-397-3742
TransUnion, www.TransUnion.com, 1-800-680-7289

PARTICIPANDO EN LA COMUNIDAD

Ahora más que nunca, los lazos entre los latinos en los Estados Unidos deben fortalecerse a través de la cooperación y la asistencia mutua. Y esta labor empieza en las comunidades, ya que a través de ellas las personas pueden interactuar entre sí, compartir ayuda y experiencias y trabajar hacia un objetivo común. Si ponemos estos beneficios en el contexto de los inmigrantes hispanos en los Estados Unidos, **el trabajo comunitario es una excelente manera de ayudar a personas con las que no solo compartes una locación geográfica, sino también un origen y un sueño: el de triunfar en los Estados Unidos.**

De igual manera, la labor social se traduce en inmensos beneficios para los voluntarios que la realizan. A través de ella, las personas adquieren nuevas experiencias y habilidades, amplían su red de contactos y disfrutan de una salud física y emocional más fuerte.

Hay varias maneras en las que puedes participar en la comunidad. Grandes organizaciones a nivel federal cuentan con el apoyo de miles de voluntarios que ayudan a recaudar fondos para proyectos sociales en zonas problemáticas. A una menor escala, muchas iniciativas locales llevan a cabo planes comunitarios como construcción de casas para familias de bajos ingresos, asistencia emocional para personas vulnerables y educación financiera y legal para inmigrantes. Sin importar la magnitud de la labor o el tiempo disponible, siempre puedes generar un cambio en el día a día de los beneficiados y una transformación gradual en las condiciones de vida de tu comunidad. Ten en cuenta los siguientes pasos para hacerlo:

CONOCE LOS PROBLEMAS Y NECESIDADES DE LA COMUNIDAD

Analizar los problemas de tu comunidad te ayudará a identificar sus causas subyacentes y formular posibles soluciones. Hay varias maneras en las que puedes empezar:

- Nada es más efectivo para entender los problemas de un lugar que hablar con los directamente afectados. Acércate a las personas y pregúntales por sus dificultades y posibles soluciones para ellas.
- Una búsqueda en internet te puede ayudar a contactar organizaciones con más información. Ingresa el nombre de tu condado o ciudad junto con términos de búsqueda como *"voluntariado"*, *"organizaciones sin ánimo de lucro"* o *"formas para ayudar"*.
- Los periódicos y las noticias locales te pueden dar una idea de las necesidades más apremiantes de tu zona. Por ejemplo, ante el creciente acoso migratorio que sufren las comunidades latinas, una gran necesidad de los hispanos es conocer más sobre sus derechos legales y las mejores formas de legalizar su situación.
- Asiste a eventos en la comunidad para conocer más sobre ella y entablar relaciones con personas que estén alineadas con tus objetivos.

DETERMINA LA MANERA EN LA QUE PUEDES CONTRIBUIR

Una vez hayas identificado los problemas más puntuales de tu comunidad, determina tu rol en el proceso de ayuda. ¿Cómo pueden tu educación, recursos o tiempo contribuir a resolver obstáculos que no le permiten a la comunidad progresar? También debes tener claridad sobre tu plan de acción para dar los primeros pasos. Averigua si hay personas que comparten tus ideas y utiliza la tecnología para crear grupos de voluntariado, proyectos de ayuda o recaudación de fondos. Muchas veces, las personas no tienen tiempo para ayudar, pero no les importaría dar algo de dinero u otros recursos.

REALIZA TRABAJO SOCIAL O VOLUNTARIADO

El trabajo comunitario es el soporte sobre el que se basan la gran mayoría de iniciativas sin ánimo de lucro que tanta ayuda prestan a los hispanos en los Estados Unidos. Sin el trabajo desinteresado de miles de voluntarios que ofrecen su tiempo para ayudar a otros, muchas de las iniciativas que te hemos presentado en este libro no existirían. Por ejemplo, puedes ser voluntario de varias maneras:

- Unirte a un programa de gran hermano
- Ayudar a personas a hacer diligencias o llamadas
- Programas de construcción de viviendas
- Plantar árboles, limpiar playas o parques
- Compartir conocimientos con estudiantes o personas desfavorecidas
- Servir comida en un refugio para personas sin hogar
- Participar en proyectos de limpieza de zonas públicas
- Escribir, diseñar o programar para sitios web de organizaciones sin ánimo de lucro
- Participar en eventos comunitarios o carreras deportivas por una causa.

Si como inmigrante has tenido la fortuna de contar con familiares, amigos o voluntarios que te han tendido la mano, **sabes lo importante que es el apoyo de otras personas para adaptarse más fácilmente a un nuevo país.** Lo más probable es que las organizaciones en tu localidad siempre necesiten ayuda extra, así que ahora es tu oportunidad para tender la mano a alguien que realmente lo necesita y devolver algo de la ayuda que has recibido.

MANTENTE INFORMADO PARA VOTAR MEJOR

Este paso está muy conectado con el primero, ya que conociendo los problemas más grandes de tu comunidad puedes mantenerte informado sobre ella y crearte opiniones relevantes. Esto te permitirá influir en una toma de decisiones más estudiada y organizada que beneficie a los que más la necesitan. Los consejos municipales o asambleas populares son usualmente los lugares en los que se discuten los temas de mayor trascendencia. Ser cívicamente activo también te permitirá votar y elegir a los mejores representantes de la comunidad

PROMUEVE NEGOCIOS LOCALES

Una de las mejores maneras para ayudar a tu comunidad es apoyar su economía. En lugar de comprar en tiendas o cadenas de supermercados de grandes conglomerados, en lo posible consume productos de negocios locales que generen empleo dentro de la comunidad. De igual manera, si trabajas en una empresa, puedes crear alianzas entre tu industria y la comunidad que ayuden a fortalecer el comercio y la convivencia. ¡Apoya los negocios latinos y de inmigrantes de tu comunidad!

Recuerda que lo más importante es dar el primer paso, sin importar lo mucho o poco que hagas. Empieza por establecer metas pequeñas y realizables a corto plazo; los objetivos más grandes se irán dando con el tiempo. Por último, **no te desanimes si crees que la labor que estás realizando no es suficiente. Pocas veces se trata sobre el dinero o el número de horas trabajadas. Lo más importante es la contribución y la ayuda.**

Si sigues todos los consejos de este libro y te va bien en la vida, es importante que devuelvas a la comunidad y a tu país parte de tu éxito como inmigrante. Nadie triunfa en el vacío, si nos va bien no solo es por nuestros esfuerzos sino porque estamos en un ambiente que nos permite prosperar. No todos tienen la misma suerte y a veces estar arriba o abajo no es siempre cuestión de talento, sino de circunstancias. Si crees que tú "te hiciste solo" estás desconociendo las miles de manos que de una manera u otra te han ayudado.

Una de las mejores inversiones en la vida es el agradecimiento: el ayudar con lo poco o mucho que tengamos a los que lo necesitan: hoy por ti, mañana por mí; o *pay it forward* como dicen acá en los Estados Unidos

---

Que tu vida esté llena de riqueza, hermano inmigrante; no solo física sino también espiritual. Recuerda que el dinero es un medio para alcanzar nuestras metas y una herramienta para mejorar nuestra calidad de vida, pero no es la única. A veces el amor, la bondad, la compasión y la generosidad nos llevan más lejos.

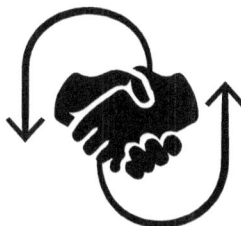

LOS PUNTOS CLAVE

- Hasta hace poco los latinos eran uno de los grupos poblacionales menos integrados al sistema financiero. Pero esta realidad ha cambiado y muchos buscan educarse para sembrar las semillas de un mejor futuro en este país.

- Paralelo al creciente interés por formarse financieramente, el número de organizaciones que ofrecen educación financiera, asistencia legal y recursos a inmigrantes hispanos ha aumentado significativamente.

- Son varias las maneras en las que los latinos en los Estados Unidos pueden tener acceso a ayuda e información relevante: ONGs, fundaciones, asesores financieros, *realtors*, agentes de seguros, instituciones bancarias y recursos en línea.

- Es necesario que el latino investigue muy bien estas fuentes de ayuda, sobre todo en las que debe pagar. En caso de los asesores financieros, agentes inmobiliarios y de seguros es recomendable buscarlos a través de asociaciones con tradición. Las recomendaciones personales son también muy efectivas a la hora de encontrar a un profesional.

- Los cobros de comisiones pueden generar muchos conflictos de intereses. Infórmate bien antes de contactar a un profesional para comprar una casa, buscar asesoría financiera o adquirir un seguro.

- Un asesor financiero no está reservado solamente para personas con altos ingresos y muchos bienes. Ellos pueden ayudarte a identificar metas financieras y darte el empujón necesario para alcanzarlas.

- En la era digital son muy frecuentes los casos de robo de información, identidad y estafas en línea. Hay varios pasos que puedes tomar para proteger tu nombre y patrimonio de los ciber-criminales.

- El trabajo comunitario es una excelente manera de contribuir y ayudar a personas con las que no solo compartes una locación geográfica, sino también un origen y un sueño: el de triunfar en los Estados Unidos.

INDICE

T

www.ingramcontent.com/pod-product-compliance
Lightning Source LLC
Chambersburg PA
CBHW060326200326
41519CB00011BA/1851